福嶋紀子　著

中世後期の在地社会と荘園制

同成社　中世史選書　8

目　次

第二部　荘園制的収取体系の地域的展開

序章　本書の構成

本書では、中世後期の在地社会に焦点をあて、荘園制の存続経緯を検討すると同時に、在地における荘園制の意義について考察する。[1]

これまでの中世後期荘園制研究では、私的大土地所有者としての荘園領主権の消長をもって荘園制存続の目安とされてきたが、[2]一九九〇年代半ば以降の地域社会の視点から発する荘園制論は、従来とは異なる荘園制の分析視角を提示している。[3]荘園制を規定する地域社会の実態究明が重要な研究課題となり、[4]荘園制の形成と中世的在地社会秩序の創出は不可分な問題である点が指摘されている。[5]さらに中近世移行期にあっては、荘園制から村町制へという移行経過の概念が提示されながら、[6]それに先行する時代の中で「村請」に対する理解が、いまだ共有される段階にないことが、移行期の理解を複雑なものにしている点が指摘されている。[7]

一九九〇年代以前の荘園制を取り巻く研究状況の中で、南北朝から室町期にかけての荘園制に関しては、守護領国制との相互補完によってかろうじて命脈を保った以上の積極的な評価が得られなかった感がある。[8]あたかもそれは、中世前期荘園で注目された地域社会秩序と荘園制との関係が、南北朝内乱以降、領主制論の展開の中で消息を失ったかに思える状況であった。

一方で、守護権力の分析視角は、室町幕府と守護が形成する求心的な権力構造を、「室町幕府―守護体制」と規定し、上部の権力構造から描く中世社会像が具体化されていった。[9] さらにこうした支配体制の下部に、中世前期以来の公田体制が位置づいていることが注目された。[10] しかし、公田体制と荘園制とが、中世後期社会でどのように切り結びながら存続していったのか、という制度的な側面に対する公田制論からのアプローチが、充分に展開されないままで公田論への盛り上がりが沈静化してしまったことが惜しまれる。

荘園制を国制レベルでの領有権の分有論として検討するあり方が、中世後期の守護・国人の領主制論の展開の中で、荘園制を抽出する方法を失った中で、中世後期の荘園制研究もその必要を失うのであろうか。

一　中世後期社会における名主身分について

在地社会から荘園制を再構成する切り口として、中世後期社会の身分としての「名主」について改めて考えてみたい。

荘園現地では、荘園領主にとっての在地身分の体現者となる「名主百姓中」が形成される一方で、南北朝期の在地社会では、村の鎮守仏神への負担を通じて自律的社会集団たる「村」が形成されていた。[11] さらに地域の中に形成された村の領域秩序は、「古老」のもとに蓄積された先例に照らして守られ、[12] 地域内で相論が起こった場合の解決と収束の方法までが、自律的な地域の主体たる「村」によって運営されていた事実も確認されている。[13]

こうした在地論の中では、中世後期の在地社会の中に自律的な村が形成され、この連合によって「地域」が形成される、という理論軸の一方で、ここにいう「地域」が担ってきた社会的意義のもう一つの側面が注目される。新たな在地論としての「地域」とは、これらの村連合をかねてから連携させていた惣荘の役割に起因するものでもある点を改めて確認し、またかつての荘園制における荘政所は、「地域」の民衆にとっての秩序維持の拠点へと変容していた、として再評価する。[14]こうして荘園制の崩壊期といわれる中世後期社会の中における荘園制の意義を、在地の側から再構築された体制としてとらえなおそうとするとき、崩壊した体制の再構築という路線の中に、すなわち中世前半期の荘園の姿に、体制的な展開の基本形を想定してはいないだろうか。

本書第二部では、中世後期の荘園の中に再編されながら創出される新たな身分として、荘園における名主身分の再検討を行った。前期荘園における徴税単位としての名の理解を前提としながら、[15]解体・再編後の後期社会における名主の地域社会における役割を考察するため、矢野荘における名主身分創出の過程を検討した。そこで、旧名の解体という史料上に顕れる領主側の支配方式の転換が、在地社会に大混乱をもたらさずに受け入れられる状況に興味をもった。

名主身分のとらえ方を例としても、前期と後期の荘園制の本質を同質のものと見る見方については、すでに再検討が迫られている。室町期の荘園制について、「再版荘園制」[16]として、新たな支配秩序に対する分析視角が提言されている現在、前期・後期の質的違いを再検討するためには、現地に残る荘園制を再編した主体として、武家被官や武士の当知行をも含み込んだ中間層の知行形態を明らかにする必要がある。特に、荘園制論が欠落しているといわれる東国において、本所領を「武家沙汰」として、幕府・関東管領体制によって保障する体制は、おそらく東国のみでなく、畿内近国以外の地域でみられた体制であろう。第一部で検討する東国荘園の事例では、当知行の根本として地頭職が争点となり、寺社と武家とで相論となるかたわらで、職にもとづいた在地での当知行が、相論とは別次元で地域社会の中の認定を得て自走していく経過をみる。[17]在地における当知行の本質にかかわる職は、名編成そのものが充分に検証できない東国荘園においては、地頭職として現れるが、在地における勧農機能の分掌状況や、体制的な年貢収納システムの構築状況から、畿内近国の荘園で再構成される名主身分に期待される機能をも多く含み込んでいる。東国荘園においては、決して単線的ではない年貢の収納システムが機能していたと考えられるが、同様に畿内近国荘園にあっても、直轄領荘園でさえも、中世後期段階では荘園領主単独で年貢の収納を完結することは困難であった。年貢収納にかかわる荘官や沙汰人層が、これを補完する経済人として、広域的な活動を展開しながら荘園制の収納システムに組み込まれているが、そうした基盤となる日常的な勧農機能の中軸に、再編された名主職が位置づけられるものと考える。

荘園制における本家職・領家職の本質について、立荘とは別次元の職として把握すべきとする高橋一樹氏は、中世荘園の成立期に現れる所職として、預所職と下司職に注目する。(18)高橋氏は中世前期の荘園制について、国衙領とは異なる都鄙間の交通形態に立脚した地域編成による収奪方法であるとして、それを現地で規定する地域社会の動向から立荘の歴史的意味を逆照射する必要を説く。荘園を都市貴族層の所領として、年貢の徴収から運送までを実現する社会的構造の核として、まず預所職・下司職が成立し、地域社会の中で機能していく過程に、荘園が立荘されたことの地域的意義を見出すことができよう。

そうであるとするならば、中世後期における荘園制の意義も、崩壊を前提としない構造的展開としてとらえる必要が生じてくる。地域社会にとって荘園とは何だったのか、と改めて考えるとき、中世後期社会における荘園制を、崩壊からの再編としてではなく、中世を分断する前期と後期の荘園制として一連の連続する性格のものとして考えようとすることには違和感を覚える。この違和感は、前期から後期にかけて史料に現れる荘園制は明らかな変化を示しているという事実の前に、誰しも納得できるものであろう。

鎌倉末期から南北朝期にかけて、東寺のように荘園の経営帳簿ともいえる散用状を大量に残す荘園領主による経営が、新たな荘園経営の主力を占めるようになった。散用状を基盤とする新しい荘園経営方式が、畿内近国で有効性を発揮する時期が来たとも考えられる。これがどのような社会的要因によって引き起こされたものか、荘園現地と荘園領主との関係だけで理解することは困難であるが、荘園を取り巻く地域社会の変容を前提に、荘園領主が散用状を作成する必要性について、第三部で考察した。

二　荘園における生産をめぐって

散用状の作成意義を検討するためには、荘園における収納のサイクルを念頭に置かなければならない。[19]荘園領主のもとに荘園からの年貢納入が継続されるというシステムが、日常的な荘園における収穫作業の延長に置かれ、春の勧農から秋の収納にいたる農作業の成果として保障されると考えれば、年貢納入システムそのものは、きわめて在地の日常生活に密着したシステムとして機能していたこととなる。荘園現地では、年貢を中心とした荘園制下の諸負担を、継続的に納入することを通して、年貢を収納する領主の権威を背景とした身分が維持され、公事を負担することで、地域社会の中に領主の公権を体現する身分層が形成される。

荘園制的収取形態や、荘園制上の所職に示される身分の問題の一方で、中世後期の村落史研究の中では、鎮守社の宮座に収斂される座衆について、宮座役等の負担や村に対する経済的貢献を尺度として、村落内で経済的に卓越しているだけでなく、座衆に加わることのできる家格が問題とされる。[20]宮座を中核とした中世後期村落における座衆の「イエ」の確立が、近世以降につながる日本の「イエ」制度の基本として位置づけられ、また、自律的村落の発展と、家格を保持しようとする「イエ」制度の確立は不可分の関係としてとらえられているものと思われるが、紀伊国日根野荘の事例のように、宮座への有力農民家の結集のきっかけとなる鎮守の祭礼が、かつての荘鎮守の場での祭礼を基本としていることや、惣荘の下部にある個々の「村」には、対外的に荘園の領域を超えて主張しうる機会が少なく、「村」は荘外に向けては少なくとも惣荘を冠する形でしか交渉窓口を持つことができないなどの指摘もある[21]など、惣荘の影響を考えると、「村」の宮座構成員にとって、荘鎮守の祭礼を通して荘園制度上の身分が体感され、機能していた段階では、座衆としての家格は荘園制的支配構造と不可分の関係を有していたと考えられる。

南北朝期の農民闘争で有名な矢野荘の十三日講のように、定期的に開かれていた寄合は、荘民内部の自発的な危機管理や勧農行為を担保するための会合であった[22]。室町から戦国期にかけて、自立した政治的な「村」の形成には、こうした寄合とともに宮座が主導する農耕祭礼が必須であった。こうした「村」は、人々が生きていくことさえもが困難であると考えられていた中世社会で、神の権威や領主の撫民を在地社会に引き込みながら、地域住民の生活基盤として確立されてきたのであり、「領主の機能」「領主の責務」[23]を、祭礼を介して在地に還元しながら、一方で在地の安寧を実現する手段として、在地側から求められた権威でもあったと考える。

荘園領主を体現する荘園の鎮守での祭りやその中での身分関係は、最もわかりやすい在地での身分関係であり、在地諸勢力によるアプローチの結果、乱立する権威の後ろ盾は、中央領主としての権限を消滅した段階で、在地においてもその意味を失うことから、中央権門にとっても政治的な生き残りの方策を常に模索する必要があった。これが国制レベルの荘園制と地域レベルの荘園制の支配構造を結ぶ鍵であり、「村」の核ともなろう[24]。中世人にとって、再生産を確保し、生活を守るためには領主の撫民と神との共存は不可欠の要素であった。

地域社会にあって名主身分に象徴される荘園制上の身分を有することで、明確な身分標識を得た中間層は[25]、荘園領主の意向を受けながらも独自の当知行を展開する道を模索する。それを可能としたのが、「領主の責務」の一環に位置づけられる勧農機能であるが、中世後期段階にあって荘園領主の在地不掌握は明白であり[26]、勧農と年貢の収納は、地域を主体として、在地慣行の中に委譲された機能の保証人によって維持されていたということができる。

ただし、中間層が掌握したと考える勧農機能を問題とした場合、その道筋に反省がないわけではない。これまで勧農や開発によって示される荘園景観の多くが、米年貢に収斂され、水田を軸とした荘園論となっていた点である。これまでの荘園における農民闘争史も、荘家の一揆に示される米年貢の減免をめぐる領主・農民間闘争で語られることが多かった。米年貢の納入をめぐる年間サイクルでいえば、秋に収穫が始まり、冬に向けて収納が完了するまでの時期は、村を主体とした地下の政治が動く時期となる。この半年間の在地動向は領主と在地の間だけでなく、地域社会が主体的に運動を展開する時期でもあり、地域秩序をベースにした運動の成果として、収穫物の配分を決める時期でもある。この間に多くの荘園史料が残されることで、米年貢の配分の問題が注目される結果となるが、この点が荘園制の課題の中で過大評価されてしまった感があるのも否めない。

収穫・収納段階において、米をめぐる在地と荘園領主間の中状闘争[27]が、なぜそこまで熾烈に行われるのかを掘り下げてみると、双方が生産物としての米について、随近市場での取り扱い品種としての有効性に対する認識を根底にもっていたのではないかとの予測に到達する。こと米作に関しては、領主側の管理帳簿といえる散用状が、荘園現地の中間層との妥協の産物である点に、中世荘園制下の年貢としての特質を見出せるのではなかろうか。この点については、第三部で検討した。

播磨国の諸荘園の事例と、東国信濃の荘園を対比する事例では、荘園領主権の消長を目安に荘園制の存続を考察するのであれば、中世後期荘園の検討対象としては全く論外の素材と考えられるであろう。しかし、室町期の荘園の様相を見る限り、在地における荘園制的年貢収取システムは、地域社会における生活の維持と平安のために必要とされる権威を引き込んで、年次収納サイクルを維持している。地域住民の生活レベルにおける年貢収取システムの実現という点では、双方に大きな異質性を見出すことはできないと考えるが、事例としての不十分さは否めない。ご批判を頂きたいと思う。

注

（1）本書では網野善彦氏の提言（「荘園公領制の形成と展開」『日本土地制度史の研究』塙書房、一九九一年）以来の「荘園公領制」の言葉を用いず、あえて「荘園制」を用いる。領有論としての面からでなく、社会システムとしての荘園制を、在地の側の社会構造から検討することを目的としたい。
（2）永原慶二『日本封建制成立過程の研究』岩波書店、一九六一年
（3）榎原雅治「地域社会における『村』の位置」『歴史評論』五七五号、一九九八年、のち『日本中世地域社会の研究』校倉書房、二〇〇〇年所収
（4）遠藤ゆり子「荘園研究にみる中世社会論の課題」『再考　荘園制』岩田書院、二〇〇七年
（5）田村憲美「中世前期の在地領主と地域社会論」『歴史学研究』六七四、一九九五年、同『在地論の射程—中世の日本・地域・在地』校倉書房、二〇〇一年
（6）勝俣鎮夫「十五—十六世紀の日本」『岩波講座　日本通史』第10巻中世4、岩波書店、一九九四年、同『戦国時代論』岩波書店、一九九六年
（7）久留島典子「中世後期の社会動向—荘園制と村町制—」『日本史研究』五七二、二〇一〇年
（8）永原慶二「守護領国制の展開」前掲注（2）書
（9）石田晴男「室町幕府守護・国人体制と『一揆』」『歴史学研究』五八六、一九八八年
（10）田沼睦「公田段銭と守護領国」『書陵部紀要』一七、一九六五年、同「中世的公田体制の展開」『書陵部紀要』二一、一九

七〇年

(11) 薗部寿樹「中世村落における宮座頭役と身分」『日本史研究』三二五、一九八九年

(12) 蔵持重裕「中世古老の機能と様相」『歴史学研究』五六三、一九八七年

(13) 勝俣鎮夫「家を焼く」『中世の罪と罰』東京大学出版会、一九八三年

(14) 榎原雅治前掲注（3）論文

(15) 稲垣泰彦「中世の農業経営と収取形態」『岩波講座　日本歴史』六、中世2、岩波書店、一九七五年

(16) 井原今朝男「室町期東国本所領荘園の成立過程—室町期再版荘園制論の提起—」『国立歴史民俗博物館研究報告』第一〇四集、同「東国荘園年貢京上システムと国家的保障体制—室町期再版荘園制論（2）—」同前、第一〇八集、二〇〇三年

(17) 本書第一部「中世後期荘園の開発と支配」

(18) 高橋一樹『中世荘園制と鎌倉幕府』塙書房、二〇〇四年

(19) 木村茂光『日本古代中世畠作史の研究』校倉書房、一九九二年

(20) 薗部寿樹『日本中世村落身分の研究』校倉書房、二〇〇二年。坂田聡『日本中世の氏・家・村』校倉書房、一九九七年

(21) 坂田聡・榎原雅治・稲葉継陽『日本の中世12　村の戦争と平和』中央公論社、二〇〇二年

(22) 佐藤和彦「惣結合と百姓申状—播磨国矢野荘における『十三日講』事件を素材として—」『南北朝内乱史論』東京大学出版会、一九七九年

(23) 藤木久志『戦国を見る目』校倉書房、一九九五年

(24) 大山喬平「ムラを忘れた歴史学」『歴史評論』七〇九、二〇〇九年

(25) あえて旧来の国人領主概念を用いず、多様な階層を含んだ中間層と表現しておきたい。

(26) 榎原雅治「損免要求と豊凶情報」『歴史学研究』六二五、一九九一年、のち前掲注（3）書『日本中世地域社会の構造』所収

(27) 黒川直則「中世一揆史研究前進のために—史料と方法」『講座　一揆』5「一揆と国家」東京大学出版会、一九八一年

第一部　中世後期荘園の開発と支配

第一章　東国荘園における開発と支配

——開発の痕跡と荘園制維持装置の構造——

一　自治体史編纂と現地調査・資（史）料保存

これまでの歴史研究における荘園をはじめとした現地調査のあゆみを振り返ってみたい。

荘園史研究の中で、荘園の現地調査は一九四〇年代後半の宝月圭吾・古島敏雄・稲垣泰彦・永原慶二・杉山博等の研究者による京郊の久世荘・久我荘の調査を嚆矢とする。一方で現地調査に基本をおいた歴史学研究は、一九七八年地方史全国大会において「圃場整備事業に対する宣言」(1)が出されるまでに、大きな盛り上がりを見せていた。現地調査を重視する研究手法は、対象を荘園のみでなく、時代と地域を超えた歴史的景観の解明という目的として、全国的に広まる可能性が現われたのがこの時からであった(2)。当初の荘園の内部構造に関する研究は、荘園現地における台帳分析を主たる目的としながら現地調査が行われた。こうした荘園調査を前提として一九八〇年代以降には、個別荘園研究はさらに現地調査を重視する傾向をもたらした。しかし、この間に高度経済成長を経験した日本の村落景観が、近代以前の様相をそのままに残して、中世の荘園を復元するための現地調査に耐える情報を提供し続けることが困難であることは明白である。従来の荘園現地調査の中では、中世史の研究者の間でアプローチ的な手法が伝承され、研究者や研究室ごとに独自の方法が開発されてきたのが現状である。一九七〇年代から八〇年代にかけて、荘園景観の押しとどめようもない変貌を前に、現地調査の重要性の比重が高まってきた要因として、この頃から本格化する自治体史編纂の影響にも留意する必要があろう。

一九七〇年代後半から八〇年代にかけて、都道府県レベルの大規模な自治体史編纂から始まって、市町村にいたる自治体史の編纂事業が、各地で取り組まれるようになった(3)。この中で、文献資料等で中世荘園の故地として知られていた地域では、中世独自の歴史形態としての荘園制を、地域の視点から追求しようとする取り組みが行われるようになった。折から、中央の歴史に対する「地方史」研究の方法論への再検討の機運とも相まって、自治体史における現地調査を、「地域史」として確立するための試みが模索され始めた段階といえる。

自治体史編纂における古代・中世の位置づけは、編纂主体となる自治体の意向によってかなり大きな違いがある。その自治体の観光的な「売り」がどこにあるかも編纂意図の中には入り込んでくる。こうした条件の中で特に古代・中世の論述がどの程度可能かは、自治体史の編纂担当委員が市町村行政の担当者を説得できるかどうかという攻防の結果に左右される。これにより、通史的な記述のみでなく、古代・中世の資料集を、自治体史としてまとめることが可能かどうか決まってくる。当然、該当する時代の資料集の有無は、関連資料調査に対する労力をどれだけ割くことができるかを決定する。

自治体史編纂事業が進展する間も、地方の自治体は変化を続けている。工業団地の誘致による大規模開発や、高速道路の建設に伴う景観変化が進展する一方で、過疎化による人口減少で、編纂事業継続中に集落が消失してゆく自治体もある。こうした変転を目の当たりにしながらも、限られた範囲の中で古代・中世の論述を展開しなければならないのが、自治体史におけるこの時代の位置づけである。

景観の変化は押しとどめようのないものであることが自明であるなら、せめて、景観が大きく変化する以前の地域にかかわる資料を残すことができたなら、後世の住民が遡及的に古代・中世の景観に近い、地域のたたずまいを復元することが可能となる。自治体史編纂事業で注入される労力の多くが、出版物としての自治体史の刊行に注がれるのが現状であるが、資料集としての刊行が困難な場合でも、近世の古文書をはじめとした地域資料はもとより、大規模開発や過疎化が始まる前段にいたるまでの近代行政資料の保護と保存の策を講じることも、自治体史編纂事業本来の目的となるものであろう。

荘園現地調査の中で、近年「環境歴史学」として、過去のみでなく、地域環境の未来につながる空間把握の手法が提唱されるようになった。(4) 過去に信濃史学会が提唱した「わらじ史学」ともいわれた手法が、開発の波を前にして独自の取組として大きな成果を上げる以前に、自然消滅してしまった現在、地方史・地域史の観点から、前近代の地域史を守るための組織的な輪を広める手段が縮小してしまっているのが現状である。その現状に少しでも危機感を抱く研究者であるならば、最低限、現段階まで残されてきた近世・近代資料の保存の措置を講ずることが、大きな変貌を目の当たりにしている現在の歴史関係者の使命であるといえる。(5) しかし、近世・近代資料に対する保存の必要性は、近世・近代の資料を扱う歴史研究者によって主に主張されていたが、実は、自治体史において網羅的な資料集の刊行が難しい古代・中世の研究者にとっても、焦眉の急というべき事態であることは、自治体史編纂事業との関わりの中で明らかとなってきた大きな収穫物でもある。(6)

自治体が保有する近代初頭の行政文書は、日本における近代行政機構確立の過程を跡づける重要な文書であり、かつ近代化以前の、建設重機によらない開発の様相を示している基本文書でもある。これまで行われてきた荘園の現地調査の中では、国土地理院発行の二万五千分の一地図や、国土地理院保有のアメリカ軍撮影の昭和二〇年代初頭の航空写真などが、基本となる共通資料だった。加えて、地籍図と総称される明治二〇年までに作成された各種の図面が、自治体によっては使用可能な場合もある。のちに所有権の確定作業のために、土地台帳と対になって整備される六〇〇分の一縮尺の公図は、現在はデジタルデータとして管理している自治体が増加しているが、明治二〇年の作成以後、現代にいたるまで地図訂正を繰り返しながら継続使用されてきた基本図である。現在のデータに書き換えられる前の旧公図が、永年保存扱いとなっている自治体では、現用文書として閲覧制限がかかる場合もあるが、それ以前に、書き換えにともなって旧公図が廃棄される事例も多数ある。

地域史の歴史叙述によって、現地調査の必要性がどの時代の歴史研究にも先駆けて提唱されたのが古代・中世の荘園史研究であり、荘園村落の景観復元に関する取り組みであったはずだが、その中で、近代以降の行政文書の保存に関する対策の必要性は、十分に共有される段階にいたっていなかったことが悔やまれる。(7)

「歴史資料として重要な公文書等」の保存に関して、不十分ながらも努力目標を掲げた公文書館法の成立から二〇年以上が経過して、二〇〇九年に、やっと公文書の保存を義務付けるための「公文書管理法」が可決成立した。(8)これら一連の公文書保存にかかわる法制度が、荘園調査や古代から近代にいたる現地調査研究に直結する課題であることを、改めて荘園研究の中で取り上げ、話題にされることを強く望むものである。

さて、こうした視点を念頭に、自治体史編纂事業の一環として旧上水内郡豊野町の地域景観の復元を目指しながら、中世荘園における開発の様相を、地域に残された痕跡の中から調査した。中世の開発事業が当該地域にどのような影響を及ぼすものとして中世以来の景観の中に刻まれるのであろうか。詳しい考証は第二章以下に譲るが、自治体史編纂のなかで試みることのできた中世の景観は以下のようなものである。

旧上水内郡豊野町は平成一七年の大合併で長野市豊野となったが、平成三年から町誌編纂が始まり、合併直前に単独の豊野町誌としての完成を迎えた。町誌編集委員の古代・中世担当の中では、文書資料の少ない東国荘園の中でも、金沢称名寺や島津家文書の中に比較的まとまった資料が残されてきた太田荘であり、鎌倉幕府の要となった金沢氏や、薩摩島津から独立して、在地の国人領主としての成長の道を選択する信濃島津氏の関連資料が残る地域で、太田荘の核心部分が位置する豊野町の町誌編纂は、最初から意欲的に取り組まれた。編纂意図の中に、長野市とは異なった特徴を豊野町域の中で見出したいとする意欲もあったかもしれない。現代にあっても所属する自治体の行政区分の変更は、住民生活にとって少なからず帰属意識の変質や、行政との距離を感じるものであるが、中世には荘園公領制と概念分類されてきた上部構造は、果たして地域住民にとってどのような変質を遂げながら影響を与えていたのであろうか。

太田荘内石村郷と大倉郷の地域については、すでに『長野県史』の段階で、称名寺のかかわる開発として確信的な展望が提示されていたにもかかわらず、開発の概要に関しては結論的な明言を避ける形で示されたままとなっていた。しかし、この間、各地の現地調査による荘園景観の復元手法は、東国荘園同様に文字資料の少ない九州など、荘園史研究の中では辺境とされていた地域で大きな成果を上げていた。豊野町誌編纂事業の中で、古代・中世部門は荘園現地調査に力を注ぐこと、そのために中世以降の、近世・近代・現代の資料からの遡及的復元方法を現地で成功させるため、各時代の担当委員の協力を極力仰ぐことなどを確認しながら作業を進めた。

この地域が、現代にいたるまでの長い歴史の中で、古代から中世にかけて経験した荘園の一部としての支配制度が、中世の社会システムの中でどのような意義をもつことで有効であったのか、開発の痕跡を跡づけることから検討してみたい。

二　荘園開発の目的

荘園制の本質を、荘園領主権の存続からみるのではなく、在地における年貢徴収体制の確立と展開としてとらえる場合、荘園における開発が地域の中で受け入れられ、開発の経過や痕跡が地域の中に伝承される過程の中に、在地の側にとっての再生産機構の成立と存続をもたらす要因としての意義がある。枠組みとしての荘園公領制の基盤が形成されるこの段階で、開発を主導し、荘園支配の骨組みともいえる再生産機構を構築した開発勢力が、生産の現場である荘園の内部に残した開発の足跡がその後の荘園現地に与えた影響に注目したい。地域社会の中で構造的展開を経て再構築される荘園で、中世後期社会にまで維持される再生産機構を社会的に支えるシステムこそが、荘園制的収取の維持装置として評価されるものであろう(9)。

在地における身分秩序や慣習を形成する前提として、所領からの年貢徴収体系が在地に構築されてゆくが、これらは年貢納入の見返りとして権門領主から保障される身分としてあらわれるものであり、在地の側にも年貢徴収体系の中に積極的に組みこまれていく要因があった。たとえば太田荘石村郷・大倉郷で検証される金沢称名寺による開発は、太田荘の枠組みを構成する荘園としての開発ではなく、平安時代に領域的な荘園が成立したのちに、称名寺が地頭職を有する二郷に対して行われた再開発の経緯である。荘園としての太田荘の成立は、不明な部分が多い中で、称名寺領となった石村郷・大倉郷には自然流河川を水源とするヨコ堰灌漑による開発がみられる。荘園としての立荘がなされ、近衛家による領家職の領有がみられる中で、二郷の地頭職は金沢氏から称名寺へと伝領される(10)。

この二郷のヨコ堰による開発を称名寺が主導したと考える根拠となるのが、永仁三年（一二九五）と正中二年（一三二五）に起こる領家近衛家と、石村大倉両郷地頭による納入年貢をめぐる相論である。近衛家による検注を退けて訴えられた両郷地頭は、正中二年、嘉暦四年（一三二九）の関東御教書でもこれに従わず、領家方雑掌の主張を退けて二〇貫文の請切による体制を確保するが[11]、ちょうどこの間の嘉暦元年（一三二六）四月以降に比定される時期に、太田荘内で石村堰による灌漑域に基盤をもつ神護寺の長老尊如房が、金沢貞顕と称名寺劔阿のもとを訪れ、現地の所務に関して面談の機会をもつという、生々しい事実を金沢貞顕書状と、同書状の裏面に記された劔阿書状の二通によって知ることができる。

ところで、太田荘域にあたる旧豊野町域の中で、石村郷と大倉郷に該当する領域は、太田荘全体の中でも千曲川・浅野川の氾濫原面から上位にあたり、河川による氾濫の被害を受けにくい地域にあたる[12]。また、千曲川沿いの丘陵地域からなる太田荘域の中で、等高線に沿ったヨコ堰による導水で開発できる水田域は、最も期待できるエリアでもある。ここに、称名寺が資本を投下して、鎌倉前期の段階で行き詰った地域に対する再開発ともいえる用水の開削に乗り出した点が注目される。水田開発による年貢の収納に期待を寄せた称名寺が、独自の年貢管理体制の中に石村郷・大倉郷を取り込む前提として[13]、水田開発可能域を選定してヨコ堰による開発に乗り出したのだとしたら、この段階での開発は、両郷の領有主体としての称名寺にとってきわめて特徴的な事態を示しているのではなかろうか。米年貢を基盤とした徴収体系を確立することが、石村堰・大倉堰による水田開発の目的であった、と考えられる[14]。先の近衛家雑掌との納入年貢をめぐる相論の中で、地頭である金沢称名寺側は、古代以来の太田荘年貢であった細美布が鎌倉中期以降いったん絹となり、さらに銭納に変更されてきた中で、再度絹による納入を要求され、和与により毎年銭二〇貫文の納入で妥結するという経緯があった。称名寺による寺僧間ネットワークや、年貢徴収の方式の中では、市場での換金手段を把握していることが複数の遠隔地荘園の支配の必要条件でもあり、米や銭を流通手段とした取引が行われている事例が多い。

称名寺領となった両郷は、尾張熱田社に関係を有する有徳な請代官による請負体制のもとに、年貢の徴収システムが整えられていくが、春の勧農を担当する代官は、領内の散田を行い、秋に向けた収納体制を準備する一方で、秋には収納を担当する代官を改めて派遣するよう依頼しており、この時期の当該地での勧農と収納の作業は、別個の代官によって担われるという事態が判明する（第二章参照）。さらに、収納を担当する代官は、信濃だけでなく越後や加賀などに散在する称名寺領も対象に、収納にあたりながら「越後・信濃に隠れなし」と称される代官層によるネットワークによって、実務が行われていた点も注目される。

こうした年貢収納にかかわるネットワーク管理と、用水開削による水田開発が関連を有していたと考えられる体制は、加賀軽海郷においても、用水開発とその後の用水管理が称名寺支配の下にあったと考えられる点でも関連を有する[15]。開発を主導する在地勢力と、自らの所領経営を関連させながらこれを後押しする領主側の経営の方法は、太田荘内の称名寺領にあっては、称名寺と石村郷神護寺、大倉郷の極楽寺による連携のもとに成り立っていた[16]。

三　年貢を納入する体制

称名寺による開発がもたらした水田域からの米年貢の徴収体制は、神護寺と極楽寺を軸としながら、春の散田と秋の収納を管理することで地方市場に直結する換金体制と連動しながら運用が始まった。この収納体制の下部では、名編成がなされていたことがわかる。元徳三年（一三三一）一二月二一日という収納時期をあらわす日付で、大倉郷に唯一残る田畠在家注文によれば、奥裏書として

右、(以下裏)十二名田畠在家野畠以下、当作人々耕作之分、可被請進之、殺生禁断等事、同以可被妨(ママ)禦之状、如件

として、大名二名と小名八名、浮免二名とに分けて年貢の負担を明示する納入体制が構築されていた(17)。代官の管理下に行われた年貢納入体制構築作業の現れといえよう。収納段階を請け負う代官は、この注文にもとづいて大倉郷現地で収納を行い、次の所領へと向かう。称名寺による開発から始まり、名編成による収納段階から納入体制にいたるまでが、一連の事業として位置づけられていた様子がうかがわれる。

称名寺による資本投下で現地の開発が誘発された後に、称名寺と現地とは日常的な接点がなくても年貢徴収を行いうる体制が確立された。郷域全般に及ぶ「殺生禁断」等の生活レベルの規制は、下向した代官に一任されるが、勧農の時期から収納の時期にいたる間、代官の下向はなくても、生産活動を維持できていたのは、用水の管理も含めた勧農機能について、在地の側にこれを維持する体制が形成されていたことを示していよう。称名寺による収納形態は、同じ太田荘内の神代郷で、薩摩国伊作荘を本拠とする地頭島津久長が、代官である薄葉景光に命じて地頭得分として毎年四二〇貫文の銭と馬褐・塩引鮭・筋子・差縄などの公事物を伊作荘現地まで納入させた事例にみられる、きわめて在地領主的な収取と現物直入の体制とは対照的である(18)。

しかし二郷からの年貢収納は、これらの寺僧間ネットワークのみによる経済的なつながりだけで成り立っていたのではない。南北朝期に鎌倉府と幕府との間で管轄の揺れる信濃の所領を保持するために、称名寺は、経済的連携を補完するための政治的後ろ盾を、京都と鎌倉の双方の政治的人脈の中に結びながら所領の維持を行っていた。第二章の大倉郷地頭職相論の経過の中に現れる称名寺側の人脈として、南北朝期の政治状況を反映して、足利尊氏方、直義方、双方の武家被官とも連携を結んでいた。年貢納入体制を維持する構造は、荘園現地の年貢徴収機構としてのみ形成されていたわけではなく、現地の構造を政治的に支える権力構造のなかにも密接なリンクを張ることによって、初めて

成りたつ関係であったといえる。

開発から収納体制の構築まで、一連の事業として取り組んだ称名寺による所領経営は、太田荘の荘園領主権と対抗しうるほどの強力な方針を、自らの開発所領に対して打ち出すことができた。称名寺が用水開削による領域開発を打ち出すことで、領主検注を退け、年貢の請切と銭納を貫くことができたのは、領域の住民にとって太田荘としての荘園領主権にもとづく恩恵を上回るメリットを具現することに成功したためであろう。開発行為が現地に痕跡として残されていることの意義も、領域の住民にとって重要であったものと考える。

四　荘園における開発と公田

開発主体が継続的に現地との関わりをもちながら、用水開発に続けて年貢収納の体制が構築される東国所領がある反面で、開発とその後の所領経営が異なった勢力によって担われている所領も当然ながらみられる。地域の中に継続的に年貢を上納する体制が維持される中で、領主の違いや収納方法、徴収体制の変化がありながらも在地からの年貢は維持されている点に注目してみたい。

東国本所領荘園の年貢収納方法の分析から、室町幕府の荘園政策立法について「再版荘園制」という新たな概念を提唱した井原今朝男氏は、その収納体制を保障するシステムを以下の三つに分類する。領家年貢を京上させる体制の全国的な整備の中で、地頭職をもつ鎌倉寺社や御家人による運上、不法があった場合には武家沙汰による罪科という罰則規定を含んで代官請負契約を行う方法、禅僧を代官・使節として頻繁に都鄙間の連絡を取りながら年貢を収納するという自助努力、これらはいずれも領家年貢の難渋・対捍・未済があった場合、武家沙汰として追及される国家的保障のもとに運用されていたとして、室町期における東国荘園に対する従来の理解[19]に、根本的な見直しを迫った[20]。井原氏は室町期の荘園制が、再版荘園制のもとで、応永年間を中心として安定的に社会的機能を果たしたことを指摘し、その要因として南北朝期の荘園政策立法により、武家領と本所領という荘園所領の二大区分が有効に機能していたことをあげる[21]。再版荘園制は将軍・守護権力と本所領家との一体化という国家的保障の下で維持されたとし、これまで守護請として、領家の権限が放棄、もしくは軽視されてきた東国荘園でも、領家による荘務権を前提に考える必要を指摘する。

西国の寺社領荘園とは異なって、現地支配の実務に直接領家が介入することの難しい東国荘園では、使節・代官の派遣による年貢徴収に多くの部分を依存するが、その際の徴収体制の基盤として東国本所領荘園の内部にはどのような構造を想定したらよいのであろうか。かつて守護領国内部の公田支配について論じた田沼睦氏は、室町期の「国家的公田」から拡大解釈されてゆく「領主的公田」に注目する[22]。田沼氏はこの視点を、守護領国制の支配基盤の分析の中で展開する。一方で井原氏は、山内首藤文書にみられる信濃国下平田郷の事例として、嫡子への地頭職譲与にあたって「但領家御年貢、京・鎌倉大番役以下之御公事者、任田数、無懈怠可致其沙汰也」とある点に注目する[23]。同郷地頭職は、これに先立つ文保元年に山内通資と同通忠との相論の結果として和与がなされており、その結果、

一、信濃国下平田郷地頭職事、以当郷八分三可為慈観分之由、雖被載于本主慈善（山内時通）之譲状、依有相論之子細、未相分下地者也、而今地毗本郷事、致条々和与上者、当所事、云本公田并余田、云地頭屋敷并荒野等、一事以上以八分三、打渡慈観者也、（後略）

とあり、本公田を中核とした所領の分割が行われていたことがわかる[24]。大番役以下の勤仕の基準となった田数とは、おそらく分割の筆頭に挙げられている本公田であったと考えられる。このように鎌倉期から南北朝期にいたるまで固

定化されながら国家的賦課の基準とされる公田の存在は、再版荘園制内部においても再検討の必要な課題であることはまちがいない。

信濃国太田荘における開発は、東国荘園の中に米年貢を賦課しうる耕地域として水田を開発する目的で行われた開発であった。荘園における開発は、多くは長大な用水堰を引いて行われる水田開発の事例が多い。こうした水田域では初期段階で、開発資本を投下した主体による開発痕跡が残る中で、年貢の収納体制が構築され、春の勧農と秋の収納という、米収納を中心とした場合の農事サイクルにもとづいた収納体制を作り出す。この年間リズムは、領主による祭祀によって荘園内部の荘鎮守などの祭礼にも反映されながら、地域祭祀として荘民生活にも影響を及ぼすと考えられている。[25]

開発段階から年貢収納まで、一連の活動の中で構築されていく体制は、太田荘の場合両郷の地頭職として運用されていたものであった。しかしながら、南北朝初期に起った島津氏とのあいだの地頭職相論の結果、太田荘内で領域的支配を拡大していた信濃島津氏によって、両郷地頭職が実質的には武家領化したことで、称名寺側へ年貢が納入されるシステムは途絶えてしまった。地頭職相論の上では勝利を収めた称名寺であったが、相論の結果として認められた地頭職にもとづいて年貢を得ることができるわけではなく、まして実効支配の上で称名寺に勝利した薩摩島津氏が徴収主体となれるわけでもない。地頭職をめぐって相論を行っていた島津本宗家と、称名寺とのあいだで把握していた年貢徴収システムは、国人領主連合の成立により、地域のレベルで改変されていたということができる。領域的開発という、地起し的な作業への資本投下の痕跡も、南北朝期以降の武家の当知行の中に包摂されることで、職と連動しながら運用されていた年貢徴収の体制は、信濃島津氏による支配の中に吸収されていった。職に優先される当知行の論理が、在地の年貢納入体制の根幹を再編成した段階であった。

同様に、東国の荘園開発の事例を跡づけることのできる地域が、信濃国府の近隣に展開した八条院領捧荘と、近府春近領として知られる新村郷である（第五章参照）。一一世紀段階で、信濃国府の近隣に大規模開発が可能となった地域として、梓川扇状地が広がっていた。

この頃奈良井川対岸の薄川扇状地の山辺地区をはじめとする一帯では、信濃国府に隣接する開発域として、郷の名称を中世以降にも継続する開発が進み、別名的な開発が先行していた。奈良井川東岸域における別名開発と比較して、新村・島立をはじめとする西岸域には、初期荘園として貞観寺田地目録にみえる大野荘や大納言藤原冬緒家領の草茂荘などのほかに、蓮華王院領の洗馬荘・野原荘や長講堂領住吉荘、八条院領の捧荘などがあったが、平安時代初期の段階で安定耕地となっていた奈良井川東岸域の薄川扇状地地帯に対して、西岸域は奈良井川はじめ、梓川、鎖川などの乱流地帯の中に遅れて形成され始めた安定耕地域で、国衙領と異なって権門領家による荘園開発がみられることが、大きな特徴であった。

しかし、西岸域の初期荘園が一〇世紀段階でいずれも退転し、いったん開発が途絶えたことは、考古学・文献史学の双方から跡づけられていることである。この後、新村・島立郷のように後の春近領につながる所領で、大規模な広域的開発が一気に進展し、松本平の一一世紀段階には広域的な開発が展開したことを跡づけることができる[26]。それらの開発の中核となった地域が後の春近領につながることに、この地域の開発がもつ特質の一つがある。

中世の各国における荘園公領制の基礎には、古代以来の国衙機能の吸収が必要であり、国衙が把握する基準国図や大田文は公領支配の基準となった。特に承久の乱以後の国衙による田文掌握の経緯が分析されてきたが、信濃では極楽寺流の北条氏の進出がみられる中で、どのように国衙機能を北条氏のものとしていったのかという点については不明な点が多かった。

信濃国府近隣に唯一開発された権門の所領である捧荘は、荘域がいまだ確定できない荘園であるが、平安時代末期までの開発域を捨象して残される古代の大井郷・草茂荘の一帯と推定される鎖川流域か、奈良井川右岸域の中でも古代に開発された安定耕地の扇状地を除いた、河川流末の集中する低湿地エリアのいずれかに比定されると考えられている。地名の遺称地などの可能性から考えて、奈良井川右岸域の開発の手が及んでいなかった地域が残された低湿地部分と考えられる。国府の周辺に多くの公領が集中する中で、捧荘の開発は一歩後れながら、大内惟義にかかわる平賀源氏の勢力によってなされたものとされている。

国府近隣では捧荘に佐久平賀源氏勢力の浸透が見込まれる一方で、梓川の右岸にあたる現在の松本市の新村地区から島立地区にかけては、昭和五〇年代の圃場整備事業が行われる以前まで、表面条里と呼ばれる計画的開発域が残されていた。この一帯は、乱流する梓川と鎖川によって形成される河岸段丘の上にあり、平安時代には氾濫原面とは画される安定離水域となっていた。反面開発には長大な用水路を必要とし、この表面条里の元となっている開発が、どの段階で成されていたのかについては、古くから注目されてきた。両地区は、同じ扇状地上に連続する耕地域として存在しながら、それぞれ別個のまとまりとなる条里的な遺構が残されているが、おのおの表面条里は別個の用水を使って灌漑され、また開発軸がずれていること、異なる開発主体による開発が隣接しながら独立して存在していると考えられる点で注目され、さらに、高速道路の長野道建設に伴う発掘調査の中で、新村地区の下流域に広がる島立地区は、初期荘園段階と考えられる八世紀にいったん広域的な開発が行われており、そこには水路と考えられる区画溝がめぐらされていたことが判明している。

新村地区に比較すると格段に早い段階で開発が進展していた島立地区であるが、この開発は一〇世紀に入るといったん途絶え、一一世紀の広域的な大規模開発の時代まで空白となる。八～九世紀にかけての島立と新村の関係は、新村地区にある後期の古墳の様相から、新村地区が島立地区集落の墓域という関係として考えられており、島立地区の開発の先行に比較して、新村地区の立ち後れという状況が想定されてきた。しかし、その後の発掘調査によれば、両地区に一一世紀段階で大規模開発の動きが起こり、隣接する島立地区の再開発とともに、同時期に一斉に開発が行われたことが判明した。つまり発掘成果からみられる新村・島立の条里的遺構は、一一世紀後半から一二世紀前半に再開発として行われ、一四世紀段階に現在の地割りにつながる条里景観が復元されたと考えられている。とすれば、島立の条里的遺構につながる開発は、初期の荘園開発の失敗以後の再開発である点は明白であり、また、かねてから疑問とされてきた新村地区条里開発の方向軸のずれと、双方の水路が交わらない点は、再開発域の荒廃水路の再利用であったことがその理由と考えられる。一一世紀に展開する大規模開発の核に荒廃水路を再利用した再開発があり、更に新たな導水を加えることでこの時期に安定離水域として耕作可能となっていた地域一帯に、水田耕作を目的とした所領を拡大したことになる。

春近領新村郷の再開発が、中世の信濃にあっては目覚ましい開発として注目を集めていた可能性は、「あたらしの里」のものぐさ太郎伝承にもつながるものであろう[27]。新村郷を体現する「太郎」は、田舎からの成上り者という性格づけや、貴種伝承が加えられながら、都で耳目を集める話題の人物となる。「太郎」が村の賄い者として、長夫を勤めて京都へ上る例に示されるように、新村郷は辺境の一開発地ではなく、都との恒常的な交流の中に位置づけられているのである。このように領域的な開発として、一一世紀段階の新村から島立郷にかけての再開発は、大きな成功を収めたのである。

信濃国内の各所でみられた中世初期の開発は、中世成立期の混沌の中で、さまざまな勢力によって担われていた。平安時代末期の開発競争の中で、再開発も含めてこれらの勢力は競合していた状態が想定できよう。しかし春近領の伝領経緯に示されるように、公領開発に着手したと考えられる平氏勢力が力をそがれた後に、最終的に承久の乱にいたるまで、信濃の国務に強い影響力を及ぼしたのは、平賀源氏の系統に連なる勢力であった(28)。

東国北信濃の太田荘における石村郷・大倉郷が、年貢の収納体系を作りあげた称名寺による支配と島津本宗家による支配から離れ、地元の信濃島津氏による当知行の論理に押し切られていく様相は、新村郷と島立郷における広域的な再開発を主導した勢力が、その後の痕跡を明確に残さないまま、信濃国府周辺の権力抗争のなかに消滅していく状況に近い。

開発にともなって構築されるであろう収納体制は、中間層までの生産物の集約を可能としたのちに、その後の生産物の分配は地域を巻き込む権力の動向によって変転を余儀なくされる。決して開発のための資本を投下した勢力が、そのまま支配を継続できるわけではないのである。むしろ、年貢徴収のための初期設定を開発勢力が中心となって一定程度終えたあと、現地に構築された収納システムは、開発勢力の後ろ盾を得ながらも地域をとりまく政治情勢を見据えながら、より有力な権力の出現に機敏に反応していた。

信濃においては中世以降、開発勢力の混沌は一時源氏勢力に主導されて推移した後、承久の乱以降には北条氏の影響下に収斂された。この中で、一国平均役の賦課基準となる公田田文や公田田数の把握と整備が進められていったと推定される。信濃国内では、平安期以降に新たに開発された公田域も含んだ公田（定田）に対する、賦課体制の構築や整備作業は行われていた。先の承久二年の造内裏役の賦課に際して、「当国造内裏役荘園田数并支配員数領家等、今明之内可令注者也」として国内の賦課基準となる荘園田数等の調査を行うことが可能となったのは、それまでに基準田数の掌握作業が行われていることが前提となる。

先にみた下平田郷のように承久の乱後に一分地頭職を得た山内時通は、永仁三年（一二九五）の譲状で、惣領通綱に郷内の公田五町を、同じく子の通氏には公田三町を譲っているが、実際に下地を分割することができたのは文保元年にいたってからであり、さらにこの時分割された公田は、南北朝期の延文五年（一三六〇）に三町が資綱から子の通綱へ、五町分が貞治四年（一三六五）に通継から弟の通忠へと譲られている。郷内の公田数は鎌倉末期から南北朝期にかけても固定した数値となっており、(29)承久の乱以降、鎌倉末期にいたる過程の中で、整備されていったものと考えられる。

先の新村郷では、発掘調査の結果、エリア内にみられる建物の変遷をみると、一二世紀から一三世紀の段階で、遺跡内の建物が集村の傾向を示しながら移動した痕跡がみられることから、鎌倉時代初期から中期にかけて、地域内の居住環境を再編する何らかの動きがあったものと考えられる。(30)居住者の生活環境をも改変しながら編成される地域秩序こそ、地域的な年貢上納体制の物理的な編成の痕跡であろう。荘園村落における中間層の組織化は、生活レベルの地域再構築として行われていた可能性も指摘したい。

注

（1）土地改良事業の進展にともなって日本の農村景観が大きく変貌するなかで、同年長野県で開かれていた地方史研究全国大会において同宣言が採択された。信濃史学会委員長であり地方史研究全国大会代表の一志茂樹氏はこの時、耕地の微地形・地味・地目と地番・道路・用水堰・地字・埋蔵文化財等に対する事前調査の徹底や、調査記録の保存、地図・地籍図の保存の法制化などを政府に要望した。

（2）海老沢衷「中世土地制度と村落景観をつなぐもの」『荘園公領制と中世村落』校倉書房、二〇〇〇年

（3）拙稿「市町村における自治体史編纂の成果と公文書保存の課題―全史料協資料保存委員会によるアンケート調査から―」『松本市史研究』一四号、二〇〇四年

（4）飯沼賢司、日本史リブレット『環境歴史学とは何か』山川出版社、二〇〇四年
（5）全史料協資料保存委員会編『データに見る市町村合併と公文書保存』岩田書院ブックレット8、拙稿第1章「アンケート実施の経過」、第3章「市町村合併と資料保存―資料保存委員会によるアンケート結果から―」二〇〇三年
（6）拙稿「市町村合併と公文書保存」『行政&ＡＤＰ』二〇〇三年四月号、社団法人行政情報システム研究所
（7）拙稿「行政の文書管理と文書館―歴史的な説明責任の有無と記録―」『レコードマネージメント』四九号、記録管理学会、二〇〇五年、同「歴史研究とアカウンタビリティーのはざま」（1）～（6）『ＤＪＩバイマンスリーレポート』三四～三九号、国際資料研究所、二〇〇〇年
（8）「全史料協の30年―新しい文書館像を求めて―」が提起したもの」『記録と史料』一六号、全国歴史資料保存利用機関連絡協議会、二〇〇六年
（9）井原今朝男「中世善光寺平の災害と開発」『国立歴史民俗博物館研究報告』九六集、二〇〇二年
（10）井原今朝男「信濃国太田荘」『講座日本荘園史』第五巻　東北・関東・東海地方の荘園、吉川弘文館、一九九〇年
（11）拙稿「金沢称名寺による信濃国太田荘支配について―範義書状などを中心に―」『信濃』四八巻五号、一九九六年
（12）『信濃国太田荘調査報告書』Ⅰ・Ⅱ、豊野町教育委員会、一九九四・一九九七年
（13）拙稿「金沢抄名寺による年貢管理と太田荘」『信濃』五〇巻一一号、一九九八年
（14）田中浩司「一六世紀後期の京都大徳寺の帳簿史料からみた金・銀・米・銭の流通と機能」『国立歴史民俗博物館研究報告』一一三号、二〇〇四年
（15）文和元年一二月一二日、称名寺領加賀国軽海郷代官僧杲照陳状、金沢文庫文書『神奈川県史』資料編3 No.四二〇五
これによれば新田開発について
一、新田開発事、於荒野者、寄来雖為便宜之地、瀬切大河堀江取用水、□《（以）》外大営難儀之間、全分未□行候、雖然如形、自去年新田二三段開発候、満作四箇年之後、可有御年貢之由、約束候、□《（此カ）》間御使見知、無其隠也、以上条々、如蒙仰候、百姓等令下知候了、御年貢加増事、一切不可叶之旨、返々歎申候、所詮早速被下憲法御使、糺明御沙汰者、可然御計候

哉

とあり、軽海郷年貢の徴収の請負と、新田開発後の徴収体系の構築にいたるまでが、代官の管理下に置かれていたことが知られる。こうした状況は信濃国の所領でもみられたものと考えられる。

(16) 牛山佳幸「中世律宗の地域的展開—信濃国の場合—」『信濃』四八巻九号、一九九六年
(17) 元徳三年一二月二一日、太田荘大倉郷名田注文、称名寺文書『神奈川県史』資料編2 №二九七九
(18) 『豊野町の歴史』豊野町誌2、第2章「中世」第5節「太田荘を取り巻く地域社会の変貌」
(19) 永原慶二『日本封建制成立過程の研究』岩波書店、一九六一年。峰岸純夫『中世の東国』東京大学出版会、一九八九年
(20) 井原今朝男「東国荘園年貢の京上システムと国家的保障体制—室町期再版荘園制論（2）—」『国立歴史民俗博物館研究報告』第一〇八集、二〇〇三年
(21) 井原今朝男「室町期東国本所領荘園の成立過程—室町期再版荘園制論の提起—」『国立歴史民俗博物館研究報告』第一〇四集、二〇〇三年
(22) 田沼睦「中世的公田体制の成立と展開」『中世後期社会と公田体制』岩田書院、二〇〇九年（初出一九七〇年）
(23) 延文五年正月二三日、滑資綱所領譲状案『神奈川県史』資料編3 №四三六三
(24) 文保元年五月二六日、山内通資同通氏和与状案、山内首藤家文書『信濃史料』第四巻
(25) 榎原雅治「荘園公領総社と一国祭祀—若狭三十三所と一宮—」『日本中世地域社会の構造』校倉書房、二〇〇〇年
(26) 『松本市史』歴史編Ⅰ（原始・古代・中世）、第三編中世、第二章「中世のはじまり」第一節「鎌倉幕府と松本」一九九六年
(27) 保立道久「ものぐさ太郎から三年寝太郎へ」『国立歴史民俗博物館研究報告』第五四集、一九九七年
(28) 鎌倉佐保「『寄進地系荘園』を捉えなおす」『歴史評論』七一〇、二〇〇九年。鎌倉氏は、この頃の在地領主について、院政期の大きな社会変動のなかで荘公所職を獲得し、複雑な政治過程のなかで形成されるとする。信濃春近領の地元に開発の痕跡を残しながら、その後、地元での政争からは身を引く平氏勢力の存在が、信濃においてはこの時代の主要な在地領主で

あった点に留意しておきたい。

（29）前掲注（26）『松本市史』

（30）緊急発掘調査報告書『新村遺跡』松本市教育委員会、二〇〇三年

第二章　東国荘園における当知行と職

一　武家の当知行・寺家の当知行

中世後期、特に南北朝以降の荘園制の特質をどの部分に見出すかによって、制度としての荘園制のとらえ方は大きく異なる。中世後期の社会が惣荘・惣郷の二重構造であったとすれば、中世後期社会で惣荘が果たした役割を追うことが、中世後期における荘園制のあり方を探る手段となるという提言は、(1)中世後期の荘園のあり方を、村落の側から逆照射しようとする見方にも共通している。(2)荘園領主がもっていた勧農権・検断権を地域の中で体現するのが惣荘の役割であるとすれば、中世前期の荘園制と後期の荘園制の、どの部分に質的な差異を見出すことができるのかを追求することが、後期の荘園制の特質を解明する糸口となろう。

中世後期の守護による領国経営は、荘園制の否定によって成り立つものではなく、中世後期の体制的秩序として、荘園制を拠り所としていた。(3)さらに南北朝期に進展した職の一円化にともなって、住人は荘園内部の職を守るために、荘家に結集し、領主との一体化を指向した。(4)このとき住人は、内乱という時代背景の中で、基盤となる「荘家」に何を求めて結集したのであろうか。

領主との一体化を求めて荘家に結集する勢力がいる一方で、荘園内部に職に捕捉されない当知行地をもつ領主層が、荘園の枠を越えて地域的連合を形成するのも、内乱期の特質でもある。こうした地域連合は、国人領主層による当知行保全システムと考えられている[5]。惣郷にあたる部分に対する評価は、見方によって二つに分かれているのが現状である。

一方は職を基盤とし、他方は当知行を保全するための連合を形成する。相反する契機でありながら、双方が求めるものは所領の安定的な知行である点にかわりはない。この二つの方向性が、「荘園制」という枠組みとどのように連関していくのかを検討するのが本稿の課題である。素材として取り上げたのは、京・鎌倉の中間地帯に位置する、信濃国水内郡にあった近衛家領荘園の太田荘である[6]。

太田荘の荘園としての枠組みは、平安期から室町・戦国期にいたるまで継続しており、領家は、南北朝期に近衛家から東福寺海蔵院へと代わるが、支配は継続している。太田荘内部には、寺社領主としての金沢称名寺が存在する一方で、南北朝期以降在地領主の島津氏の台頭がみられる。双方が、郷地頭職を相論する経過の中から、荘内の郷村にどのように関わりをもち、所領の経営にあたっていったのかを検討してみたい。寺社領主による「支配」といい、武家領主による「当知行」という場合に、具体的に所領経営が何を拠り所としてなされていたのかについて、荘園制の枠組みの中で検討したい。

本稿で扱うのは、荘園内部に設定された鎌倉期以降の地頭職であり、本来的な荘園所職とは異なると考えられるが、一円領の形成と職の一円化にともなって、職としての役割に大きな差異がなくなることと[7]、地頭職を基盤に考察することで、幕府―御家人体制と荘園制の連関がより明確になるものと思われる。さらにいえば、畿内・近国以外の地域史研究の中で、荘官名主クラスの荘園所職を追跡すること自体が困難であり、寺社一円領にみるような職の体系が整わない荘園の方が、圧倒的多数を占めることが現実であるとすれば、中世の社会を遍く覆った「荘園」そのものの構造を考察する上で、荘園内部の職としての側面から地頭職を考察する必要があると考える。

二　太田荘の開発と地頭職

1　郷地頭島津氏

信濃国太田荘は、市町村合併以前の長野県上水内郡の豊野町域を中心に、長野市北部から旧豊野町、牟礼村、三水村、豊田村など五市町村にまたがる広大な荘園であった。鎌倉期の島津家文書によれば、「田数三四〇余町」と伝えられている。(8)立荘の過程は不明だが、藤原忠実以前の早い時期に摂関家領となり、後に高家院領を経て文治二年（一一八六）には藤原基通の支配下におかれ、以後近衛家領として南北朝の初期まで伝領された。鎌倉期の郷村は、神代・石村南・小島・浅野・大倉・石村・吉村・長沼・赤沼・下浅野・上浅野・今井・赤塩・福王子・黒河・小玉・野村上の一七郷で、千曲川の流域からこれに合流する鳥居川の上流域の髻山南麓から北東斜面に広がる。

領家は鎌倉期を通じて近衛家であったが、現地の各郷には早い時期から地頭が存在した。鎌倉期の史料類からみられる郷地頭は、北条氏一門の金沢氏と称名寺、および惟宗氏の系譜を引くとされる島津氏である。

このうち島津氏は鎌倉末期の弘安年間にいたると、島津久経から久長に太田荘内神代・津野の二郷が譲られ、薩摩では本宗家から伊作島津氏が分立すると、先の二郷の地頭職は本宗家から離れることとなった。(9)しかしこの譲与は当初から充分に果たされたわけではなく、伊作家は自家の縁につながる伊達家の女性領主による支配を、訴訟によって排除することにより、伊作家の一円支配が可能となった[10]。鎌倉後期の諏訪社の頭役を定めた嘉暦の鎌倉幕府下知状案によれば、黒河・福王子・下浅野は島津本宗家の宗久、石村南・津野・神代は同じく本宗家の貞久と宗久でもつほか、下浅野・小島の二郷には、大隅孫三郎入道の名がみえるなど、旧豊野町域の大倉郷・石村郷に金沢氏が地頭職を得ているほかは、ほとんどの郷に島津氏の地頭職が確認されている[11]。

島津氏による地頭職の支配は嘉元三年（一三〇五）に、伊作島津家の長久が地頭職をもつ神代郷の代官に任じられた薄葉景光の請文によれば、神代郷地頭得分として毎年四二〇貫文の銭と、馬褐・塩引鮭・筋子・差縄など色々物があげられ、これらは薩摩まで送られている[12]。太田荘内の郷地頭職をもつ島津氏は、薩摩国を本拠とし、信濃の所領には一族や被官を代官として任命し、支配にあたっていた。

2　金沢称名寺による開発の様相

太田荘内の多くの郷地頭職を島津氏がしめる一方で、大倉・石村の両郷地頭職は、文永年間以前に鎌倉北条氏一門の金沢実時の領するところとなっていた。金沢氏がどのような経緯で両郷地頭職を得たのかは不明であるが、大倉・石村郷に対して金沢氏が強い影響力を及ぼしていたことは、領家近衛家の検注をめぐる相論の中にみることができる。

弘安七年（一二八四）、近衛家からの検注使が太田荘に派遣されると、両郷地頭はこれを拒否し、居合請料および勘料銭として一〇六貫七〇文を支払うこととしている[13]。さらに領家側は、太田荘の本来の年貢である絹による納入を要求するが、両郷地頭は代銭二〇貫文の納入を主張し、永仁三年（一二九五）に和与が成立している[14]。正中二年（一三二五）にも領家から、検注に協力しない両郷地頭が訴えられている[15]。領家近衛家による再三の検注が、この時期になされようとしていたことの背景には、両郷の開発が深くかかわっていたものと考えられている[16]。

この当時称名寺が年貢の徴収に関与していた石村郷には、古代以来の式内社粟野神社があり、鳥居川より取水する石村堰が引かれている。この周辺域の開発は、古代の「大田郷」の時代になされたものではなく、立荘以後の太田荘内で行われた可能性が高いことが指摘できる。[17] 粟野神社背後の丘陵から流れる三念沢は、石村堰灌漑域への出口付近で堰の下をくぐり、この地点から天井川となって鳥居川に流れ込む。三念沢の水利権は粟野神社周辺域の耕地に強い関わりを有すると考えられ、石村堰による灌漑域へは水を落としておらず、粟野神社前面の水田のみが灌漑対象である。降雨時には暴れ川となった三念沢上流の水源の付近には堤が築かれ、満水時の水量調節がなされるような工法が施されているが、石村堰灌漑域とは明らかに異なり、水利権が本来別のものであることを物語っている。

現在、粟野神社に隣接して神護寺跡と伝えられる礎石が残るが、周辺には、平安期には神護寺関連の僧坊等が配置されていたものと推定される。圃場整備にともなう発掘で、梵字の墨書を有する平安末から鎌倉初期の木簡が出土した北土井下遺跡（現長野市豊野石区）は、粟野神社前方の石村堰灌漑域への開口部付近で、石村堰に敷き込まれる形で平安期の住居跡が展開しており、この地域の古代の開発と、石村堰との前後関係は明瞭である。

式内社粟野神社を中心とした古代的開発の一定の進展と行き詰まりの後に、石村堰による新たな中世的開発が展開したことがわかる。鳥居川から取水し、等高線に沿ったヨコ堰による開発の主体は、鎌倉中期には同郷地頭職を取得したと推定される金沢氏および称名寺に比定される可能性が高い。金沢氏が太田荘内に同じく地頭職を取得した大倉郷でも、石村堰ほどの明確さはないが、鳥居川を水源とするヨコ堰による灌漑域が展開し、同時期にこの二郷に対して、金沢氏または称名寺から開発の力が加えられたものと推定される。[18] おそらくこの開発を主導したのは金沢氏を後ろ盾とした称名寺によるものであろう。称名寺による広域的な開発が行われた石村・大倉の両郷に対し、領家近衛家は検注使を派遣したものと考えられ、この段階で各郷の勧農権の多くは、領家から郷地頭に移っているという状況が想定できる。いわば称名寺はこの二郷に対して、地起し的な領主権を保留している状態である。

この頃の石村郷地頭職は、金沢実時から譲りを受けた実時の夫人谷殿永忍と南殿との間で揺れており、称名寺長老劔阿と金沢貞顕との協議を受けて、代官となった某範義の尽力により、金沢氏の下に一本化されようとしている時期でもあった[19]。荘内の大倉郷の地頭職は、延慶三年（一三一〇）に谷殿永忍から金沢称名寺に寄進され[20]、さらに石村郷も正和四年（一三一五）に金沢貞顕の所領となっている[21]。

先の近衛家による太田荘検注の前提には、石村郷地頭職の称名寺への返還に活躍した、某範義のような代官が介在して行われた、石村郷と大倉郷に対する広域的な開発があったのではなかろうか。某範義は、谷殿永忍の養母にあたる宗尊親王女房帥局の血縁といわれ、永忍から石村郷のうち帥局給分を買い取ったものといわれる[22]。尾張熱田社と関連があり、地頭職をめぐる争いを仲介する以外にも領域の勧農など経営面にも深くかかわっていた可能性があったことについては三節2項でふれる。

3　島津氏による開発と支配

一方、島津氏が地頭職をもつ地域でみられる開発は、沢水を中心とした旧来からの小規模開発による谷田地域が中心となって始まる。称名寺による開発がヨコ堰による広域的な開発となったのに対して、太田荘内でも惣政所がおかれ中核的な位置づけをもつ神代郷は、島津氏が地頭職をもつが、丘陵の斜面から鳥居川の段丘上に広がる緩傾斜地のタテ堰を軸に展開している。

島津本宗家が地頭職をもった南郷でも、湧水や沢水による水田経営が跡づけられており[23]、屋敷周辺の手作地から始まって、領主の館を中心とした開発の様子がうかがえる。総じて鎌倉期の島津氏関連の譲状等に現れる郷域では、平安期以来の開発領域をそのまま維持したかの様相を呈している。丘陵地帯の島津氏所領と比較すると、石村郷・大倉郷のように大規模に段丘崖上を開発する手法がいかに強力な背景をもってなされたものであるかを如実に知ることができる。

反面、鎌倉末期以降の島津氏の所領は、福王子・黒河などの鳥居川流域の丘陵地帯から、一転して長沼・赤沼などの千曲川流域の低湿地帯に進出していることを、諏訪上社の頭役を定めた関東下知状に示された郷名から知ることができる。[24] 治水をあわせた広域開発が鎌倉末から南北朝期を境としてなされたことを示しており、開発の側面からもこの時期の島津氏の領域支配に、大きな変化が起ったことが推測される。

鎌倉期の地頭職の領有関係をみると、先行して入部していた島津氏による開発域の中に、金沢氏と称名寺が組織的な開発力をもって入り込んでいった様相をみることができ、さらに先の太田荘検注をめぐる相論の中で、現地に臨んだ近衛家の代官は、当時太田荘の惣政所職にあたっていた島津氏との関連で考えると、島津氏の一族か被官を任命しての検注がなされていたものと推定され、太田荘現地における両地頭の権益は郷域の開発と絡んで先鋭的に対立していたものと推定される。

三　大倉郷地頭職相論と国人領主島津氏

1　地頭職相論の展開

鎌倉北条氏の政権が倒壊した後、建武五年（一三三八）正月、金沢貞顕跡となった太田荘内大倉郷地頭職が、足利尊氏により勲功の賞として島津宗久に宛行われるという事態が起った。[25] これは建武政権発足直後の建武三年に直義により、下総・加賀・因幡などの所領とともに、称名寺に安堵された後であった[26]。ここから大倉郷地頭職をめぐって、約二〇年間にわたって称名寺と島津氏との相論が始まる。直義は、暦応元年（建武五年、一三三八）一二月、島津氏への宛行を間違いと認め、称名寺に返付する[27]。その後称名寺による幕府禅律方への働きかけにより、再三島津氏に対して、称名寺への大倉郷地頭職の返付が命じられながら、「島津判官大夫跡」を称する輩による違乱が続けられ、ついに文和二年以後は、称名寺による訴訟も史料の中から姿を消すこととなる[28]。

この相論の経過の中で、太田荘現地では郷地頭職をもつ島津本宗家とは別に、現地の国人領主島津氏の台頭がみられる。

建武五年の島津宗久への大倉郷地頭職補任の後、暦応三年に島津宗久が死去すると、宗久知行権については「嶋津判官大夫宗久跡」として相論が継続され、「宗久跡」を知行する輩により現地の違乱は継続されていた。

康永元年（一三四二）、幕府禅律方頭人奉書によって信濃守護小笠原貞宗に違乱の停止が命じられ[29]、翌年守護代小笠原兼経に伝えられるが、違乱は止まず、貞和二年（一三四六）、観応元年（一三五一）にも称名寺からの訴えにより、禅律方頭人奉書が出される[30]。しかしその後も荘園現地での押領は止まず、貞和五年三月一七日の信濃守護小笠原政長請文案[31]によれば、押領停止を命じられた守護代大井光長からの報告の中で、「当知行人嶋津大夫判官宗久跡」の輩は同年諏訪上社御射山大頭人にあたっているため、遵行を差し控える旨の報告がなされ、現地で地頭職を違乱する島津宗久跡の当知行人が、諏訪上社大頭役をも勤める信濃国内の有力国人であることが知られる。

さらに大倉郷地頭職の当知行には、近隣の国人領主の介入が深く及んでいた。観応二年の足利尊氏御教書案[32]によれば、

高梨能登権守等、得嶋津大夫判官跡輩之語、押領之間、数ヶ度雖仰専使、不事行云々

とあり、太田荘に隣接する東条荘を本拠とする国人領主高梨氏が島津宗久跡の輩を語らって大倉郷地頭職の違乱を行っており、大倉郷地頭職を軸として島津宗久跡の輩と高梨氏による国人領主連合が形成されつつあることがわかる。

2　当知行人をめぐる称名寺の動向

大倉郷地頭職相論をめぐる信濃の情勢を前提として、称名寺がどのように当知行人による押領に対処したかをみると、第一に幕府奉行人に働きかけて行った相論の場での勝利であり、第二に称名寺側の実力行使による当知行人の排除である。

第一の点について称名寺は、足利尊氏による島津氏への大倉郷地頭職安堵が判明すると、京都の沙汰雑掌を窓口としながら情報の掌握に努めていることがわかる。

この間、年未詳の京都の沙汰雑掌から称名寺にあてた書状によると、(33)

大蔵郷嶋津判官、正月廿六日為恩賞拝領候之間、此事ニ纏頭仕候、万方廻秘計候、雖再往御沙汰候、可付寺家之旨治定候、今一度伺評定、可被成寺家御下知候

とあり、島津宗久への宛行に対して、返還交渉のため早速幕府奉行人への秘計などの対策にあたっていることがわかる。その結果、康永二年頃と推定される年未詳の某書状によれば、(34)

大倉郷事、如先度掬得申入候、当給人出公方去状候上者、不可有子細候処

とあり、禅律方における審議の中で島津氏はすでに将軍に対して去状を提出している旨が示されており、相論の比較的早い段階で、島津本宗家の側では現地の地頭職からは手を引いていたものと推定される。相論については禅律方頭人奉書により、再三押領停止が命じられていることから、これらの裁許を奉行人から勝ち取る形で称名寺が勝利して

いることは明白である。

　では現地の当知行人の排除に称名寺はどのように臨んだのであろうか。

　貞和二年頃と推定される、年未詳の某書状(35)によれば、

　一、大倉郷事、先進ニ委細注進候了、此事已内談落居候て、以勘録可伺申評定候、如此禅律沙汰日一月ニ只三ヶ度ニ成候之間、延□未賜御下知候、月ニ二日六日にて六度候したにも、□之習、延引かちにて候ニ、結句只三日にて候程ニ、諸人□歎、只此事候、敵方ハ如此延候之間、悦喜候乎、寺□(家カ)当年之毛上と○《いり》もみつれとも、不○《任》意事、無力微運候乎、千万出来候者、東堂□(御)□向之便宜、可誂進之候、又これも今月六日□(禅カ)律沙汰之時、諏方大進(円忠)房告申候を承候へ[　　]番之引付ニ当郷事施行を競望候之仁候之由、□及候間、奉行人何仁ニ候哉、又奸訴之物名□何様申ける由、尋申候間、依物忩不分□(明カ)とて、不明申候、此又不可思議事候

とある。

　当時の禅律方における評定の様子が示されている。ここでは評定日数の減少により審議が延引していることや、この審議の延引が敵方に好都合に働きかねない様子などが伝えられているが、すでに内談衆の審議は終え、奉行人の評定の場での審議にゆだねられる段階であることが知られる。ところが、審議の経過の中で、奉行人である諏方円忠からの情報を得たところによると、奉行人の中に、大倉郷の施行を競望している仁があるとの情報が入った。ただし未だ明確な情報ではない、ということでそれ以上の情報は得られていない。

　さらに評定に関与し、奉行人に秘計をめぐらしている京都の沙汰雑掌は、「当年の毛上」とあるように、同時にこの時期の荘園現地の作毛の様子をも把握しており、その納入や運搬業務も請負っていたものと考えられる。

　この頃、称名寺の所領では、称名寺と関連を有するいくつかの寺院の連携によって所領年貢の収納、管理が行われ

ていたことについて、以前にふれた[36]。訴訟の窓口となっていた沙汰雑掌もこうした称名寺による年貢管理機構の一成員として動いていたものであろう。年未詳の京都雑掌からと推定される某書状[37]によれば、

信州大倉郷御安堵事承及候、中預候御代官可勤仕旨申候、兼御存知之御事候、於公平不致不法と、心はかりハ存候由令申候、

とあり、暦応元年に足利直義からの地頭職安堵を得た後に、京都雑掌の口利きによって、京都太子堂とみられる称名寺関連寺院の息のかかった代官が大倉郷に任命され、収納について請負っている様子が知られる。

こうした年貢管理機構の中で任命される代官の中には、鎌倉期の石村郷の地頭職を称名寺の下に一本化する動きに介入し、活躍した某範義のような人物が位置づけられよう。延慶元年（一三〇八）から翌年にかけて作成されたと推定される、三通からなる某範義書状は、このような代官の活動の様子を示している[38]。まず史料一は、

〔史料一[39]〕

石村御買地、当年所当内弐拾貫文、随沙汰出進上之候、残者今月中忩々可責進候、

（後略）

とあり、この年の所当の納入を請負っていること、また残分については「随沙汰出」とあるように、収納し次第納入を請負っていることから、該当する年の一〇月から一一月の収納期に作成された書状であることがわかる。また史料二には、

〔史料二[40]〕

石村御用途適替進候之処、相違候て、空罷下候、無申限歎存候、残御用途沙汰申候て、此間忩々可進上候、兼又六波羅殿已御下向候之由承候へハ、目出悦存候、今ハ相構無御帰洛御事にて令定御候へかしと念願仕候、

（後略）

とあり、史料一同様、収納の時期に作成されたものであること、また、用途は為替によって送られていることが知られる。史料三は、別条のひとつ書きで、「正月廿日」とあることから、史料一、二に引き続いて翌年の春にいたって作成された書状であることがわかるが、石村郷に関する部分では、

〔史料三〕(41)

承候はん□□□正月廿□□進候しか、依此御労心事、不及申合候とて、未罷下候、

一、杏仁事蒙仰候、去年焼失ニ皆失候て、一粒も不所持仕候、今夏取集候て、可進上候、適御用折節空候事、恐恨不少候、

一、此御買地事、先度も如令申入候、今春ハ散田し候て、作人無相違付候了、西収之時ハ相構、御代官一人令下御候て、直可被召候、如此及遅々候事も、身の不調なる心地仕候、又作毛なとを苅取候へとも、□不合期候間、取違候て、先立御用候事も叶候はて、失面目候、可然之様ニ御計候者、可畏存候之由、可令申入給候、

恐惶謹言、

［　　］日　　　□□（範義）（花押）

とある。

史料一から三にいたる一連の書状は、ある年の収納から次年の勧農の時期にいたるまでの間、範義が石村郷に駐留して、年貢の収納や、所当の納入、換金、為替による称名寺への納入までの業務にあたっていたこと、また、石村郷における手作地に対する散田と、作人の配置など、勧農行為そのものを取り仕切っていたことを示している。おそらく範義はこの年の収納と翌年の勧農までを一つの請負業務として石村郷に下向していたが、次年度以降は新たな代官

が派遣されて同様の業務にあたっていることは、「西収之時ハ相構、御代官一人令下御候て」とあることから知られる。

さらに範義のような代官の業務は、称名寺内部の寺用配分と密接な関連を有して運営されていたものであることは、史料三の書状で、為替違いによって用途の納入が間に合わなかったことを詫び、「先立御用候事も叶候はて、失面目候」と、陳謝している様子からうかがうことができる。

範義書状の作成年代が金沢氏内部で所領の相続に関する問題が取沙汰されていた延慶元年の冬から、翌年春の勧農の始まる前に書かれたものであろうと推定されることから金沢氏および称名寺は、農業経営へも深い関わりをもつことができ、なおかつ為替の操作により所当を納めることができる範義を重要な所領支配の媒介としていたと考えられる。さらに、所領内部には核となる政所が支配の拠点として設けられていたのである。

石村郷の支配拠点としては、現在の長野市豊野にある長秀院北西の粟野神社跡付近にその所在が比定される、中世の神護寺がこれにあたるであろうことは、第三章でふれる。(42)石村郷神護寺に関する詳しい中世の史料は残っておらず寺僧組織その他の様子に関しては具体的に検討することができないが、この神護寺が金沢称名寺と密接に関わりながら石村郷支配に臨んでいたであろうことは、次の二通の書状から判明する。

〔史料四〕金沢貞顕書状(43)

信州石村郷神護寺長老来臨之間、入見参候了、其間子細定被申候歟、兼又、禁忌事、先立令申候き、依此事入御者、不思寄候、諸事近日可令参申候、恐惶謹言

三月六日　　　　　　　　　　崇顕（金沢貞顕）

方丈（劔阿）、進之候

〔史料五〕剱阿書状(44)

信州石村郷神護寺長老尊如房被参候、不無骨候者、可入壁見参之由被申候、且彼御領之所務以下も、御尋候者可宜候、兼又、小禁忌御事伝承候、企参上可申入候之処、未荒説候之間、先以申入候、殊以驚入候、何御事候、更承即可参申入候、恐惶謹言

三月六日　　剱阿（花押）

人々御中

二通の書状は二紙からなり、貞顕書状の裏をかえして剱阿書状が書かれるという関係にある。前後関係からいって、まず貞顕から剱阿に宛てた書状が書かれ、剱阿がこの裏をかえして「（称名寺）人々御中」宛に書状を認めたものと推定される。

神護寺長老の鎌倉来訪について両書状をみると、貞顕書状ではすでに神護寺長老との面会を果たし、懇談を終えている様子がうかがわれ、剱阿書状ではこの面談を踏まえて神護寺長老尊如房と称名寺寺中の人々との会談がもたれるよう寺僧に申し送る、という内容となっている。

ここで剱阿書状をみると「且彼御領之所務以下も、御尋候者可宜候」とあり、石村郷神護寺が、所領の所務との深い関わりを有することが読み取れる。このときの長老の鎌倉来訪により、称名寺寺僧との間での石村郷所務をめぐってなんらかの論議がなされたのであろう。

ところで、この二通の書状の作成年代は年未詳ではあるが、貞顕が法名の「崇顕」を使用していることから、この書状が貞顕が出家した正中三年（一三二六）四月以降に書かれたものであることがわかる。この頃には石村郷神護寺は、称名寺による現地支配の要としての機能を果たしていた。

さて、この二通の書状を正中年間以降のものとすると、この頃太田荘石村郷・大倉郷では大きな問題が起っていた。正中二年（一三二五）一二月八日付関東御教書によると、太田荘領家職をもつ近衛家が、同荘の検注を行おうとしたところ、大倉・石村両郷地頭がこれに従わず、幕府に訴えるという事態がそれである。両郷地頭とはいうまでもなく金沢称名寺であるが、このときの関東御教書が効を奏さなかったとみえ、四年後の嘉暦四年七月二八日、清能定・信連による連署のある関東御教書が再度だされている。

近衛家雑掌と、大倉・石村両郷地頭との納入年貢をめぐる相論はこれ以前にも行われていたことは、湯本軍一氏や米山一政氏の論稿等により、すでに周知のことといえる(45)。永仁三年（一二九五）の相論でも両郷地頭である金沢称名寺は領家方雑掌の主張をしりぞけ、二〇貫文による請切の体制を確保することができた。

このように、永仁三年から始まる領家近衛家と金沢称名寺との相論が、単に京都にある領家と鎌倉の地頭との間でなされた、上級の取り分をめぐる相論で終わったとは考えられない。領家による検注というきわめて在地的要因を含む相論が、先にふれたように地頭称名寺の主導のもとに、称名寺に有利に展開していたことがその証ともいえよう。両郷地頭称名寺は、在地の権益を守るため領家近衛家による検注を阻止する動きをかたくなにとっていた。このような地頭称名寺の態度を現地で支えていたのが、支配の拠点となっていた神護寺を中心とした郷政所組織であった。

先の劔阿書状にみられるように、長老尊如房を介して称名寺寺僧中は、郷政所から当時の現地の様子を聞き、また領家方使との交渉の状況についても把握することができたものと考えられる。

これらから、太田荘現地には、恒常的な所領の所務にあたった神護寺僧尊如房のような現地寺院の代官と、称名寺にとって大きな転機を迎えようとしていた時期に、関連寺院の連携の中で、京・鎌倉を縦横に活動することが可能であった範義のような代官が配置されたことがわかる。

南北朝期になると、島津氏と係争中の大倉郷に対しては、関連寺院で代官僧の認定について合議がとられ、任命されている。貞和二年（一三四六）正月一〇日の称名寺長老湛睿の書状によると、(46)

　一、持円房上洛間事、如仰尤□此僧、不可有等閑候、連々申□上代、大倉等事ハ、此僧自□
　□存知候間、是にて可申談

とあり、大蔵郷等の所務に関わりをもつ持円房について「此僧不可有等閑候」として、その力量や人物評価について申し送られている。持円房は観応元年（一三五〇）三月一五日の太子堂真如房による加賀国軽海郷の年貢結解の中で、(47)「参貫文、持円房歳末御畳縁代并知事方扇代、請取進之」とみえ、称名寺の所領年貢の管理機構の一端に組み込まれていた人物である。同結解状には「弐拾貫文、筑前阿闍梨彦部局替銭、同請取進上之、参貫文　良性房大倉郷下向、同請取進上之」とみえ、筑前阿闍梨、良性房などの僧も大倉郷への関わりを有していたことが知られる。

称名寺が、寺領年貢の管理機構の中で、島津氏との相論が続く大倉郷へ派遣した代官は、幕府からの裁許を無視して当知行を続ける「島津判官大夫跡」の輩に対抗し得る器量をもつ者が選定され、現地に下向して勧農・収納の実務にあたっていたのである。

大倉郷年貢をはじめとする称名寺領からの収納物は、こうした複数の寺院の連合による管理体制の下に分配され、また器量をもった人物の選定を踏まえて所領の経営が行われていた。

島津家の大倉郷地頭職との関わりは、京都の沙汰雑掌による奉行人への秘計などにより、称名寺への返付を命じるという裁許と、島津氏による去状の提出という形で、訴訟の上では称名寺方に有利に展開したこととなっているが、先の島津氏による去状提出を伝える某書状(48)では続けて、

　大倉郷事、如先度掬得申入候、当給人出公方去状候上者、不可有子細候、未預替御沙汰候とて、猶々上ニハ能ク

あいしらい申候へとも、於地下者、若支申事もや候へく候、為其も守護の注進を被召候、早々可上給候也、すへて上の御沙汰ハ厳重ニ候へとも、当時之通法、妄惑無申候哉

とあり、大倉郷の現地で、島津氏方を支持する勢力の存在を懸念している様子がうかがえる。さらに、これを防ぐためには守護方から状況を知らせる注進をとることを勧めており、早急に対処しないと現地で島津方を支援する勢力から受ける影響は、申すばかりないものであると忠告している。

称名寺にはこれらの当知行人を排除する方法として、替地を準備することを提案する反面、同じく年未詳の某書状(49)によれば、

一、大倉郷御教書、法興寺妙蓮房下向之□令誂進上候、已被下遣守護方候哉、はや道行候者、目出度存候、当給人嶋津判官不被付替者、無左右不打渡と存候、縦さ様事候者、彼仁立所ニ可損候也、其故ハ已公方へ出去状（以下欠く）

とあり、公方に去状を出しながら、押領を続ける島津方の行為が、島津方の権益を損なうものであることを、公方＝将軍の権限を背景に強調している。

この段階で称名寺は、現地の当知行人と、訴訟にたつ地頭職保持者島津氏とを一体のものと認識し、「上之御沙汰」によって押領を退けることを目指しながらも、現地の輩による「当時之通法」はそれでは押さえがたい段階であるとの認識ももっていた。こうした現地の動向を押さえるために、訴訟窓口となっている代官は「守護の注進」を準備しており、これを公方に提出することを勧めているものと推定される。

3　使節遵行と書状の伝達

ここで、沙汰雑掌が進言している守護の注進に注目してみたい。

幕府の決定は使節遵行によって現地にもたらされたが、南北朝期以降守護権限の拡大にともなって、現地への打渡しにいたる経緯の中では守護使節による遵行が一般的なものとなっていったという指摘がある。ただし様式上の文書の流れと、実際の文書の流れとは異なっていたことも明らかにされている。[50]上島有氏によれば、遵行手続きは当事者主義で進められるものであり、使節遵行に関する文書は、受益者である申立人に手渡される。[51]受益者は文書をもって自力で各方面への働きかけを行い、使節遵行を達成するという段階を踏むことで、幕府の決定が現地に届けられる。

大倉郷地頭職相論にかかわる一連の称名寺文書の中にもこうした経緯を示す文書がある。先に地下において、島津方を支える勢力について心配する旨を伝えた書状の中で、

抑、大倉・山口・上代施行正文者、正守護許ニ候之間、紛失之由申候、重代官へ施行を申出候也、此間無指便宜候上、如此大局之物者、誂申人無骨存候、示給候し後、即申沙汰候之処、能々相待便宜候処、此妙達上人御下向候之間、不顧無心、誂進之候

とある。[52]大倉郷をはじめとする称名寺の係争中の所領について、正文を守護のもとに届けてあったが、正文を紛失したため、改めて（文書を整え）守護代のもとに施行するよう（守護が）いっている。そこで、このような大事な案件なので、文書を伝える使者について選定し、便宜を待ったところ、このたび妙達上人が下向すると聞き、これらを妙達上人に託した。という経緯の説明がある。整えられた文書は、妙達上人の手によって、京都から称名寺にもたらされたと考えられる。先の書状で法興寺妙蓮房に託された「大倉郷御教書」もこのようにして称名寺に届いたものであろう。このようにしてもたらされた御教書・施行状を、称名寺は自らの力量をもって現地へ運び、守護代に渡すと同

時に、その効果的な遵行をめぐって守護代との交渉を行ったと考えられる(53)。

一連の使節遵行の中で、守護の役目は、施行の正文によって幕府からの指示の内容を確認し、これらを守護代に遵行する文書を作成することであり、実際に国の現地で幕府の命を守護代等の在地国人に伝える役目は守護の方にあるのではない。幕府の命を現地で直接押領人に手渡す役割を果たす守護代に対して、守護からの遵行状を伝えるのは、受益者である称名寺方の使者であった。

任国の政治情勢を含む情報について、京都にあった守護が必ずしも充分に把握していたとは限らず、守護代や一族被官以外の国人領主と守護との関係は、恒常的に構築されているものでもない。特に信濃のように京都の幕府と関東の鎌倉府とのあいだで管轄が流動的な国においてはなおのことであろう。現地の情勢への対応はあくまでも権益が抵触する当事者同士で解決するしかないことは、訴訟の裁許が伝達される経路からも明らかである。

それでも称名寺が守護の注進を必要としたのは、現地の国人領主間の力関係について、守護が把握している現状を糺す目的もあろうし、守護からの直接介入、助言を求める目的もあったのであろう。称名寺はおそらく「守護の注進」の中に、領国の裁定者としての守護の検断機能を期待したものと考えられる。

4　鎌倉府への働きかけ

去状を出したことが判明している島津氏に対して、現地で「島津判官大夫跡」の輩を支えていたのは、観応元年(一三五〇)以降の禅律方頭人奉書で「島津大夫判官宗久跡代官并高梨能登守以下乱妨」という形で現れる、高梨氏をはじめとする近隣の国人領主層であった。ここに地頭職をめぐって、去状を出して権限を放棄する島津家と、現地で「島津判官大夫跡」を当知行する輩との間に明確に乖離が生じていることがわかる。島津家にとって大倉郷地頭職はすでに所務の対象とはなっていないにもかかわらず、現地で「跡」を称して御家人役を勤仕する輩にとっては、既存の当知行の根拠として存在しているのである。

南北朝期に入って、京都の幕府と鎌倉府との間で管轄の分かれていた信濃では、明確な幕府—守護—国人の体制の成立が遅く、さらに北条氏与党の蜂起や、観応の擾乱による国人の分裂など、幕府による国人領主層の組織化は難航していた。年未詳の康永二年（一三四三）頃と推定される六月七日付真如書状(54)によれば、

一、高参州御在鎌倉之間、貴寺事も御意安存候、於京都随分寺訴自然之口入なとの事、常申入候き、及数度候大蔵郷事も、嶋津去状事を申候し程ニ、これハ公方御奉書を一度も彼仁違背之時ハ、可申口入候、若今度渡や候ハんすらんに、さきをくむて申事難義之由、被仰候て、不被出口入状候、若此御教書も違背候ハ、三州へ此由京都雑掌僧先日申入事にて候、且信州ハ御分国にても候へハ、可有御成敗欤のよし、可有仰候哉、

とある。この頃信濃は鎌倉府の管轄下に入っていたが、信濃での相論に対して、称名寺の訴訟窓口をも担っていた東山太子堂の真如は、鎌倉府に赴く以前の京都にいる高師冬に対して、信濃の訴訟への口入の要請を、再三にわたって行っていたことが知られる。高師冬の鎌倉下向により、裁許が下りても事態が打開できないときには、鎌倉府の管轄下にあった信濃に対して高師冬からの直接介入を期待している。真如は、この頃、常陸の北畠攻めを終えて鎌倉に戻った高師冬の権限に期待を寄せており、称名寺側も京都の禅律方における法廷闘争を頼りとしつつ、関東管領による口入を切り札としてもっている状態であった。

また、島津方が「公方の御教書」に一度でも違背した場合は、すぐさま口入する準備があることを師冬方からは伝えられているが、島津方の態度を先取りして行動するわけにはいかない、として今回は口入状の作成にはいたらなかったとしている。実際には、康永二年当時、鎌倉府の管轄下にあった信濃における称名寺の訴訟に対して、禅律方の相

論であることから高師冬が手出しをできない状態であったが、訴訟の裁決が最終的に公方の御教書によって命じられる段階になれば、分国でもある信濃に直接成敗に乗り出してもよいという約束を取り付けていた。

先に禅律方訴訟の遵行ルートとしてみた幕府＝守護—守護代という道は、鎌倉府の管轄に入ることによって変更を受けるのであろうか。鎌倉府の管轄下に置かれている信濃に対して、師冬が口入状を出すとすれば、それは師冬の掌握する伝達ルートをたどって現地に届けられるものであろう。幕府と鎌倉府との間で管轄の揺れる信濃の所領の中で、称名寺はこうした伝達がうまく機能しうる条件を備えていた。

称名寺は、訴訟の経緯の中で裁許の遵行について多くの部分を幕府（禅律方）—守護という京都の枠組みの中で行いながら、現地の実質的な支配や収納の部分では、鎌倉府とのつながりをもつ人脈を保持していた[55]。足利基氏の被官である彦部氏が称名寺による年貢管理機構の中に位置づけられていることは、この端的な現れであろう。

年未詳の湛睿書状によれば、

　又関東可有管領沙汰十一国中に、信州随一候、□□付其候者、此寺領之沙汰ハ、可為何様候哉、付是非可案内之旨相存候、又諸国之闕所、定令競望之人候、仍此大蔵をも指申人候歟、即去月□（廿カ）六日、以戒□（静カ）房参州方へ、触申京都御沙汰之趣候了、

とあり、称名寺長老湛睿は荘園内部の所職の保全に、関東管領の権限に大きな期待を寄せ、京都の沙汰を仰ぎたい旨を訴えている[56]。鎌倉府を介在させて京都の沙汰を急ぐ理由は、係争地となっている大倉郷の支配を争う相手が、単に相論相手の島津家だけでない点にあり、闕所地の給付を求める多くの国人領主層に広がっているという状況が判明する。

こうした関東周辺諸国の知行面における尊氏方の優勢は、称名寺にとっても、称名寺年貢を管理する東山太子堂に

とっても見逃しがたいものであった。観応元年三月一五日付の称名寺領加賀国軽海郷年貢結解状によれば、いったん東山太子堂の真如房のもとに納められ、結解が行われた貞和五年分の称名寺領年貢の中に、

弐拾貫文　筑前阿闍梨　彦部局替銭　同請取進上之
参貫文良性房　大蔵郷下向　同請取進上之

とあり、称名寺に納入される年貢の一部を彦部氏が請け負っていたことがわかる。(57) 彦部氏は当時、鎌倉公方足利基氏の側近ともいわれ、鎌倉府執事高師冬の従者でもあった。(58) また年未詳の一〇月七日付の真如書状でも、

一、彦部へ替銭十一貫文、京著候了、其内一結愚身拝領、畏入候、所残十結□即法花寺尼衆御方へ遣候了

とある。(59)

称名寺は寺領からの年貢の徴収は、寺僧を派遣して行っていたものと考えられるが、信濃から加賀にかけて称名寺僧が所領からの年貢の徴収のために下向する中で、師冬の従者である彦部氏が、こうした年貢徴収体系のなかに組込まれている点が注目される。訴訟の面に現れる称名寺は、直義方の禅律方を唯一の拠り所としながらも、知行面では現実に優勢を保っていた尊氏方の武士を年貢徴収のために取り込んでいるのである。

禅律方寺院の訴訟であるため、鎌倉府執事高師冬は原則的には介入はできない状態であったが、真如房は年貢徴収の体制のなかに、関東周辺で実質的な知行をなしうる尊氏派高師冬の従者を組み込み、また裁許の遵行に関しては最後の手段としての師冬による口入という二面から訴訟を支えていた。

南北朝初期における称名寺の訴訟は、こうした原則面と現実の知行面とのねじれの中で展開していた。年貢徴収の面では、尊氏方の高師冬の従者である彦部氏による請負という形をとり、訴訟手続きの面では直義の管轄する禅律方で審議されていた。

信濃では小笠原政長の段階から、国内の闕所地の給付権を守護が把握していたと考えられ、先の禅律方の評定にも

みられるように、同地の地頭職は競望の対象となりうるものであった。しかし、いずれも競望の対象は地頭職として現れており、当知行地の内実にまで及んでいないのが、一連の京都・鎌倉・称名寺の間でやりとりされている文書に示される特徴でもある。地頭職の給付に関しては、現地の動向は除外されて、競望の対象となっていると考えられる。反面先の称名寺領に派遣される代官僧の荘内での活動に、こうした公権による安堵が必要欠くべからざるものとして認識されていたといえよう。

しかしこうした寺僧代官を派遣して行われた郷支配と公方の権限だけでは、称名寺の実質をあげることはできなかった。信濃荘園現地では、幕府を軸とした将軍―守護―守護代による編成に組み込まれる国人領主層は、称名寺による大倉郷支配に阻止的な要因を多くもっていた。足利直義の管轄下に行われる禅律方の訴訟では、尊氏方の守護を通じた地元への要請は、充分に機能しておらず、両使として現地に向かう近隣国人は、徐々に幕府―守護方の力関係の中に取り込まれつつあった。

5　称名寺による経営と職

こうした中で観応元年、信濃は観応の擾乱のさなか、一時期足利直義方の勢力が急速に盛り返し、直義方の諏訪氏が信濃守護職を掌握するかにみえた。さらに観応二年（一三五一）一一月の足利尊氏の御教書によれば、直義方の諏訪頼直に禅律方頭人奉書の遵行が命じられており、北陸から鎌倉に入った直義のもとに、訴訟は一本化される可能性をもった。しかし直義の死により称名寺の目論見は果たされることなく、文和二年（一三五三）一二通の連券からなる訴状[60]を尊氏に提出した後、延文二年（一三五七）に足利義詮によって島津貞久に大倉郷地頭職が安堵されたことで、称名寺の訴訟の場における立場は決定的となった。

貞治二年（一三六三）に貞久から師久に大倉郷地頭職が譲られると[61]、称名寺の雑掌光信が師久の押領を訴えるが、その結果は不明である[62]。おそらく、称名寺による相論は、現地の国人層による当知行を前提とした地頭職安堵により、敗北を迎えたものと推定される。

こうした称名寺による支配の実質が、少なくとも南北朝の中期まで継続することができた背景には、どのような条件が存在するのであろうか。

先にふれたように、称名寺は大倉郷現地に対して、鎌倉中期以降用水堰開発などの積極的な開発行為と、拠点寺院に寺僧を派遣して、勧農・収納を直接把握する経営を行っていたものと考えられる。これは称名寺による単独の寺領運営ではなく、伊勢大日寺や京都東山太子堂などの、関連寺院のネットワークによってなされたものである[63]。訴訟の進行と照らし合わせてみる限り、こうした支配が機能するためには、形式的にではあれ島津氏方の去状提出という事態が必要であった。これには、足利直義のもとで行われた禅律方の訴訟という、法的根拠が大きく作用していたことは明白である。称名寺による大倉郷支配は、この法的根拠を前提としない限り困難な状況であったといえる。

さらに称名寺の年貢管理機構は、所領の勧農・収納をも含んだ経営面での管理機構として、南北朝期以降も現地での機能を果たしていたことは、次の称名寺長老湛睿書状から知ることができる[64]。

（前欠）まかせて沙汰をいたすへきよし、百姓等にもふれらるへく候、又いかようにも方便して、今年の年貢をハこれへ下され候へく候、余処へちらすへからす候、又あれ田うちひらかれ候者、ことに〳〵めてたく候、又なに事よりもこのつかひ下され候、返々悦入候、又真如房のかたへ、ようゐのために、状かきてまいらせ候

とあり、称名寺が真如房（杲照）の東山太子堂と連携しながら、所領内荒田の再開発に積極的にかかわっていたことがわかる。また、文和元年一二月一二日の軽海郷代官僧杲照陳状[65]によれば、軽海郷内の新田開発について、

一、新田開発事、於荒野者、寄来雖為便宜之地、瀬切大河堀江取用水、□(以)外大栄難儀之間、全分未□行候、雖然
　如形、自去年新田二三段開発候、満作四箇年之後、可有御年貢之由、約束候

とあり、用水堰開削をも含んだ新田開発が、代官僧の仕事であり、加賀国軽海郷では南北朝期以降もこうした経営を継続して行っていた。

島津氏との間で地頭職が争われた大倉郷では元徳三年（一三三一）、大倉郷田畠在家注文が作成されている[66]。一二月二一日の日付で作成された田畠在家注文は、端裏書に「大蔵請料状案　道円房分」とあり、表面に名々の書き上げ、奥裏に日付を含む最後の二行分が記載される、という形状の注文である。

表面は「注進」で始まる上申文書の形態でありながら、裏面には「右、十二名田畠在家野畠以下、当作人々耕作之分、可被御進退之、殺生禁断等事、同以可被防御之状如件」とあり、裏面をみる限り下達文書の体裁となっている。おそらく太田荘現地で表面の田畠在家注進状の案文が作成され、称名寺への注進の後に、裏面の二行分が称名寺で書き加えられて作成された文書であろう。端裏書と裏面の二行分については、表面の田畠在家の書上げの部分と異筆であり、内容的にも形態的にも表裏異なった主体によって書かれたものであることがわかる。

ここに現れる道円房とは、大倉郷代官としてこの時入部した、房号をもつ僧体の人物であるが、称名寺・東山太子堂のどちらに属する僧であるかは確定できない。しかし、道円房は、田畠在家注文表面に書き上げられた、五町四反余りの田地について、作人による耕作分の進退を任されており、この分についての年貢納入を請け負っていたことになる。

さらに道円房はこの史料から、大倉郷における殺生禁断についても称名寺から委ねられている。ここにみえる殺生禁断とは、福島金治氏のいわれるごとく、太田荘の荘域内を流れる千曲川・鳥居川からの漁獲物に対する称名寺の禁

制措置と考えられ[67]、道円房は単に年貢を請負う使僧という存在ではなく、大倉郷にあって荘民生活まで監視する職務を負っていたこととなろう。

また、石村郷の代官としてみえる範義は知行権の変動により不安定な状態に置かれていた石村郷に対して、勧農を通じて積極的に関与し、称名寺による知行への道を開いている[68]。

しかし、範義の書状にもあるように、春の散田にはあたりながらも、「西収」つまり収穫の時期には称名寺から代官を派遣して、直接に収納するよう依頼しており、意図的に称名寺による代官とは異なった立場に身を置くようつとめている。春の散田と秋の収納という、代官にとって所領の所務の中では特に大きな行事のうち、この時の範義は、所領の買い取りという事態にともなって、よんどころなく散田についてはは引き受けながらも、収納については「又作毛なとを苅取候へとも、不合期候間、取違候て、先立御用候事も叶候はて、失面目候」とあるように、範義の立場で行った前年の収納がうまくいかなかったことから、称名寺からの直務代官を求めている。

このようにみると、鎌倉末期の称名寺が地頭職を有する太田荘内大倉郷・石村郷では、大倉郷の道円房にせよ、石村郷の範義に替わる収納代官にせよ、秋の収納についてはいずれも称名寺による直務で行うことが望まれていたと考えられよう。

先の大倉郷田畠在家注文に現れる道円房は、五町四反余りの田地の収納を委ねられるに際して、おそらく現地に赴いて田畠在家の状況をみ、また内容についての「注進」を行うことを命じられていたものと考えられる。こうした上申を請けて称名寺は、郷内における殺生禁断に始まる荘民生活の監視を含んだ、収納業務の執行を道円房に行わせたのであろう。収納にあたる所務代官に関しては、称名寺外部からの介入の余地は認められない。こうしたことを前提とすると、東山太子堂の作成する加賀国軽海郷年貢結解状[69]に、「参貫文良性房　大蔵郷下向、同請取進上之」という形で現れる大倉郷への下向僧は、称名寺から派遣される収納代官と考えられ、太子堂や大日寺などの僧を想定することが困難となる。称名寺領の中間管理者であった東山太子堂は、称名寺僧である良性房へ、加賀国軽海郷年貢のうちから給分や料足を支払うという関係にあったことになる。

以上のことから、称名寺の寺領年貢の管理体制の中に、信濃国太田荘の石村郷・大倉郷の年貢の収納体制を位置づけてみると、他の称名寺領とは若干異なった様相を示していることがわかる。

称名寺の寺領年貢は、西国・東海・北陸の所領については、東山太子堂がその会計業務にあたっており、また加賀国軽海郷については、太子堂から直接代官が派遣されて収納を行っていた。こうした所領については、東山太子堂は称名寺の中間管理者であり、また実務を担当する側面をも有していたのであるが、太田荘内の二つの郷については、収納段階での介入はせず、称名寺による直務支配の体制をとっていたものと考えられる。

称名寺による所領経営は、村の再生産機能を軸としながら行われたことが重要であり、この根拠となっていたのが、鎌倉期に取り組まれた用水堰の開削と、広域的開発であったと考えられる。生産条件の整備を行った称名寺は、その後継続的に経営手腕に優れた代官を送り込み、再生産の条件を充足していた。荘園村落レベルでの生産条件を満たすことによって、安定的な所領経営が行われていたのである。

しかしこれらの条件は、地頭職という法的根拠を失った段階で、揺らぐものであった。称名寺が押領または当知行という手段をとりえず、あくまでも地頭職の返付に固執したのは、所領経営が称名寺単独の力量でなし得るものではなく、法的権限を保障するための訴訟においても、経営においても、複数の関連寺院の連合の上に成り立っていた点に要因があった。所領を経営する上で、職はあくまでも法的根拠であり、その他の現地の権利関係の中では全権ではなかった。

四　信濃島津氏の自立と島津本宗家との対立

1　地域連合の形成と国人一揆

称名寺が島津本宗家を相手に展開した訴訟が、貞治五年（一三六六）以降の関連史料が消滅する形で終結していく一方で、「島津判官跡」の輩と、島津家との乖離も明確になっていく。

延文元年（一三五六）足利義詮は、島津貞久に対して、金沢貞顕跡となった大倉郷地頭職を、すでに島津宗久が死去していたことから、その父の貞久に安堵する。貞治二年（一三六二）島津貞久は子の師久へ大倉郷地頭職を譲与し、さらに貞治六年（一三六七）島津師久から伊久へと地頭職は譲与されていく。(70)

称名寺による地頭職をめぐる相論は、約二〇年間にわたって継続されるがその間、訴訟の中で称名寺による所務も勧農・収納に関しては、寺院間の連携を使いながら島津方の当知行人を相手に充分に機能していたと考えられる。しかし幕府および鎌倉府による法的権限も付与されながら、最終的に称名寺が島津方知行人に対抗し得なかった要因は何か。村の生産機能を充足しながらも称名寺が当知行の面で、現地の権限を放棄しなければならなかった要因は、その後の国人領主連合の展開で明らかになる。

現地で「島津判官大夫宗久跡」といわれていた輩は、北信の有力御家人高梨氏と連携することにより、再度地頭職の安堵を得た島津本宗家による支配を阻止する勢力となっていく。

明徳三年（一三九二）、高梨朝高の作成した一族の所領注文(71)によれば、

一、信濃国高井郡安田郷并大蔵郷之事、彼両郷者、去応安三年十一月十五日、以一紙御判、朝高身拝領畢

とあり、大倉郷がこの年に高梨氏に安堵されたことを主張している。この「大蔵郷」には郡名の記載がなく、太田荘内大倉郷に比定される確証はないが、千曲川の対岸の高井郡に含まれているとするならば、千曲川の流路の変更があった可能性もある。すでに大倉郷地頭職は島津氏に返付され、島津師久から伊久への譲与がなされているにもかかわらず、島津氏のもとには実質的には地頭職は返付されてはいない状態である。

かつて「島津判官大夫宗久跡」として同地を当知行していた輩は、この段階で高梨氏を軸とした地域連合に完全に飲み込まれつつも、当知行権益を保持しながら在地の支配にあたっていた。当然高梨氏による当知行の主張は、島津家にとって押領としてとらえられるものである。譲りを受けた島津伊久は、応安七年（一三七四）に代官本田泰光申状によって、豊後・豊前・日向等の所領とともに、信濃国太田荘大倉郷・石村南郷等の地について、所領の安堵を幕府に推挙されるよう、九州探題今川了俊に申し入れている。(72) 島津本宗家の側では、職の安堵を受けさらに譲与の対象となった権益ではあっても、すでに所務の実質はあげられない所領となっていたのである。

この間現地の「島津判官大夫跡」の輩を軸とした国人領主連合は、単に称名寺による訴訟を対象としてではなく、周辺の領主間の連合との力関係によって次第に形を変えていた。太田荘現地での当知行を続ける信濃島津氏は、長沼太郎国忠と称していたが、島津家へと大倉郷地頭職が返付された後には、島津家の代官として大倉郷地頭職の支配に臨むのではなく、高梨氏をはじめとした近隣の国人領主連合による領域的支配の道を選択していた。この段階ですでに信濃島津氏は、近隣在地領主との連合の中で、島津本宗家による地頭職支配の阻止的要因となっている。高梨氏を核として形成された現地の当知行保全システムは、南北朝期の応安年間には一定度の完成がみられたことは、先の高梨朝高言上状に示されているごとくである。長沼太郎国忠を取り込んだ高梨氏はこのほかに井上氏・須田氏などの国人領主とも連携を組みつつあった。

係争地の大倉郷を梃子として、高梨氏が太田荘内に勢力を伸ばしてくる一方で、太田荘領家職は暦応二年（一三三九）七月一五日の「海蔵院和尚紀年録」によれば、近衛基嗣から摂津弘井荘とともに東福寺の塔頭海蔵院に寄進されていた。(73) さらに同じ頃、信濃国は幕府の管轄となり、信濃守護には斯波義種があたることとなった。斯波氏は守護代として、信濃に二宮氏泰を送り、国人領主の統制に動き出した。そんな中、至徳元年海蔵院は太田荘領家職年貢の散用状を作成している。(74) これによれば、惣都合八二貫三〇〇文の領家年貢のうち、「合五十八貫文南郷四十二貫文、二宮方へ押領」とあり、また、「十貫文二宮来入時(斎)加点心引物代八貫文之定、二宮方蝋燭代二貫文、已上十貫文」とみえ、この年太田荘内へも二宮氏の入部があり、太田荘現地ではこれを迎え入れるための斎を設けていることが知られる。さらに、二宮氏は島津氏の太田荘内の拠点的所領でもあった石村南郷年貢のうち、四二貫文を押領していた。

守護代二宮氏は、国人領主連合の結節の核ともなっていた地帯に入り、高梨氏を中心とした国人領主層の当知行地となっていた太田荘内南郷の年貢を押領していた。こうした守護代による国人領主の当知行地に対する押領が引き金となったと考えられる抗争が、至徳四年に二宮氏泰と、信濃国人の村上・小笠原・高梨と信濃島津氏である長沼太郎国忠との間で起こった。

同年の市河頼房軍忠状(75)によれば

右、当国信州、凶徒村上中務大輔入道・小笠原信濃入道・高梨薩摩守・長沼太郎以下輩、至徳四、四月廿八日引率数多勢、於善光寺捧義兵、閏五月廿八日守護所平芝寄来間、属二宮余一(種氏)殿御手馳向、漆田致合戦了、重二宮式部(氏泰)殿御下向時、越州糸井川馳参、属御手、当国常岩中条高梨・村上同心輩御退治刻、致忠節、雖然、去八月廿七日於善光寺横山、依村上馳向及合戦間、自身太刀打仕、乗馬被切、若党難波左衛門二郎死仕、同左衛門三郎以下輩数十人蒙疵了、就中所々御在陣并至生仁城(没落)○胡(期)致忠節条、御見知上者、賜御証判とみえる。

守護代として信濃に入部していた二宮氏による、至徳元年以前からの押領行為は、北信国人領主層の権益と直接的に対立していた。平芝の守護代に拠っていた二宮氏を攻めた高梨・村上の勢力は、漆田原や善光寺横山で守護方の市河頼房と合戦に及んでいる。このとき二宮氏は、信濃国内に糸井川（糸魚川）方向から入り、善光寺平の守護所に入部していることから、善光寺から直江津に通じる道は、村上・高梨などの国人領主連合によって押さえられ、二宮氏の入部ができない状態であったことが知られる。

信濃守護による国人領主の組織化は、連続的な地域連合を分断することで行われたものであった。高梨・村上などの所領を牽制する一方で、応永六年には、信濃守護職に復帰した小笠原長秀は、翌年信濃への入部に先立って国内の与同勢力に対して所領の安堵を行った。

小笠原長秀は、先の地域連合による所領のうち、高梨・井上・須田の所領に隣接する所領の宛行を、南北朝期以来守護方に荷担する態度を明確にしていた市河氏に対して行っている。応永七年（一四〇〇）五月二七日の小笠原長秀安堵状によれば、若槻新荘加佐郷庶子分のうち、高梨の所領となっていた飯岡村・長江・名立の知行分を除いた所領と、高井郡中野西条村では、井上・須田の知行分を除いた所領について、市河興仙に安堵している[76]。しかし、市河氏の所領となった地域に含まれる、高梨・井上・須田氏の所領は、翌応永八年六月の斯波義将御教書[77]によれば、本来市河氏の所領のうちとして返付を要求している部分でもあり、村上・高梨らの国人領主連合による当知行保全の体制は、周辺国人層の所領や当知行地を浸食する形で拡大していたものと推定される。

国人領主の中にも市河氏のように、幕府＝公方の権限を媒介として、所領の保全を図ろうとするものが存在する一方で、領主連合による所領保全システムを軸に、領域の拡大を図る勢力もあった。このうち、後者に属する勢力にとって、小笠原長秀の守護職就任が、大きな影響を及ぼすこととなった。

信濃守護に就任した小笠原長秀が、応永六年、信濃に代官を送ると、同年一〇月二一日、太田荘の信濃島津氏は嗷訴し、赤沢秀国、櫛置石見守ら守護方軍勢と水内郡石渡において合戦となった[78]。小笠原方には、市河氏らが参陣し、信濃島津氏の嗷訴は押さえられた。この後翌応永七年三月一六日の斯波義将御教書によれば、東福寺海蔵院は太田荘領家職の押領について訴えており、押領人の追捕が小笠原長秀に命じられている[79]。これは、長秀から櫛置石見入道に伝えられ[80]、七月二六日には櫛置氏から現地の島津氏にあて打ち渡されている[81]。

海蔵院の訴訟に対する一連の指示が、現地に伝達されるのと同時に小笠原氏は応永七年段階で先の市河氏に対する所領安堵のほか、諏訪下社への春近領塩尻東西（現塩尻市）、小池東西・新村南方（現松本市）等の所領の安堵を行っており[82]、長秀自身による信濃入部を前にして、守護方勢力の懐柔に乗り出していた時期でもある。先の信濃島津氏の嗷訴ののち、小笠原長秀は応永の乱で大内氏に同心した土岐氏を攻めるため、美濃釜戸に出陣している間、信濃では高井郡烏帽子形城でも小笠原氏への敵対勢力による蜂起が起こり、市河氏が出陣している[83]。

小笠原長秀の信濃の守護所への入部を前にして北信の情勢は、当知行地をめぐって、将軍権力に頼る勢力と、領主連合による保全を目指す勢力とが拮抗する状態であった。公方の威光を前面に立てて守護職に就いた、小笠原長秀に対して引き起こされた信濃国人による大塔合戦については、さまざまな評価がある。しかし、大倉郷地頭職相論の中で、「当時通法」とまでいわれ、連携して共通の支配基盤を形成しつつあった信濃国人領主層の連合組織の中に、小笠原氏がもち込んだ公方の論理がいかに違和感のあるものと認識されたかについては、『大塔物語』の中で、

小笠原今度者、承上意、戴御教書、令下向之間、不対面者、且以奉忽緒公方、先試須遂対面、其後定守護役之外構非拠之新儀、至迩掠当方知行之領地者、厥時迨干弓矢事云、上聞尤可為潤色之儀云々

とあり、国人層から長秀の政務に対する非難の声が挙がっている。また、一国支配に乗り出した長秀が、守護役と号して新規の賦課を行ったことについて『大塔物語』は、

既八月廿日余之事、臨西収期、地下之所務最中也、河中島所々者、大略村上当知行也、且称非分押領、且寄事於守護之諸役、令人部致所務、是則小笠原滅亡之始也

とあり、村上氏の当知行地の中核に、非分の押領であるとして直接入部し、守護役として新規の賦課を行おうとしている様子が知られる(84)。

大塔合戦に集結した領主層の不満のうち多くの部分に、公権を背景にして入部する小笠原氏の支配に対する異質感があったものと推定される。現地の支配と、公権による職の安堵との間には、この段階で大きな隔たりが生じている。守護が国人領主を組織する手段が、所領安堵＝公権を背景とした所領・所職の安堵であったはずが、職を安堵されることによって、当知行地を否定される勢力がでてくる。それだけ、現地での当知行は従来の職の体系から遊離したものとなっていた。

大塔合戦は、信濃における国人領主の現状と、新たな幕府―守護体制への転換点で起こった国人一揆であった。そこで改めて争われたのは、国人領主が認識する当知行と、幕府―権門の側が認識する職との乖離であり、領域の裁定者としての守護権限のあり方であった。国人領主との競合関係におかれる局面では、称名寺のように、職のもつ法的根拠のみを拠り所としていた支配の方式は、南北朝の動乱期を経過する中で崩れ、足利義詮の時代にいたっては、その法的権限すらも当知行の先行の中で否定されてしまう。信濃国太田荘において知行をともなうレベルでの職は、この段階ですでに社会的役割を終えてしまったといえる。

2　荘園の枠組みの復活と国人領主

大塔合戦により小笠原長秀が信濃守護の職を失うと、応永八年（一四〇一）信濃守護には斯波義将が復帰し、応永九年に幕府の料国となると、代官として細川慈忠が派遣され、同一〇年には村上・大井・伴野・井上・須田などの国人層と、檀原や生仁（更埴市）で合戦し、一一年にも高梨と桐原・若槻（長野市）、加佐（下水内郡豊田村）、蓮（飯山市）などで戦っている(85)。断続的に起こる国人層の反乱を順次抑えながら、応永三二年の小笠原政康の信濃守護職復帰までの間に、幕府による国人所領の安堵や、守護領の国人層への預け置きが行われ、信濃は安定を取り戻す(86)。

反面、在地の所務をともなわない太田荘領家職の安堵が足利将軍によってなされる。至徳二年の足利義満御教書による海蔵院への領家職安堵に始まり(87)、応永七年の足利義持(88)、同三三年にも義持が(89)、永享三年には足利義教(90)、文正元年には足利義政が同領家職を安堵している(91)。

室町期にいたって改めて、荘園の枠組みの部分が復活したかの様相であるが、これは内部の所務が国人領主層に完全に把握された上での、室町幕府の寺社領復興策としての領家職安堵であり、同様の安堵は播磨の九条家領荘園や、東寺領荘園など室町期に安定をみる荘園の事例として改めてふれることとする。

鎌倉から南北朝期にいたる職の体系の中で、荘園制下では押領として認識されていた当知行が、幕府による国御家人の再編以後は認可されるという経緯をたどった。さらに南北朝期以降の知行論理の変質により、在地においては法的知行権よりも当知行が先行することとなった。これは室町幕府が安堵する職が、知行をともなわない職に限定される傾向に向かうのと同時に、荘園領主が畿内近国で宛行う職が、名主職などに矮小化する傾向とも一致するものであろう。さらに、幕府―守護体制を前提とした収取の中で、法的知行権によって保障される荘園制的所職は、領家職の部分に限られていく傾向がみられる。

荘園内部の職に反発しながら行われた島津氏による武家の当知行と、法的知行権が係争中でありながらも勧農と収納を行う称名寺とは、双方ともに法的知行権から離れた知行を前提としている。

称名寺と信濃島津氏、南北朝期の寺家と武家の双方が荘園現地で行った実力による支配は、根本からその方法論が異なっていた。称名寺の寺院連合による所当の収取体制は、寺社権門の内部に位置づくことによって可能となったものであり、実現には法的根拠が必要であった。これを西国の荘園と比較した場合、西国の一円領荘園では武家の当知行を阻害する要因として、個別の荘園領主により、荘ごとに名主身分の再編が行われるなどの対抗策があった。南北朝期以降、西国荘園に顕著にみられる荘家体制とは、あくまでこの法的知行権の部分を組織することによって荘園制の体制的維持が図られたものであり、荘園領主が荘務権をもつ荘園では、収取体制の基本となる名主身分の再編から行われた。

しかし信濃国太田荘のように、武家による当知行が広範に展開していた荘園でも、荘園領主の領主権が否定されたわけではない。新たな幕府―守護―国人体制のもとで、当知行が職に先行して把握されることによって、荘園制度そのものが幕府―守護体制によって保障される側面をもった。これは上級の領家職の安堵に対応して、荘園と領主とのそもそもの関係の発端である、本年貢部分の確保につながるものと考えるが、本稿では具体化できなかった。さらに本年貢の保障と荘園体制の維持によって、国人領主層の領主権に対抗した新たな職の体系として再編される点に、室町期荘園制の意義があるとの考えから、従来の公田体制論との関連を検討する必要がある。荘園・公領をめぐるさまざまな領主層の結節の核が公田にあるとするならば、まさに室町期以降の荘園の体制的枠組みと、国家的公田の存在意義を明らかにする必要があろう。残念ながらこの課題も本稿で果たすことはできなかった。

特に、実態がみえてこなかった「武家の当知行」と、「寺家の支配」といわれる部分の質的な違いを検討することが本稿の課題であったが、あまりに小さな例にこだわりすぎて充分とはいえない。ただし「荘園体制」とは、文書史料の上からみえるものと、現地の生活空間の分析からみえるものとが、いまだ充分に関連をもって議論されている段階にないという大山喬平氏の提言(92)を念頭に置いて、検討を試みたつもりである。

注

(1) 榎原雅治「地域社会における『村』の位置」『歴史評論』五七五号、一九九八年
(2) 稲葉継陽「村の侍身分と兵農分離」『戦国時代の荘園制と村落』校倉書房、一九九八年
(3) 黒川直則「守護領国制と荘園体制」『日本史研究』五七号、一九六一年
(4) 伊藤俊一「中世後期における『荘家』と地域権力」『日本史研究』三六八号、一九九三年
(5) 小林一岳「悪党と南北朝の『戦争』」『日本中世の一揆と戦争』校倉書房、二〇〇一年
(6) 豊野町教育委員会編『豊野町の歴史』豊野町誌2、二〇〇二年
(7) 工藤敬一「荘園制の展開」『岩波講座　日本歴史』5、中世1、岩波書店、一九七五年
(8) 年未詳、太田荘相伝系図、島津家文書『信濃史料』四巻一三頁
(9) 弘安四年四月一六日、島津久経譲状、島津家文書『信濃史料』四巻三三九頁
(10) 入沢昌基「鎌倉時代の太田荘」前掲注(6)書
(11) 嘉暦四年三月、鎌倉幕府下知状案、守矢文書(守矢早苗氏所蔵)『信濃史料』五巻七〇頁
(12) 嘉元三年一一月一一日、薄葉景光太田荘神代郷代官職請文、島津家文書『信濃史料』四巻五二三頁
(13) 弘安七年一二月二六日、検注使惟宗、検注居合請料等請取状写、賜盧文庫文書『神奈川県史』資料編2 No.一〇〇五
(14) 永仁三年三月二五日、太田荘領家雑掌道念和与状、早稲田大学所蔵文書『神奈川県史』資料編2 No.一一七八

(15) 正中二年一二月八日、関東御教書案、金沢称名寺文書『神奈川県史』資料編2 No.二四六七
(16) 前掲注(6)
(17) 井原今朝男「太田荘南郷・石村郷の調査について」豊野町教育委員会編『信濃国太田荘調査報告書』Ⅰ、一九九四年。拙稿「信濃国太田荘石村郷水利調査」同上
(18) 拙稿「太田荘の水利について―大倉郷と大倉堰を中心に―」豊野町教育委員会編『信濃国太田荘調査報告書』Ⅱ、一九九七年
(19) 拙稿「金沢称名寺による信濃国太田荘支配について―範義書状などを中心に―」『信濃』四八巻五号、一九九六年
(20) 延慶三年正月二二日、鎌倉幕府寄進状案、金沢称名寺文書『神奈川県史』資料編2 No.一七七四
(21) 正和四年一二月一五日、尼某(慈性カ)譲状、金沢称名寺文書『神奈川県史』資料編2 No.一九八九
(22) 福島金治「信濃国太田荘と金沢北条氏」『信濃』四八巻九号、一九九六年
(23) 井原今朝男前掲注(17)論文、『長野県史』通史編2 中世「中世村落の形成」、一九八六年
(24) 嘉暦四年三月日、鎌倉幕府下知状案、守矢文書『信濃史料』第五巻
(25) 建武五年正月二四日、足利尊氏下文、島津家文書『信濃史料』五巻三七〇頁
(26) 建武三年一二月一日、足利直義御教書案、金沢称名寺文書『神奈川県史』資料編3 No.三三〇八
(27) 暦応元年一二月一七日、足利直義御教書写、金沢称名寺文書『神奈川県史』資料編3 No.三四三〇
(28) 拙稿「南北朝初期の信濃における禅律方寺院の相論の展開―金沢称名寺領太田荘大倉郷を例として―」『信濃』四八巻九号、一九九六年
(29) 康永元年九月六日、室町幕府禅律方頭人奉書案、金沢称名寺文書『神奈川県史』資料編3 No.三六〇八、同No.四〇三四
(30) 貞和二年九月二〇日・観応元年三月六日、室町幕府禅律方頭人奉書案、金沢称名寺文書『神奈川県史』資料編3 No.三七六三
(31) 貞和五年三月一七日、守護小笠原政長請文案、金沢称名寺文書『神奈川県史』資料編3 No.四〇一六

(32) 観応二年一一月三日、足利直義御教書案、金沢称名寺文書『神奈川県史』資料編3 No.四一〇〇
(33) 年未詳、某書状、金沢称名寺文書『神奈川県史』資料編3 No.三四三一
(34) 年未詳、某書状、探玄記紙背文書、金沢称名寺文書『神奈川県史』資料編3 No.三四三三
(35) 年未詳、某書状、探玄記紙背文書、金沢称名寺文書『神奈川県史』資料編3 No.三三五七
(36) 拙稿「金沢称名寺による年貢管理と太田荘支配」『信濃』五〇巻一一号、一九九八年
(37) 年未詳、某書状、金沢称名寺文書『神奈川県史』資料編3 No.三四三二
(38) 前掲注(19)
(39) 範義書状、金沢文庫文書『神奈川県史』資料編2 No.一九二六
(40) 範義書状、金沢文庫文書『神奈川県史』資料編2 No.一九二四
(41) 範義書状、金沢文庫文書『神奈川県史』資料編2 No.一九三一
(42) 前掲注(17)拙稿
(43) 年未詳三月六日崇顕(金沢貞顕)書状、金沢文庫文書『神奈川県史』資料編2 No.二七五四
(44) 年未詳三月六日劔阿書状、金沢文庫文書『神奈川県史』資料編2 No.二七五三
(45) 舟越康寿「金沢称名寺々領の研究―中世中級寺社領の一典型」『横浜市立大学紀要』一〇、一九五七年。宝月圭吾「中世検注における一二の問題」『信濃』一〇巻五号、一九五八年。米山一政「島津氏の太田庄伝領関係について」『信濃』一九四四年四・五月号、一九四五年一月号。湯本軍一「信濃国太田庄について」『信濃』一四巻八号、一九五八年、同「信濃国太田庄の諸問題」『信濃』一六巻一一号、一九六〇年。向山勝貞「信濃国太田庄地頭職の変遷」『鹿児島史学』一一、一九六三年。赤沢計真「南北朝期信濃太田荘における領有関係と在地経営―金沢文庫文書「某書状」について―」『月刊歴史』一九、一九七〇年。藤枝文忠「鎌倉末南北朝期における東国在地領主の在り方―信濃国水内郡太田庄大倉郷を素材として―」『信濃』二一巻八号、一九六九年。井原今朝男「東国における公家領荘園の構造に関する一考察―平安末期の信濃大田荘を中心に―」『日本史研究』一六四、一九七六年

(46)　湛睿書状、金沢文庫文書『神奈川県史』資料編3№三七五三
(47)　加賀国軽海郷年貢結解状、金沢文庫文書『神奈川県史』資料編3№四〇三五
(48)　前掲注(34)
(49)　年未詳、某書状、金沢文庫文書『神奈川県史』資料編3№三七二〇
(50)　斉藤慎一「遵行・打渡状の獲得と相伝」『今日の古文書学』3中世、二〇〇〇年
(51)　上島有「南北朝期の申状について」『古文書研究』一〇号、一九七六年
(52)　年未詳、某書状、金沢文庫所蔵探玄記裏文書『神奈川県史』資料編3№三四三三
(53)　山田邦明『戦国のコミュニケーション』吉川弘文館、二〇〇二年
(54)　年未詳、真如書状、柳瀬福市氏旧蔵文書『神奈川県史』資料編3№三七一四
(55)　前掲注(28)拙稿
(56)　年未詳、湛睿書状、金沢文庫文書『神奈川県史』資料編3№三八一〇
(57)　加賀国軽海郷年貢結解状、前掲注(47)
(58)　山田邦明「鎌倉府の奉公衆」『鎌倉府と関東―中世の政治秩序と在地社会』校倉書房、一九九五年
(59)　真如書状、金沢文庫所蔵探玄記裏文書『神奈川県史』資料編3№三七一六
(60)　『信濃史料』などの活字史料集では、連券は年代ごとに配置されているが、これらは巻子仕立てとなった連券で、文和二年の訴訟に際して作成された副進文書と考えられる。
(61)　貞治二年四月一〇日、島津貞久譲状、島津家文書『信濃史料』六巻四〇三頁
(62)　年未詳、称名寺雑掌光信目安案、金沢文庫文書『神奈川県史』資料編3№四五八四
(63)　井原今朝男「信濃国」『講座日本荘園史』東北・関東・東海地方の荘園、吉川弘文館、一九九〇年
(64)　年未詳、湛睿書状、金沢文庫所蔵自意抄裏文書『神奈川県史』資料編3№三六四七
(65)　称名寺領軽海郷代官僧杲照陳状、金沢文庫文書『神奈川県史』資料編3№四二〇五

(66)　元徳三年一二月二一日、大倉郷田畠在家注文、金沢文庫文書『神奈川県史』資料編2 No.二九八〇
(67)　福島金治「信濃国太田荘と金沢北条氏」『信濃』四八巻九号、一九九六年
(68)　年未詳範義書状、金沢文庫文書『神奈川県史』資料編2 No.一九三一
福島金治前掲注（67）論文、拙稿「金沢称名寺による信濃国太田荘支配について―範義書状などを中心に―」『信濃』四八巻五号、一九九六年
(69)　観応元年三月一五日、加賀国軽海郷年貢結解状、前掲注（47）
(70)　貞治六年三月五日、島津師久所領配分目録、島津家文書『信濃史料』六巻四七五頁
(71)　明徳三年三月日、高梨朝高言上状案、高梨せつ氏所蔵『信濃史料』七巻二二八頁
(72)　応安七年六月日、島津伊久代官本田泰光重申状併闕所注文案、島津家文書『信濃史料』六巻五七四頁
(73)　海蔵和尚紀年録『信濃史料』五巻四〇七頁
(74)　至徳元年一一月一五日、太田荘年貢散用状、海蔵院文書『信濃史料』七巻一三四頁
(75)　至徳四年六月九日、足利義満御教書、至徳四年九月日、市河頼房軍忠状、市河文書『信濃史料』七巻一八六・一八七頁、一九二頁
(76)　応永七年五月二七日、小笠原長秀宛行状、市河文書『信濃史料』七巻三五八頁
(77)　応永八年六月二五日、斯波義将御教書、市河文書『信濃史料』七巻四一四頁
(78)　応永七年四月二一日、市河興仙軍忠状、市河文書『信濃史料』七巻三五六頁
(79)　足利義持御教書、海蔵院文書『信濃史料』七巻三五四頁
(80)　小笠原長秀施行状、海蔵院文書『信濃史料』七巻三五五頁
(81)　小笠原櫛置入道打渡状、海蔵院文書『信濃史料』七巻三五五頁
(82)　応永七年六月一一日、小笠原長秀安堵状、諏訪大社下社文書『信濃史料』七巻三六二頁
(83)　前掲注（78）

(84)「大塔物語」『信濃史料叢書』所収、『信濃史料』七巻三七六頁～
(85)応永一一年一二月日、市河氏貞軍忠状、市河文書『信濃史料』七巻四三〇頁
(86)福田豊彦「国人一揆の一側面―その上部権力との関係を中心として―」『室町幕府と国人一揆』吉川弘文館、一九九五年
(87)前掲注(75)文書
(88)前掲注(79)
(89)応永三三年一一月二日、足利義持御教書、海蔵院文書『信濃史料』七巻五八四頁
(90)永享三年八月二一日、足利義教御教書、海蔵院文書『信濃史料』八巻三三頁
(91)文正元年八月九日、足利義政御教書、海蔵院文書『信濃史料』八巻五五二頁
(92)大山喬平「荘園制」『岩波講座　日本通史』第7巻中世1、岩波書店、一九九三年

郵便はがき

料金受取人払郵便

麹町支店承認

7424

差出有効期限
平成24年10月
28日まで

102-8790

104

東京都千代田区飯田橋4-4-8
東京中央ビル406

株式会社 同成社

読者カード係 行

ご購読ありがとうございます。このハガキをお送りくださった方には今後小社の出版案内を差し上げます。また、出版案内の送付を希望されない場合は右記□欄にチェックを入れてご返送ください。 □

お名前《ふりがな》　歳　男・女

〒　TEL

ご住所

ご職業

お読みになっている新聞・雑誌名

〔新聞名〕　〔雑誌名〕

お買上げ書店名

〔市町村〕　〔書店名〕

愛読者カード

お買上の
タイトル

本書の出版を何でお知りになりましたか？

イ．書店で　　ロ．新聞・雑誌の広告で（誌名　　）

ハ．人に勧められて　　ニ．書評・紹介記事をみて（誌名　　）

ホ．その他（　　）

この本についてのご感想・ご意見をお書き下さい。

注文書

年　　月　　日

書　名	税込価格	冊　数

★お支払いは代金引き替えの着払いでお願いいたします。また、注文書籍の合計金額（税込価格）が10,000円未満のときは荷造送料として380円をご負担いただき、10,000円を越える場合は無料です。

第三章　信濃国太田荘石村郷の歴史的景観と水利

一　調査の目的

一九九二年から始まった上水内郡豊野町（現在の長野市豊野）の町誌編纂事業の中で、荘園故地の景観復元を目的とした調査を行った。参加者は町誌編纂委員の古代・中世の担当者である。

長野県上水内郡豊野町域は、中世では近衛家が領家職をもつ摂関家領荘園、信濃国太田荘の故地として知られている。この地域については「島津家文書」「金沢称名寺文書」など東国荘園としては比較的多くの文字資料が伝存されている。

現地では、リンゴ栽培を中心とする作付作物への大きな変革はあったものの、これらの作付地が従来の水田や畑地などの地割を踏襲し、用水や畦などの大幅な改変はなされていないことから、かつての水田開発の遺構なども最近まで比較的よく残されており、文書資料の少ない東国荘園の中でも中世の景観復元が可能となる数少ない荘園の一つということができる。

町域の現地調査を前提にもたれた調査項目検討会では、中世太田荘の歴史的景観復元を対象に、調査項目の検討がなされた。

町域のすべてが太田荘に含まれていた当町で中世の歴史を描くということは、とりもなおさず中世の太田荘の歴史像を具体化することである。このことをまず第一に編纂委員相互の共通認識として、調査の目標を絞り込んでいった。

また、特に近年、他地域における荘園調査では緻密な現況調査を前提として、古代・中世の荘園景観を遡及的に復元することで、当該地域における中世の歴史を立体的に把握するという手法が用いられ、めざましい成果を上げている。本調査もこうした先行研究に学び中世太田荘を現在の景観の中からいかに復元していくかに論点が絞られていった。

まず現況を緻密に調査し、これを豊野町の現在における歴史の一段階の記録として、今後の資料となりうる形で保存すること。次に、この調査を前提として、近代・近世・中世・古代と、各時代ごとの歴史的条件を踏まえて中世的要素を抽出し、最終的に中世太田荘の景観を復元する、という方法で調査を進めることとした。

調査自体が歴史的景観を復元することが目的となることから、当然日常的な暮しの場としての太田荘をいかに抽出してくるかが問題となる。現在の豊野町の暮しや景観の中に残された太田荘の手がかりは、水田や水利・山城などの遺構として有形なものはもとより、生活習慣や慣習・習俗など、日常の暮しに不可欠な無形の文化としても残されてきている。また地域ごとに言い伝えられた伝承や、生活の痕跡としての石造物・墓石なども重要な手がかりといえる。

これらを考慮して、調査項目として、以下の五点を挙げることとした。

①用水・耕地路調査

②地名・地籍図調査

③民俗・信仰・年中行事調査

④石造物・墓地・文化財調査
⑤寺社・寺院史調査

以上の五点に該当するものについて、現況の調査から始めて中世の太田荘の復元の可能性を探っていくこと、これが太田荘調査の中心的な目標となる。

なお、豊野町を含む上水内郡と長野市域は古くからの地滑り地帯であり、これが中世太田荘以来現在にいたるまでの当該地域に与えた影響は甚大なものがある。また、豊野町内の平地部では千曲川をはじめとする大河川の氾濫による地形形成が古くから行われている。これら地形の形成や変動の状況が豊野町の歴史にどのように影響を与えてきたのかといった問題も、今後の調査の進行状況と照らし合わせながら考察されねばならない課題であることから、さきにあげた当面の調査項目のほかに、将来的課題として地形変化にともなう歴史環境の推移を検討するため、地形環境分析を行うことも目標としてあげられた。

二　太田荘石村郷の歴史的環境

信濃国太田荘は、『和名抄』の太田郷の郷名を継承し、島津家文書によれば鎌倉期には「田数三百四十余町」といわれた広大な荘園である。

立荘過程は不明であるが、藤原忠実以前の早い時期から摂関家領となっていたものと推定される。高陽院領を経て、文治二年（一一八六）には近衛基通の支配下に置かれ、以後近衛家領として伝領された。近衛基嗣まで伝えられたのち、暦応二年（一三三九）、基嗣は東福寺海蔵院に領家職を寄進した。海蔵院の領家職は、歴代足利将軍の安堵を受

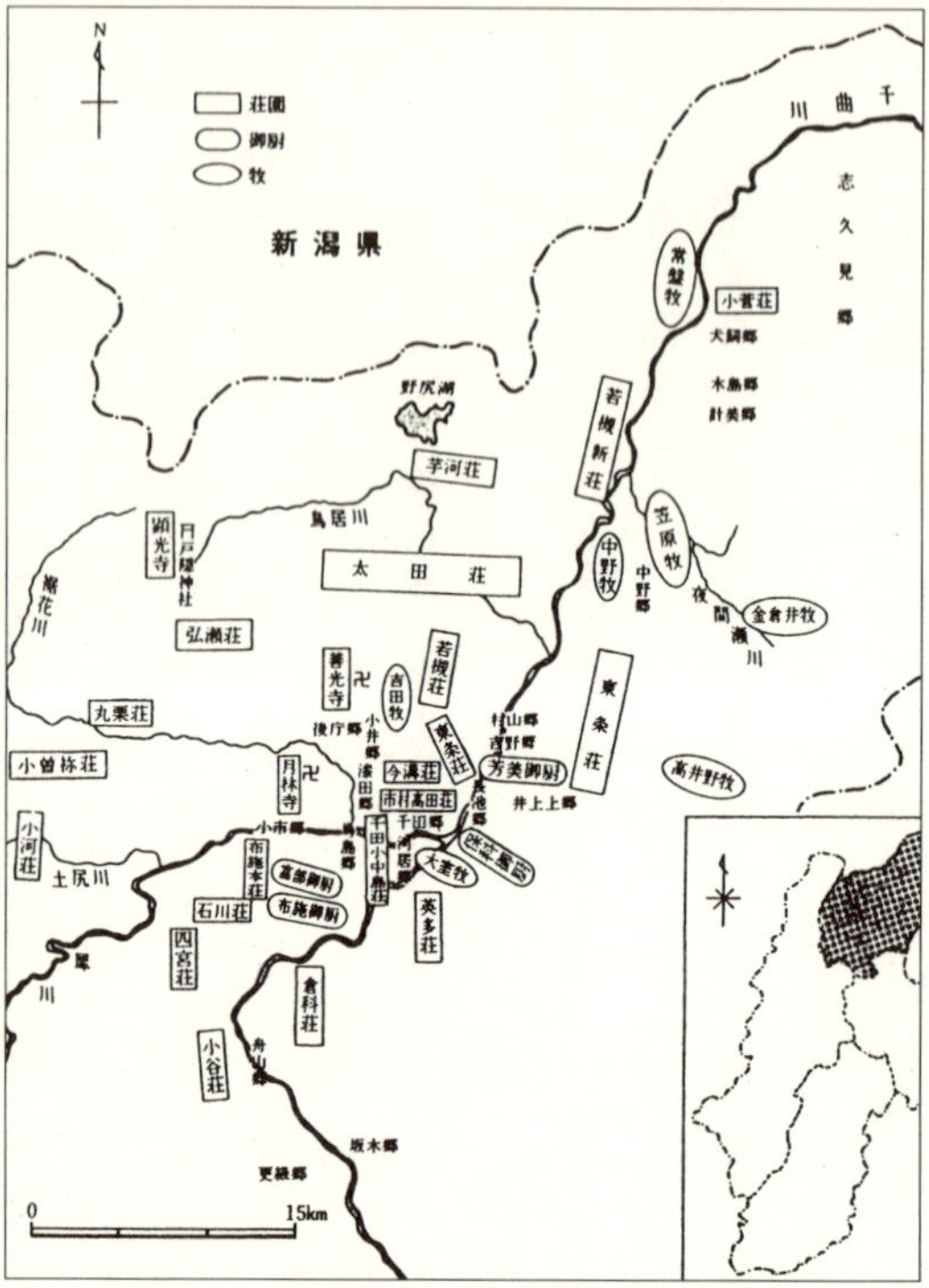

図１　北信における公領・荘園の分布
（『長野県史』２より）

けて寛正三年（一四六二）まで保持していたことが知られる。

　鎌倉期に知られる郷村は、神代・石村南・小島・浅野・大倉・石村・吉村・長沼・赤沼・下浅野・上浅野・今井・赤塩・福王寺・黒河・小玉・野村上の一七郷で、現在の長野市域の千曲川流域から、旧豊野町・豊田村・三水村・牟礼村を含む鳥居川上流域までの、髻山南麓から北東斜面にいたる広範な領域に広がっていた。

　このうち石村郷は、髻山南麓の丘陵の突端から浅川氾濫原を含む地域にあたる。

　金沢北条氏による在地支配には、公文所―政所―地頭代の組織が機能していたことはすでに入間田宣夫氏が指摘しているが[1]、石村郷でも政所組織もしくはその出先機関としての地頭代かそれに代わるものが置かれたと考えられる。鎌倉末期と推定される年未詳の三月六日金沢貞顕書状および同日付劔阿書状によれば石村郷神護寺より長老尊如房が鎌倉を訪れ両人と対面、「御領之所務以下も、御尋候者可宜候」[2]とあることから石村郷支配はこの神護寺を通して行われていたものと推定される。

　信濃国の所領のうち、名編成が知られる数少ない史料の一つが大倉郷に関する元徳三年（一三三一）の「大倉郷名田注進状」(3)であるが、ここでは代官である寺僧が田畠在家以下を請作人ごとに配分し、農業経営の中核を押さえていたことがわかる。石村郷でもこれに似た形態がとられていたであろうことが予想され、神護寺南方に広がる耕地域に分布する僧侶地名と、神護寺を中心としてなされた北条氏および金沢抄名寺による支配との関連が注目される。太田荘現地に根を張り、在地領主として急速に展開を遂げる島津氏と比較して領主的支配そのものが不明確な称名寺は、ややもすれば現地への介入が不足していたかに思われがちであるが、遠隔地支配でありながら地頭職を保ちえた根拠にはこうした支配機構が機能していた事実を見逃すわけにはいかない。

鎌倉期から南北朝期にかけての石村郷支配の具体像に迫るため、今回の石村郷調査では現地に残る開発の痕跡を追っていくことが中心的課題となった。現在からさかのぼることのできる痕跡が、中世の石村郷支配と直接にかかわるものであるかは文書資料の側からのアプローチをより緻密に進める必要があるが、今後の調査の前提として北条氏および金沢称名寺の現地支配の可能性を過小評価することなく検討していく必要を認識した。

三　太田荘石村郷の水利について

1　石村郷の水利の現況

石村郷の水利についての現地調査は、一九九二年一〇月二四日、一一月八日、一一月二八日・二九日の三回にわたって行われた。

調査当時の旧豊野町石区の基幹用水は大きく分けて、鳥居川に取水口をもつ石村堰によるものと、長秀院裏山の原池（はらいけ）を水源とする三念沢によるものとの二つがある。

以下、この二つの用水の現況についての概略を述べる（図2参照）。

石村堰は、千曲川の支流、鳥居川を水源とし、浅野・豊野地区を通って、石区にいたる用水で、遅くとも近世初頭までには当該地区への取水がなされたものと推定される。近世の史料からはすでに石村堰による灌漑が行われている様子が知られる。

鳥居川は、戸隠山山頂の東側にある越水ケ原湿地帯より流出し、飯縄山を半円状に回り込んで、旧豊野町域内で千曲川に注ぎ込む。現在も流域周辺の町村の貴重な用水源である。旧町誌に掲載される、明治一〇年頃の「鳥居川分水調」によれば、鳥居川からは、小玉堰・原落合堰・大古間堰・古間堰・小玉中川堰・水本滝沢堰・狐沢堰・日影堰・二の倉堰・柏原堰・船竹堰・芋川堰・倉井堰・普光寺堰・上今井堰・大倉堰・蟹沢堰・中島堰など、石村堰のほかに左岸右岸合わせて、一八の用水口が設けられている。石村堰の取水口はその中でも最も下流にあり、田に水を引く夏の時期に十二分な用水の供給を望むのは困難な状況と推定される。

現在の取水口は、昭和二八、二九年頃の設置といわれ、上浅野の集落の北側で取水したのち浅野・豊野で田への水を分水する一方で、右岸の丘陵から流れ出す、さかいの沢・けごんぼう沢・月光寺沢・大久保沢・柳原寺東の沢などの小河川を拾いながら、最下流の石区内にいたる。

灌漑域は、現在のとよのフルーツセンターの南西、美濃和田団地の西に広がる耕地域でおよそ六〇町歩の範囲である。昭和五〇年代終わりから、六〇年代初頭にかけてこの地域では大規模な圃場整備が行われ、畦畔の付け替えがなされたが、昭和四〇年代の地図によるとこの地域には、およそ方一町の大畦畔に仕切られた計画的開発の跡がみられ、石村堰はこの開発域に向けて引かれたものであることが推定される。

現在の堰は、最上流の取水口付近の一部を除いて、三面コンクリートで補修されている。用水の利用に関する聞き

図２　石村堰関係地名（『信濃国太田荘調査報告』（Ｉ）、豊野町教育委員会、1994年より）

取り調査では、用水の利用は石・浅野・豊野の三地区に限られ、維持・管理もこの三地区で行っているという。以下は、現在の用水の利用状況についての聞き取りの結果である。

新年度の用水の利用については、毎年五月の田植以前に石区に浅野・豊野の役員を招いて顔合せを行い、協議する。五月半ば頃には三区共同で用水の泥上げを行うが、浅野・豊野区はおのおのの地区内を受けもつのに対して、石区は地区内の流路の外、取水口付近のコンクリートで整備されていない区域などの地区外の部分も整備を行う。これは、用水の利用比率が浅野・豊野区に比べて格段に高いことに起因する、古くからの慣習であるという。利用期間は、五月半ばの田植の時期から十月頃までで、この間の取水口からの水量調節は石区の役員が交代であたり、悪水払いの施設を使った水量調節も含めて日に四回ほど見回りをする。石村堰によって供給される水量は、現在でも全体として不足気味であるが、かつて、大正一三年に北信一帯を見舞った旱魃のときには、ことごとく田が枯れる被害を被った。このため、堰の途中の豊野地区内にモーター付の揚水機が設けられ、水を浅川から汲み上げて供給することとなった。しかし、当時この頃は午後六時を過ぎると電気が止まったことから昼は石村、夜は豊野で取水する慣行ができたという。

かつての計画的開発の跡がみられた石区内の田地は六〇町歩ほどで、近年は耕地整理により三〇町歩ほどに減ったが、それでも水量は充分とはいえず、今年（一九九二）もモーターを四、五回稼働したという。

堰を維持するために大きな出費が必要なときは町の土木課で負担するが、日常的な費用は関係する三区で受けもち、その比率は石6：浅野2：豊野2である。

以上が現在の用水の利用状況であるが、用水の維持・管理に関して石区の負担が他の二地区に比較して高いことからも、石村堰の中心的灌漑域が石区内の開発田であったことがわかる。

一方原池を水源とする三念沢は、ここの開発域の北西にあたる長秀院裏の丘陵の突端下部から、石村堰にいたるまでの微高扇状の斜面を中心とした耕地を灌漑域としている。この地域は、中世の金沢称名寺の寺領支配の拠点となったと考えられ、神護寺の前方に広がる耕地域にあたる。

現在三念沢本流は、原池から流れでて谷沿いに長秀院東側を流れるが、灌漑域にあたる石区の集落内では谷が深く、三念沢から直接取水することは困難である。取水口は、長秀院から一〇〇〇㍍ほどさかのぼった地点に設けられているが、現在は砂防の目的でこの取水口の上部に大規模な築堤がなされ、三念沢池が築かれている。この三念沢池の規模から考えて、この沢による土砂の運搬量は相当なものであったと推定されるが、築堤により安定的な取水が可能となったものと考えられる。

三念沢の取水口部分で樋によって取水された流れは、標高四二〇㍍付近の山肌を伝わって、長秀院裏に流れ下り、神護寺跡の南側斜面を灌漑する。流末は、石区中心部の人家の間を縫いながら本流と石村堰との交差地点から二〇〇㍍ほど南西に下ったところで石村堰に流れ込む。

現在の原池灌漑についての聞き取りでは、三念沢用水を利用する灌漑域ではあまり水に困ったことはないという。用水の管理については、石村堰同様、石区内の役員があたり、水量調節などが行われている。

用水としては比較的安定的な水を供給していたものと推定されるが、砂防ダムが三念沢池のみでなく沢筋の原池対岸の谷間にもみられ、また、長秀院から南に広がる耕地は三念沢を軸として扇状地状の広がりがみられる。これらの耕地が石村堰との交差付近では二㍍近い段丘崖を形成していることから考えても、この沢が付近一帯の地形形成に果たした役割を重視する必要がある。

三念沢は、流末で石村堰と交差するが、他の小河川のように石村堰に注ぎ込むことはせず、上樋を架けて堰を跨ぎ、石村堰の灌漑域を天井川となって流れ下りながら長沼一号幹線排水路を経て浅川に流れ込んでいる。丘陵から流れ出るほとんどの小河川が石村堰に流れ込む形をとっているのに対して、この三念沢と神代から流れ出る湯沢川の二河川だけは石村堰との合流を避け、上樋または底樋によって堰を越えている点が注目される。おそらく用水の成立年代、または河川と用水の取水権との関わりからこのような形態がとられるにいたったものと推定されるが、湯沢川・三念沢・石村堰の歴史的関連については、両耕地域の開発年代の考察とあわせて次の項で具体的に検討したい。

2　三念沢による開発と石村堰との関連

石村郷が中世にあっては金沢称名寺の寺領であったことはすでにふれたが、石村堰と中世石村郷とがどのように関連しているかについて考察するのが次の課題である。石村堰については、開発年代を確定する史料がなく、開削を語る文書が「金沢称名寺文書」にもみられないことから、現況からさかのぼって検討することとしたい。

現在の石村用水は、大規模な土木工事などによる流路の改変は行われていないことから、おおむね近代以前の流路を踏襲したものと考えてよい。

旧町誌に掲載される「元禄時代石村地図」によると、「神代村境」から「石村の内宿」にいたる用水が描かれており、ほぼ圃場整備前の計画的開発域に重なる形で一面の田地が記載されている。これにより、石村用水は近世初頭には当該地域の基幹用水となっていたことが判明する。さらに、用水を利用した広域にわたる田地の開発も、この段階ではすでに終了していたことがわかる。

また、同地図には三念沢の水源となる原池も描かれ、現在に通ずる基幹的用水の基本が近世初頭以前には作られていたものであることがわかる。

元禄段階の石区内の耕地の状況をみると、石村堰係りの地帯に一面の田地がみられるほか「神宮寺」（神護寺）の前方にあたる「石村之内本郷」に田地がみられ、これが現在の三念沢用水係りの田地と一致する。

この付近は、中世の石村郷の中心部にあたるが、三念沢係りの地点に「正円畑」の地名があり、また、石村堰を越えた地点には「浄円田」など神護寺前方に僧侶地名が残ることが注目される。金沢称名寺の支配拠点ともなっていた神護寺との関連が予想されるところでもある。地名の分布が、用水系を異にする地点にみられることから考えると、双方の用水を利用した田地の開発主体は同一であった可能性が高く、年代としては僧侶地名を冠していることからも近世以前の開発と考えたい。

さて、この三念沢が石村堰と合流を避ける形で交差している点についてはすでにふれたが、上樋を使って堰を跨ぐ「橋越」の形態は、元禄の地図にも描かれている。また、宝永二年（一七〇五）「水内郡石村万差出帳」[4]に、「一、用水橋越　二カ所　是ハ長六間横壱間、破損之節御林雑木被下来リ候」とみえるうちの一つで、もう一つの湯沢川とともに石村住民による共同用益権が確立されている。

三念沢は石村堰との交差地点では、堰の水面より二～三㍍ほどの高さで上部を跨ぎ、下流は周囲の水田面より三～四㍍ほどの高さで天井川となり、浅川に注ぐ。交差の地点から下流の天井川となる部分の河床は盛土と思われるが、三念沢の押し出しによる土砂の堆積地盤が早くに形成されていた可能性も考えられる。いずれにせよ三念沢は、石村堰係りの田地を横切りながらその部分を潤すことなく通過しており、石村堰の開発以後は自然の沢水ではなく、人工的な用水としてその流路を固定されていったものであろう。

交差地点の付近には、三念沢をはさんで「北長谷越」「南長谷越」の地名が残る（八一頁図2参照）。「橋越」による両用水の交差形態は、用水の開発当初からのものであったのであろうか。ここで三念沢用水と石村堰と、どちらの開発が先行して行われたものであるかが問題となる。原池は、石区北西方の山中に位置し、一説によれば石村堰の水のかからない地域に引くために近世になってから作られたともいわれている。沢は、戦国時代に上杉謙信が築かせたという伝承をもつ三日城の裾を流れ下るが、三日城の対岸には泣き石伝承があることや周囲の山に地滑り伝承があることなどから、三念沢の沢筋は古くから押し出しと呼ばれる土砂の流出が頻繁であったものと推定される。

安曇野の水田や用水について長年調査された小穴喜一氏によれば、二本の用水が橋越によって交差する場合、下をくぐる用水の方が開削年代は古く、上を跨ぐ用水はこれ以後に開発されている場合が多いという[5]。石村堰による開発が先行し、こののちに堰による水の不足を補う形で三念沢を利用した谷水灌漑が行われるようになった、と考えられてきた地元の定説もこれと一致するが、同氏によれば「堰筋は安全且つ半永久的な導水を意図して交差地点の微地形を最も巧みに活用してあるため、その地点における上樋・底樋の交差形態のみで直ちに開削の前後関係を判別するのは危険である」、重要なのは「両水路が持つ枝堰の展開形態・堰敷形態・流速・水利・伝承・微地形などを合わせた総合的判断」である、として慎重に分析する必要を説いており、石村堰と三念沢との関係も再検討を要する。

三念沢の場合、上流の地盤が軟弱であること、石村堰を越えた下流域が不自然な天井川の形態をとっていること、石村堰との交差地点での地形がかなりの落差をもつ段丘崖を形成していること、これらに加えて三念沢の沢水が石村堰の水量を補強する関係にないこと、などを重視したい。

民俗学の香川洋一郎氏は、広島県の中国山地の突端に位置する丘陵部での開発を例として、「谷水がかりの田から井堰がかりの田へ」という開発の模式を提示している[6]。これによれば、まず谷水を引いた用水の畦越し（アテコシ）

による谷田開発が先行し、次にはこの谷川が流末で流れ込む、より大きな河川に上流で井堰を設けた水路の開発が行われるようになるという。

これらの例と照らし合わせると、石村における水田開発は、当初は自然湧水であったと推定される三念沢を利用した谷沿いの開発が先行し、これがある程度の限界を迎えた時点で鳥居川に井堰を設けて取水する石村堰を使った開発が行われていった、と考えられるのではなかろうか。

この用水の開削についての前後関係の想定が正しいとすれば、石区内の開発は、自然湧水を集めた三念沢を利用した長秀院および神護寺周辺から始められ、その後に石村堰を開削することによって現在の形につながる大規模開発がなされたと考えることが可能となろう。最終的に原池からの水は、石村堰の水量を補強してはおらず、二つの用水の灌漑域は全く重なることがない。このことから二つの用水の水利権は当初から異なっていたものと推定され、三念沢による開発域と、石村堰による開発域との用水利用慣行が、どのような形で継承されてきているかが注目されるところである。

3　石村堰の開削年代

さてここで、中世の石村郷地頭職をもつ金沢称名寺との関連が問題となるが、少なくとも称名寺は中世の段階では、石村堰に先行して開発がなされていた三念沢用水による灌漑域を、支配の対象として掌握していたものと推定される。神護寺前方の南斜面に開かれた三念沢係りの耕地は、称名寺の支配拠点として置かれた神護寺との関連から考えても石村郷の中心的耕地であったと推定される。ところが、僧侶地名の分布は両用水系に跨ってみられ、双方の開発主体が同一であった可能性を推測させる。

称名寺は、石村堰による開発田をも支配の対象としえていたのかどうか、石村堰の開発との関連で問題となろう。以下、現況の石村堰の状態をもとに成立年代について考察してみたい。

前出の宝永二年（一七〇五）の「水内郡石村万差出帳」によれば、

一、用水堰　是ハ黒姫山流古間川之水飯山領大倉村　堰尺壱里半取申候、堰御普請之儀ハ飯山領浅野村・神代村高割ニ仕、御人足ハ御支配　被下来リ申候

とあり、鳥居川（古間川）の大倉村対岸から取水して浅野・神代（現豊野区）を経て石村にいたる用水堰が、すでにこの段階で現在と同様の形態で利用されていたことが知られる。さらにこれが元禄段階までさかのぼりうるものであることは、先にみた通りである。

石村堰は、取水口から石村郷にいたる間に、中世では島津氏の所領であった浅野郷・神代郷を通過する。用水そのものが、金沢称名寺が地頭職をもつ石村郷を潤すことを目的として引かれたものであるならば、途中島津氏の所領を通過するという形態は不自然な感もあるが、両郷とも用水に対する用益権を留保していることを考慮すれば、三か郷による共同開発という結論であってもさして無理はなかろう。

成立年代を考える上で大きな問題となるのは、小穴喜一氏によれば、流路がどのような軌跡を描いて開かれるか、という点にある。用水の前方にある社寺・古墳・集落・既墾耕地に対して流路がどのような関係をもつかが、開削の年代を比定する手がかりとなる(7)。

同氏によれば、前方にある社寺・古墳などの対象物を避けて急角度に屈曲あるいは迂回して流下する屈曲通過形態を取る場合、水路の開削は対象物の立地以後のものであるという。対象物の立地する境域を貫通しないのは、社寺や古墳に対する畏敬の念の現れである。石村堰は、現豊野区内の伊豆毛の地で、伊豆毛神社を大きく山側に迂回する。

伊豆毛神社は、惣政所があったと推定されている神代郷の台地が、南東方向に舌状に張り出した部分にある。伊豆毛神社が建つ台地の突端は、境内から先が五〜六㍍の高さで切れ落ち、浅川および千曲川氾濫原の最末端部分につながる。地形的にみればかなりの台地の張り出しが目だつ部分でもあるが、堰はこの張り出しの突端部分を社殿に沿って回り込むことはせず、社殿裏の山沿いの斜面を削り込むようにして標高を保っている。

堰が伊豆毛神社を迂回するのが、既存の社寺に対する畏敬の念の現れであるとすれば、石村堰の開削は伊豆毛神社が現地に建立されて以後のこととなろう。伝承によれば伊豆毛神社は室町期の大永三年（一五二三）、八雲台の地より現地に遷座したといわれており、石村堰がこれを迂回して設けられたということは、堰の開削はこれ以後の戦国期、もしくは近世初頭に行われたと考えられることとなる。一方で、牛山佳幸氏によれば、太田荘内に古くから存在した神社として、嘉元三年（一三〇五）の島津久長寄進状(8)にみえる「上山熊野三所権現」のほかに、中世の初期の段階にはすでに存在していた神社として「粟野神社」と「伊豆毛神社」をあげる。所在地の比定を検討しなければいけないとはしながらも、粟野神社と伊豆毛神社が十世紀はじめに編纂された『延喜式』に記載のみえる神社であるとすれば、石村堰の開削ルートに既存の伊豆毛神社が影響を与えた可能性は否定できない(9)。

また、石村堰の開削が当初から石村郷への引水を目的とするものであったとすれば、地形的にみてこの地点で台地の縁に沿って水を回すことは、安定的な用水を確保するためにはきわめて危険で、流路の維持には困難がともなうものであったことも事実である。

伊豆毛神社の立地する舌状台地は、後背の丘陵部からの押し出しによって形成されたもので、惣政所と推定されている神代聖林寺は、この裏山からの押し出しによって倒壊の憂き目に遭っている。この地点で押し出しによって形成された台地の外側に用水をめぐらすことは、目的地への引水を保障するものではない。

図３　湯沢川と石村堰の交差（下が石村堰）

伊豆毛神社と石村堰との関係については、小穴氏の説の如く、三念沢の上部を橋越する石村堰の方が開削年代が新しく、また地形的要因を重視して仮に伊豆毛神社の現時点への移転の伝承をそのまま当てはめたとしても、石村堰の開発を室町期以前にさかのぼらせることに無理はない。

さて、三念沢のほかにもう一つ石村堰との合流を避けて、樋を使って交差する河川に湯沢川がある。

湯沢川は、現在のとよのフルーツセンター東側で三念沢同様上樋によって石村堰を跨ぐ。現在の流路は、近世の寛文年間（一六六一—七三）の豊野区内の町立ての際に付け替えられたものと推定され、旧流路は、豊野観音堂前から南東方向に向かい、現在の交差点より四〇〇㍍ほど遡行した豊野郵便局裏付近から流れる西田中堰につながっていたものと考えられている。旧聖林寺北西の字宇山の表堤・裏堤を水源として、聖林寺西側の谷を下り豊野保育園東を通って、橋越で堰を越え美濃和田地籍から外土浮へと流れる。三念沢とともに宝永二年の「水内郡石村万差出帳」にみえ、近世初頭からこの交差の形態がとられていたことがわかる。

中世の島津家文書のうち、元亨三年（一三二三）五月二〇日の尼めうたう譲状案[10]によれば、島津久長の次男宝寿に譲られた所領として、ゆつりわたす、ほうしゆかところに、しなののくにおうたのしやうかんしろのかうの内てんちの事、合　いちようにたん大内　一丁かわつらのうちしんしかつくり、にたんひるさわのひんかしのつめ

とある。このうち「ひるさわ」が聖林寺西の谷をながれる湯沢川に比定されるものと推定されるが、現在「ひるさわ」の地名は残らず、確定する要素はない。

現在の湯沢川は最上流の堤跡の残る付近と、旧聖林寺西側の谷間の一帯、豊野観音堂前方の町場の一帯、石村堰を越えてからは中尾から内土浮・外土浮にかけての一帯を灌漑域とし、旧河道といわれる西田中堰の灌漑域も合わせると谷間から千曲川氾濫原面にいたる広範な地帯に水を供給していたことがわかる。谷の出口周辺はなだらかな扇状地形をなし湯沢川の押し出しによる土砂の堆積量は相当な量がある。谷田開発の水源として古くから利用されていたものと思われるが、三念沢同様、押し出しによる周辺への被害を何度かもたらした沢でもある。

旧町誌によれば、応仁二年（一四六八）に連日の豪雨により、湯沢川上流の大堤・小堤に土砂が流れ込み、堤防の決壊により聖林寺周辺の多数の人屋が流されるという大災害が起こった。堤を抜け狭い谷間を流れ出た急流は、聖林寺のある前方の尾根にぶつかり、聖林寺西の谷に流れる。この時大量に流出した土砂の下からは、宝篋印塔や五輪塔などがみつかっている。

湯沢川による中世の開発域を比定することは難しいが、おそらく聖林寺西の谷から中尾・沖方面にかけての旧神代郷の南側斜面一帯が対象となったものと推定される。石村堰係りの地域とは水利権が異なり、互いの水を補強しあわない点も三念沢と同様である。

石村堰の導水がこの水利権と抵触しない形でなされている点から考えて、湯沢川水系を利用した神代郷一帯の開発が先行し、その後に石村堰による開発がなされたという状況を想定することができるのではないだろうか。湯沢川・三

念沢というきわめて中世的な谷田開発を前提として、井堰を設けた大規模開発へと発展していく図式を描ける。

鳥居川に井堰を設けた横堰を用いた導水が、いつ頃行われるようになったのかについては、近世の取水慣行の中から探ることができる。

石村堰は、鳥居川に取水口をもつ他の用水と比べると、右岸の最下流にありながら取水権は強かったようである。聞き取りによれば、鳥居川の渇水時には上流にある他の用水は石村堰に水を譲る慣行があったともいわれている。用水の取水権は成立年代の早いものほど強力であると考えられ、鳥居川を水源とする用水の中で石村堰の設置が早期になされたことを想定させる。

鳥居川の上流にある用水の中でも最も成立が早いといわれるのが芋川堰であるが、その成立は天正八年（一五八〇）とも慶長八年（一六〇三）とも伝えられ[11]、近世の新田開発以前に設けられた中世末期および、近世初頭の開発による用水と推定されている。寛文四年（一六六四）頃芋川堰は堰の掘継ぎを行い、東柏原までの横堰を延長するが、同年四月の松平遠江守の郡代粟津喜左衛門から佐久間備中守方藤川四郎左衛門宛の書簡[12]によると、

御領内石村堰差障之趣尤に候、旱魃之節は鳥居川水不用此方領内西柏原村にて赤川水切落し、新堰共に用水に可仕候

とあり、石村堰は鳥居川の渇水時には芋川堰よりも優先的に取水する取り決めが作られていた。

石村堰がこの芋川堰に先行して開発されていたと考えると、中世末期の段階ではすでに一定の取水権が確立されていたものと考えられる。

では反対に、用水開発の上限はどの時代までさかのぼることが可能であろうか。

三念沢・湯沢川を利用した谷田開発は、中世の地頭金沢称名寺と島津氏との関連から鎌倉時代までにはある程度の

耕地域が開発されていたものと推定される。

金沢称名寺による石村郷支配は、神護寺を拠点としてなされたと推定されるが、三念沢をはさんだ長秀院の対岸には「殿屋敷」の地名が残り、三念沢用水の水系を押さえる地点でもあることから地頭居館との関連をうかがわせる。三念沢の流末によって長秀院前方の扇状地上の開発まで進んでいたものとすれば、石村の西に隣接し島津氏が地頭職を有していた南郷よりも耕地面積は広く、手作地の域を越える広域的な開発がなされていたこととなる。これらの開発をさらに押し広げることとなるのが、石村堰による導水である。

三念沢と石村堰との交差地点から八〇㍍ほど石村堰をさかのぼった「北土井」地籍からは圃場整備にともなう発掘調査の結果、住居跡と思われるピットと灰釉・緑釉・青磁・白磁などの磁器片とともに平安末から中世の短冊型文書札や板塔婆などの木簡八点が出土した。一二〜一三世紀の住居跡と推定されているが、出土遺物の木簡には「𑖤𑖽（バーン）南」とあり神護寺や金沢称名寺との密接な関連が予想される。これが石村堰係りの水田域に敷込まれていることから、石村堰開発の上限はこれをさかのぼるものではないことは明らかである。

先の住居跡を称名寺との関連で考えると、石村堰開発に関して二つの考え方ができる。一つは、称名寺との関連深いこの遺跡の居住者が、石村郷支配を放棄し同住居を撤退した後に、石村堰による開発が着手された、という考え方。もう一つは、平安から中世初期に石村郷に居住した荘の代官的支配層を称名寺が取り込み、称名寺の主導により周辺の再開発がなされた、という考え方である。前者に立つならば、称名寺による石村郷支配の後退期である南北朝期頃を比定でき、後者によるならば、鎌倉末期頃がこれにあたる。

荘内の周辺の郷をみると井堰を用いた灌漑は、石村郷のほか同じく称名寺領である大倉郷でも行われており、近世初頭の用水系を見る限り、堤や沢水に依存した島津氏の所領における灌漑とは対照的である。石村堰開発が称名寺によってなされたと断定することはできないが、開発主体としての可能性は高いものと推定される。

以上を整理すると、中世の神代郷から石村郷にかけての一帯は、湯沢川・三念沢川などの沢水を利用した谷田開発が行われ、これらによる開発域が各郷の中心的耕地域となっていた。この開発が一定の限界を迎えた段階で、石村堰による井堰灌漑がなされ、大規模な計画的開発田が開かれるようになった。その時期は、鳥居川をめぐる用水利用慣行からみて遅くとも戦国期の初め頃までには一定度の開削が行われていたことは確実であろう。反対にどこまでさかのぼれるかについては確証はないが、伊豆毛神社の例からいって室町期をさかのぼることも可能であることは先にみた。また、三念沢用水との関連でみたように、僧侶地名の分布が両用水系に跨ってあることからいって、谷田開発の終了とあまり時期を隔てぬ頃に同一の開発主体によってなされた可能性もある。

いずれにせよ中世後期の段階で、堰の開削にともなう計画的開発がある程度進行していたことは確定できるであろう。この開発を石村郷地頭職を有する称名寺との関連で考えうるかどうかは、その可能性を想定するのみで今のところ明確にはできない。

現地調査として金沢称名寺が地頭職を有した石村郷の用水系を調査する中で、沢水を利用した谷田開発から、井堰を築いた井堰灌漑へという中世的開発の展開を見出すことができた。これは東国・西国を問わず水田開発の一つの典型となるものであるが、この開発の画期に金沢称名寺が少なからず関わりをもつとの感触も同時に得ることができた。東国荘園の地頭として入部してきた金沢称名寺は、石村郷・大倉郷を領しながら鎌倉から南北朝期にかけて国人的展開を遂げる島津氏との対抗の中で、井堰の開発者として地域社会の中に開発の痕跡を示すことにより、独自の領主制的支配を成し遂げることができたのであろうか。金沢称名寺の領主としての組織力や支配力は、年貢管理を行う称名寺独自の寺僧組織によって運営されていることは第二章にふれたが、現地に拠点を設けながらこうした組織を運用できたことの根拠として、開発に対する資本投下をあげることができるのではないだろうか。他地域の寺領との比較検討が必要であるが、太田荘における称名寺の実態をみる限り、荘園現地とは遊離した権門領主としてのイメージは改められねばならないかもしれない。

注

（1）入間田宣夫「金沢氏と陸奥国玉造郡地頭職」『金沢文庫研究』一六七、一九七〇年

（2）年未詳三月六日、剱阿書状・年未詳三月六日、崇顕（金沢貞顕）書状、金沢文庫文書『神奈川県史』資料編2 №二七五三、同№二七五四

（3）元徳三年一二月二一日、大倉郷田畠在家注文、金沢文庫文書『神奈川県史』資料編2 №二九八〇

（4）旧豊野町石区有文書『豊野町の資料』二、豊野町誌6、一九九六年

（5）小穴喜一『土と水から歴史を探る』信毎書籍出版センター、一九七七年

（6）香月洋一郎『景観のなかの暮し―生産領域の民俗』未来社、一九八三年

（7）小穴喜一「対象物に対する水路の屈曲・直進形態から水路の開削経緯が読み取れる」前掲注（5）書

（8）島津家文書『信濃史料』四巻五二一頁

（9）牛山佳幸「官社から『式内社』へ―粟野神社と伊豆毛神社の歴史的理解を深めるために―」『信濃国太田荘調査報告書』（Ⅱ）豊野町教育委員会、一九九七年

（10）元亨三年五月二〇日、嶋津久長譲状案、島津家文書『信濃史料』五巻三三頁

（11）旧『豊野町誌』一九五〇年

（12）寛文四年四月、長沼藩宛郡代粟津喜左衛門覚書、石区有文書『豊野町の資料』二、豊野町誌6、一九九六年

第四章　信濃国太田荘大倉郷の開発と水利

金沢称名寺が地頭職を有し、開発年代を中世にまでさかのぼり得る用水堰として、石村郷をうるおす石村堰を中心とした検討を第三章で行った。堰の開削年代を称名寺地頭職と直接に関連を有する年代の中に確定することはできなかったが、仮に石村堰そのものの開発が中世前期までさかのぼらず、南北朝期前後の開発であったとしても、先行する沢水灌漑を中心とした開発域との関係からみて、耕地域の拡大を計画し、それを主導する勢力が、平安時代末期以降に新たに入りこみ、開発を誘発しうる前提を形成していたと想定することはできた。

石村郷と金沢称名寺との関連は充分に予想できるものではあるが、石村堰による開発が、直接的に当時の郷地頭である金沢称名寺によってなされたものであるかどうかは、いまだに検討を要する。開発勢力として称名寺の可能性をあげることができるとすれば、石村郷と同じく、地頭職を称名寺が有し、南北朝期まで支配の継続を確認できる大倉郷では、大倉堰と呼ばれる横堰が主たる水源として利用されている。大倉堰も石村堰同様、太田荘域の井堰灌漑のうち、遅くとも近世初頭までには開発がなされていたと考えられる堰として、中世における開発の様相が注目される。

用水堰を使った開発が、いつ頃の時代に起点をもつか、地形的条件や発掘成果などにより、該当する地域の開発の時代的なポイントを落としていくことは可能であろう。地形的条件とは、用水堰が引かれる以前の自然流による開発可能範囲の選定と、開発地の安定性を保障する地形的条件である。時代的なポイントとは、発掘調査によって遺物・

遺構が検出されることで確定されていくものであるが、発掘調査そのものに制約があるため、古代・中世から近世にいたるまで可能な限り文献資料の援用が必要である。

本稿では、大倉堰の開発可能地を検出するために、太田荘の水利の中で類例をたどることから始めたい。まず、取水方法の違いにしたがって谷水を中心とした灌漑（タテ堰）、井堰を中心とした灌漑（ヨコ堰）に分け、現況からさかのぼりうる範囲で各用水の灌漑域の時代的変遷について検討する。次に、開発の伸展と各用水との関連について検討を加えてみたい。

一　谷水を中心とした灌漑

湯沢川

現在のところ湯沢川は、元亨三年（一三二三）五月二〇日の島津久長譲状案にみられる「ほうしゅ」（童名・島津氏）に譲られた二反の田地が所在する「ひるさわのひんがしのつめ」に現れる「ひるさわ」に該当するものと考えられている(1)。

湯沢川について中世太田荘の時期に、関連する文書としてはこれ以外にみられないが、当時の惣政所の所在地を神代郷聖林寺周辺に比定すると、太田荘惣政所職を得ていた島津氏が領知した範囲の中に入る沢では他に該当するものがなく、いまのところこれを否定する根拠はない。

現在の湯沢川は、聖林寺北西部の丘陵の中で二つの沢を合流する。この二つの沢は「前堤」「後堤」といわれ、沢の出口の谷の部分で、水流を緩和しながら沢沿いの谷に広がる田に水を送っている。合流点から聖林寺のある舌状台地の側面にいたるまでは、丘陵から谷につながる比較的傾斜の緩い斜面が広がり、ここは安定した水田域となっている。

聖林寺の立地する舌状台地により狭められた沢は、谷の出口で取水された後、石村堰をまたいで丘陵の先端に続く中世の中尾村にいたる。中尾村は、中世には島津氏の所領の一つであり、島津氏庶家の重要な拠点でもあった。譲状にみられる「ひるさわのひんがしのつめ」は、この湯沢川の上流、「前堤」「後堤」の周辺をさすものと考えられ、島津氏の支配がこの湯沢川に沿った形でなされていたことがわかる。おそらく中尾村の開発も、湯沢川を利用して行われたものであろう。

三念沢

原池を水源とする三念沢については、第三章三節でもふれたが、

①原池の開発が近世初頭にはすでに行われていたこと

②三念沢の灌漑域と称名寺政所が置かれたと推定される神護寺との関連をみると、開発を中世までさかのぼらせることが可能と考えられること

③灌漑域には寺社との関連を想定させる地名が分布していること

など、三念沢灌漑域と、金沢称名寺とが関連深くつながっていることが知られる。おそらくここが金沢称名寺の拠点的所領であったと思われる。

南郷水利

中世には島津氏が地頭職を持ち、「屋敷」地籍を中心として放射状の地割が残る。水利をみると、

①現在は石村堰からは取水せず、単独の水系であること
②近世初頭まで「屋敷」地籍の後方にため池が築かれ、背後の河川からの水流を引き込んで「屋敷」地籍前方の田を灌漑していたこと
③低地部は浅川による氾濫の被害を受けやすい地帯ではあるが、「屋敷」周辺は安定した水田の経営が行いうる地帯であったこと

などが指摘されている(2)。

このほか、谷水を中心とした灌漑は、石村堰に流入する小河川の流域でもみられるが、いずれも小規模なものである。しかし、こうした地域での開発は、湯沢川や三念沢川の流域でみられるように近世以前からのものと推定され、中世太田荘の現作田の範囲を考える上で参考となる。

谷水を中心とした谷田開発は主に沢水によって形成された谷の開口部扇状地を対象としており、千曲川や浅川によって形成された氾濫原面は、この対象ではない。こうした地域での水田開発は、近世の排水技術を用いた開発をまってなされたという(3)。

このように豊野町内にあたる中世の太田荘の荘域は、大きく分けて千曲川の氾濫原の上に位置する低地部と、背後の丘陵からの押し出し地形に規制されながら広がる小規模な段丘崖上の中間地帯、それに丘陵内の水源に近い高地部に大別される。

谷水による灌漑は、この中でも段丘崖上の中間地帯と丘陵内の水源付近の高地部の開発が中心となったと考えられる。

第三章の石村堰の水利調査で取り上げた僧侶地名の分布は、神護寺の前方に広がる中間地帯にみられ、島津氏の南

郷屋敷もこうした中間地帯に立地する。さらに高地部には、原池周辺の水田や、惣政所跡と推定されている聖林寺周辺の水田、石村堰に注ぐ小河川の流域に開かれた水田などがある。また、島津家文書にみられる「荒居在家」も高地部にあたる荒古（上神代）に比定されており、鎌倉末から南北朝期にかけての文献史料から得られる開発域は、こうした高地部・中間部が中心であった。

谷水や沢水など自然湧水を基盤に、谷の開口部に開かれた田地が、中世の太田荘の基本的な水田であった。こうした初期の段階における開発は、島津氏の所領と金沢称名寺の所領とを問わず地形環境の許す範囲でなされたものであった。

鎌倉期の開発の進展は、太田荘における生産物の増収をもたらしたものと考えられるが、鎌倉期の嘉元三年（一三〇五）一一月、島津氏の所領神代郷の代官となった薄葉景光は、神代郷から九州伊作の島津氏の庶家に対して、領家年貢・下司給分を除いて毎年四二〇貫文の地頭得分と公事とを送っているのである(4)。井原今朝男氏が指摘しているごとく、中世における耕地は、谷水・沢水を基本とした開発田を領主直営田としながらも、その前面に広がる一段下の千曲川氾濫原に近い段丘崖の上部まで及び始めていたと考えられる(5)。

毎年四二〇貫文の地頭得分の請負を保障する基盤は、代官である薄葉景光の財力もさることながら、一定程度の生産力を前提としなければ考えられない。この時期の島津氏が荘内の部分的な郷地頭職の所有にとどまっていたかどうかは、今後さらに検討されなければならない問題であるが、南郷・神代郷・中尾村など、島津家文書に現れる島津氏所領の中でも、南郷・中尾村など、千曲川氾濫原面への広がりをもつ所領に対して、積極的な開発がこの時期になされた可能性も考えられよう。

のちに氾濫原の中央にあたる長沼に基盤を延ばしていく島津氏にとって、河川氾濫の常襲地帯における湿田の乾田化は、段丘崖上の中間地帯に拠点をおきながら、鎌倉期以降進められていったものであろう。中世の太田荘域の開発には、用水堰の開削による引水の必要性と同時に、排水路の設置による湿田の乾田化の技術も必要とされたのである。

二　大倉堰による灌漑

先のような中世的開発の条件を念頭におきながら、大倉郷における水田開発の様子について検討したい。大倉地籍の井堰灌漑の中心的用水である大倉堰を検討するが、開発の開始期を特定できないため、現況からの検討が中心となる。

石村堰と同様、開削の年代は特定できない。

水源は鳥居川で、取水口は石村堰の取水口の対岸を一・五キロほどさかのぼった地点にある。近くには、現在も諏訪神社があり、諏訪神社の裏手には「市の神」といわれている板碑が祭られている。

大倉地籍は、先のような高地部・中間地帯・低地帯というおおまかな地形分類でいえば、鳥居川の左岸に位置する中間地帯と、現在の蟻ケ崎地籍との境をなす丘陵の先端の張り出し上には大方神社の立地する高地部があり、その下部には現在の東部保育園・豊野東小学校が立地する中間地帯が広がる。この中間地帯はなだらかな傾斜をもって南側の鳥居川に向けて展開し、その先端は場所によっては比高差二メートル近い段丘崖を形成して鳥居川の下部段丘面に接している。

下部段丘面にあたる低地部は、鳥居川堤防によって水流と画されているが、鳥居川の氾濫によっては被害を免れ難い地点でもある。

このように地形的に三分割することのできる大倉郷では、おのおの地域への用水系が明らかに異なっている。大方神社の立地する高地部は、大倉地籍内でもっとも北の高所を流れる今井堰によって灌漑され、中間地帯は大倉堰によって、低地部は蟹沢堰によって灌漑されている。

中間地帯を流れる大倉堰についてみよう。

取水口から諏訪神社付近までは鳥居川に沿って流れ、諏訪神社の下手で現在の国道一八号線の下をくぐり、大倉城のある丘陵の下部に広がる平地に向かって流れる。

一八号線を抜けて、大倉城の下部をまいて流れる部分では、水田面までの比高二㍍ほどの高さで堤が築かれ、現在のリンゴ出荷組合周辺の水田は、直接ここに取水口を設けて導水している（図1—①）。

大倉城のある丘陵を抜けた地点で、北西方向から流れ込む嘉児加川（大倉沢）にぶつかる。現在この川は、治水工事がなされて幅五㍍、深さ三㍍ほどの川となっているが、大倉堰とぶつかる地点は周辺の丘陵が迫る嘉児加川の開口部にあたり、大倉郷域まで導水するには最初の難関であったものと考えられる。現在の大倉堰は、この川を樋を使って渡っている。かつての嘉児加川の川幅がどれくらいあったものかは推定できないが、旧『豊野町誌』（昭和三五年刊行）によれば、もとは小日向の集落に向けて流れていたが、正徳三年（一七一三）の山抜けによって現在のように谷の開口部からまっすぐ南下して鳥居川に注ぐ流路になったという。旧町誌では、大倉堰はこの沢を取り入れているとあるが、どのような方法で合流していたのかは判明しない（図1—②）。

嘉児加川を渡った大倉堰は、小日向の集落の北方を、丘陵の取付きの一段下の面に沿って東に向けて流れる。小日向集落の水田と堰の比高差はあまりなく、現在の国道一八号線と大倉堰にはさまれた水田では、直接大倉堰から引水しているが、水田面積はさほど広くはない（図1—③）。

大倉地籍に入る付近では、現在の水田面は堰の流れる段丘の裾野の面から一段低くなり、堰との比高差は三～五㍍はある。ここは小規模な谷状地形となり、現在もリンゴ畑ではなく水田として利用されているが、開発は新しく、一説によれば明治期で日露戦争後の開発といわれている。おそらく丘陵にはさまれた湧水帯で、湿田であったため開発が遅れたものと推定される。

流路に沿ってみてゆくと、この小規模な谷状地形は、背後の丘陵の張り出しによってすぐに解消し、現在の東部保育園の西側は一段高い緩斜面が広がる。この斜面は鳥居川の段丘崖上に位置し、谷状地形を抜けた付近には鐘突堂があったという伝承をもつ小さな高まりが、水田の中に島状にある。

東部保育園から豊野東小学校にかけては、南側を流れる鳥居川に向けて、なだらかな傾斜をもつ水田が広がる。この地域の周辺は、現在もリンゴ畑とともに水田域が広がる（図1―④）。

大倉堰は、大倉地籍に入ったところでこの地点を北側から大きく回り込み、豊野東小学校の東側にあたる、大方神社の南の大方集落の中で南側に落ち込んで行く（図1―⑤）。流路は、東側に迫る丘陵に行く手を阻まれるという形で南下し、同じ鳥居川を取水源とする蟹沢堰の下をくぐり、鳥居川へと流れ込む。

現在大方集落東側の板橋地籍で、堰の南側に広がる広大な田畑は、昭和三〇年代に大規模な耕地整理が行われた地域であるが、一説によれば近世になってからの開発といわれている。大倉堰との関係でいえば、大方集落のある丘陵の舌状の張り出しを回り込まなければこの地域へ引水することは困難であるため、灌漑域の対象外となろう。

また、大倉郷にとってもうひとつの水源となる蟹沢堰は、鳥居川を水源として大倉堰の南側を並行するように流れるが、灌漑域は東部保育園の立地する段丘の下部の面で、現在「下堰」の地字の残る一帯である。この付近は大倉堰係りの一帯と比べて、鳥居川の氾濫の被害を受けやすく、開発は大倉堰係りの地域よりも後になってからのものと考

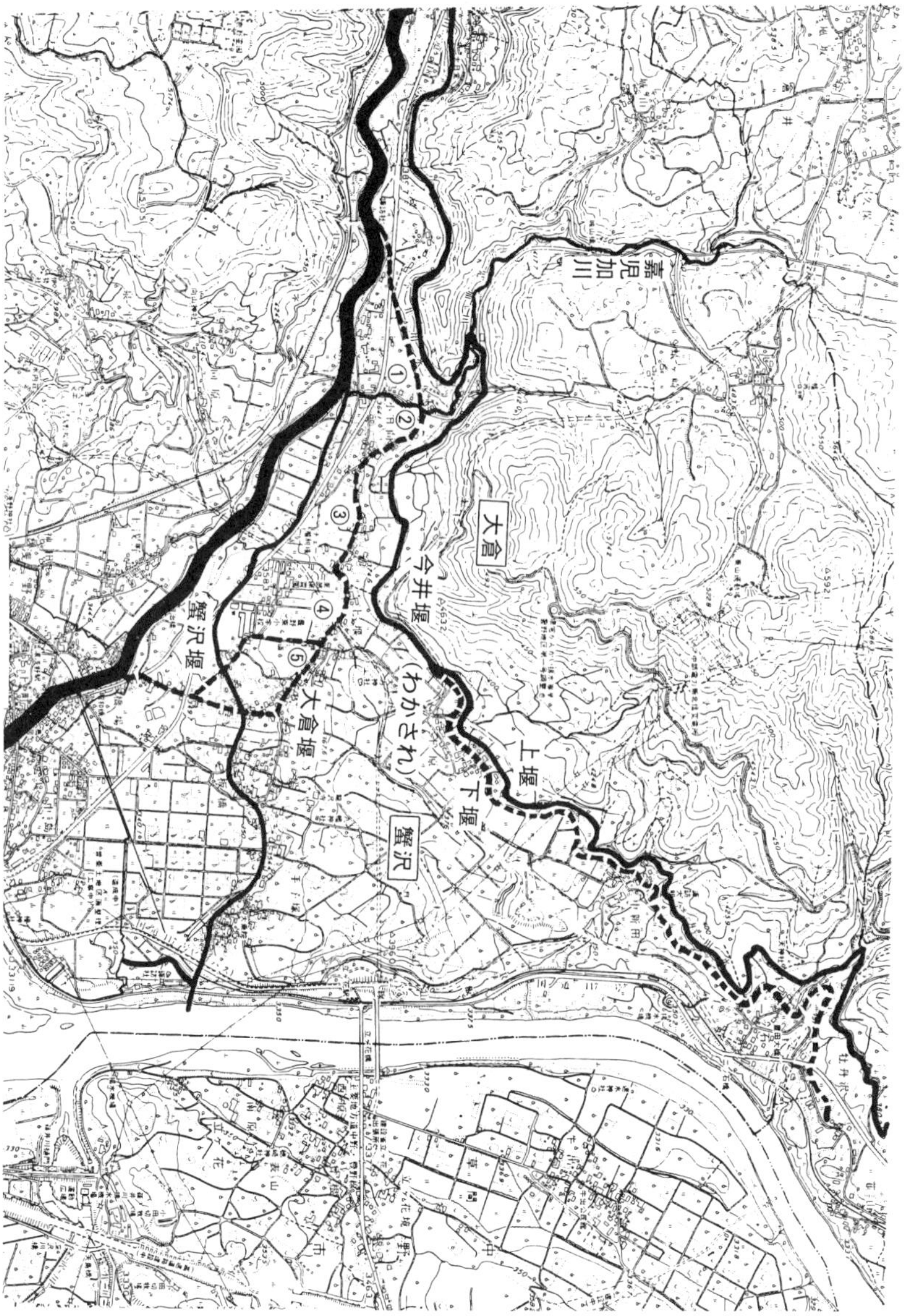

図1　大倉周辺用水図（『信濃国太田荘調査報告書』（II）、豊野町教育委員会、1997年より）

えられる。

以上のような条件を考慮して、かつての大倉郷の耕作領域について検討してみよう。

中世の大倉郷地頭職は、石村郷地頭職よりもひとあし早く、延慶三年（一三一〇）北条実時の後家尼永忍から金沢称名寺に寄進された。[6] 金沢文庫文書に残る元徳三年（一三三一）の大倉郷名田注文によれば、当時の大倉郷名田の総計は六町三反三二〇歩で大名二名、小名八名、浮免二名という構成であった。

この名田注文に示されるような規模の耕地を、現在の大倉地籍内で想定するとすれば、先の東部保育園・豊野東小学校周辺の耕地（中田地籍）があたるものと推定される。この地域は、南を流れる鳥居川の氾濫の被害を受けにくい段丘上に位置し東側は現在大方神社がある丘陵にはさまれた、なだらかな平坦部となっている。ただし、領域的にはさほど広範ではないので、名田注文にある六町余りの田地は、当時のこの地域の可耕地の大半を示しているのであろう。

この地域の水源のほとんどは、現在では大倉堰に頼っているが、背後の丘陵からの小規模な湧水もあったものと考えられ、近世以前にこうした湧水を使った小規模開発が行われていたであろうことは想像に難くない。しかし、背後の丘陵からの湧水の規模は、現在知ることのできる状態の中でもあまりにも少なく、六町余りの田地の開発には、絶対的に不足していたものと考えられる。

元徳年間に当地域に六町余りの田地を開発するには、自然湧水を補強する用水堰の開削は不可欠であると考えられるが、それが現在の大倉堰であるかどうかは確定できない。

大倉堰は蟹沢堰をくぐる地点では、水量がかなり少なくなってきているが、これは途中で斜面の傾斜に沿って、かなりの縦堰を分流しており、小日向地籍の近代になってからの開発地のように新たな開発地への分水があったためと考えられる。

新開地への導水を捨象して考えたとしても、取水口から大倉の大方付近までが、大倉堰の当初からの灌漑域であったのであろう。おそらくこの付近までが、大倉堰の引水の限界であったと考えられる。

以上から大倉堰のみで灌漑しうる範囲を抽出してみたい。

先の小日向地籍にある小規模な谷状地形は、伝承ではあるが近代以降の開発であることが判明している。田の畔は一反の半分ほどの方形に仕切られ、画一的な形状で並び、計画的な開発の跡がみられる。また、当地域の東側の板橋地籍の開発は、水量の不足によりかなり遅れて行われたものと考えられる。現在は蟹沢堰を中心とする用水によって賄われているが、北側の大字蟹沢方面からの水源は期待できず、蟹沢堰からの導水がなければ、この地域の開発は困難であったものと考えられる。

現在の大倉堰の北側の丘陵斜面の上段には、丘陵の裾に沿って今井堰が流れる。水源は大倉堰と同様鳥居川であるが、取水口は大倉堰の取水口を一・五キロほどさかのぼった、川谷地籍にある。

今井堰は寛文四年（一六六四）の飯山藩士粟津喜左衛門から、長沼藩役人藤川四郎左衛門への覚書の中でふれている、芋川村・赤塩村・上今井村・神代村新田の四か所に掘った新堰のうちの一つにあたり、上今井村の開発を目的としてこの時点で開削されたものであることがわかる。

覚

此方領内芋川村・赤塩村・上今井村・神代新田、右四ケ所新堰為堀《（ママ）》候処、依而御領内石村堰指障之趣尤ニ候、早魃之節者鳥井川水不用此方領内西柏原ニ而赤川水切落シ新堰共ニ可仕候、為後日一札如件、

松平遠江守内

寛文四年辰四月　　　　　　　　　　　　　粟津喜左衛門

昌長（花押）

佐久間備中守様内

藤川四郎左衛門殿(7)

大倉地籍内では、大倉堰の一段上方の丘陵上を大倉堰に並行して蟹沢方面に流れ、流末は蟹沢地籍の北西の丘陵の縁をめぐりながら大きく北東に回り込み、千曲川に注ぐ。旧町誌では開発を元禄六年（一六九三）としているが、流路をたどれば大倉堰で灌漑することのできなかった丘陵部に回り込むことを目的としていることは明らかで、大倉堰の灌漑域との関係からみても大倉堰以後の開削であることがわかる。

鳥居川からの今井堰の取水は、対岸に取水口をもち、開発の古い石村堰の水利権と対立することが多く、文化二年（一八〇五）には石村堰三か村訴状により新規堰として訴えられている、芋川・赤塩・柏原・今井・神代などの村が水利権をもつ近世初頭に開発された堰の一つである。同史料によれば古堰として大倉・蟹沢の各堰の名がみえることから、今井堰と大倉堰の前後関係は確定されよう。

しかし、今井堰と大倉堰との取水権は明確に対立する形で現れてはおらず、取水口の近接した二つの堰であり、開削の前後関係も明らかに異なっていながら、両者の関係はある種共存的様相を示している。これは近世初頭以前の開削と考えられる大倉堰による灌漑域と、近世初頭の今井堰の灌漑域との関係を検討することで明らかになる。

中世の大倉郷の耕作田の中心域と考えた、東部保育園・豊野東小学校付近の河岸段丘上のなだらかな斜面は、今井堰の開削以前の集落耕地の中核であるが、中世以降ここから東にむけて新たな開発が始まり、蟹沢地籍にかけて耕地の拡大が試みられたものと考えられる。近世の検地帳を検討された豊野町誌編纂委員で近世担当の金井清敏氏によれば、蟹沢村の名は、承応四年（一六五五）の検地帳から現れるという。その後も万治四年（一六六一）の新田畑検地帳、寛文二年（一六六二）の田方・畑方の検地帳、同五年の新田検地帳など蟹沢村の耕地の拡大が近世初頭になされていることを示していよう。これらの開発に大倉郷集落の住人がかかわっていたものと考えられる。

今井堰の開削は、近世の大倉村を拠点として、その東部に向けての開発という形で行われていたのであろう。二つの集落の間で取水権が対立しないのは、こうした前提を踏まえて考える必要がある。

以上のことから考えて、中世の大倉郷の名田注文にみられる田地が分布する範囲は、近世・近代の環境的フィルターを取り除くと、先にみた地域を想定するのが一番妥当ではないかと考えられる。

以上、地形的条件を中心としながら、大倉堰による中世の開発域について検討してみた。これに加えることのできる中世の年代的な資料は残念ながらあまりない。

現在までの豊野町域の遺跡の発掘成果をまとめた遺跡分布図（図2参照）によると、この地域のうち中心部については本格的な発掘調査がなされていないため明らかではないが、豊野東小学校が立地する段丘の突端では、段丘に沿って古くは縄文時代からの遺物が検証されており、古代末期までの住居跡と、立石ケ丘には古墳があったことが知られている。大倉堰の水係り地域が古くからの生産域であった可能性もある。

段丘の縁につらなる遺跡は、弥生時代の遺物も含むことから、段丘下部の氾濫原面に位置する低地部を耕作域としていた集落が立地していた可能性もあるが、古墳の存在や、平安期の住居跡の存在などから、中間地帯と低地部の双方に広がりをもつ可能性のある遺跡と考えられる。

さらに、平成七年七月の大水害により、豊野町域を見舞った鳥居川の氾濫では、大倉堰の取水口付近から鳥居川河口付近にかけては、鳥居川の堤防は各所で分断され、蟹沢堰の水係りとなっている下堰地籍でも被害が出ているが、

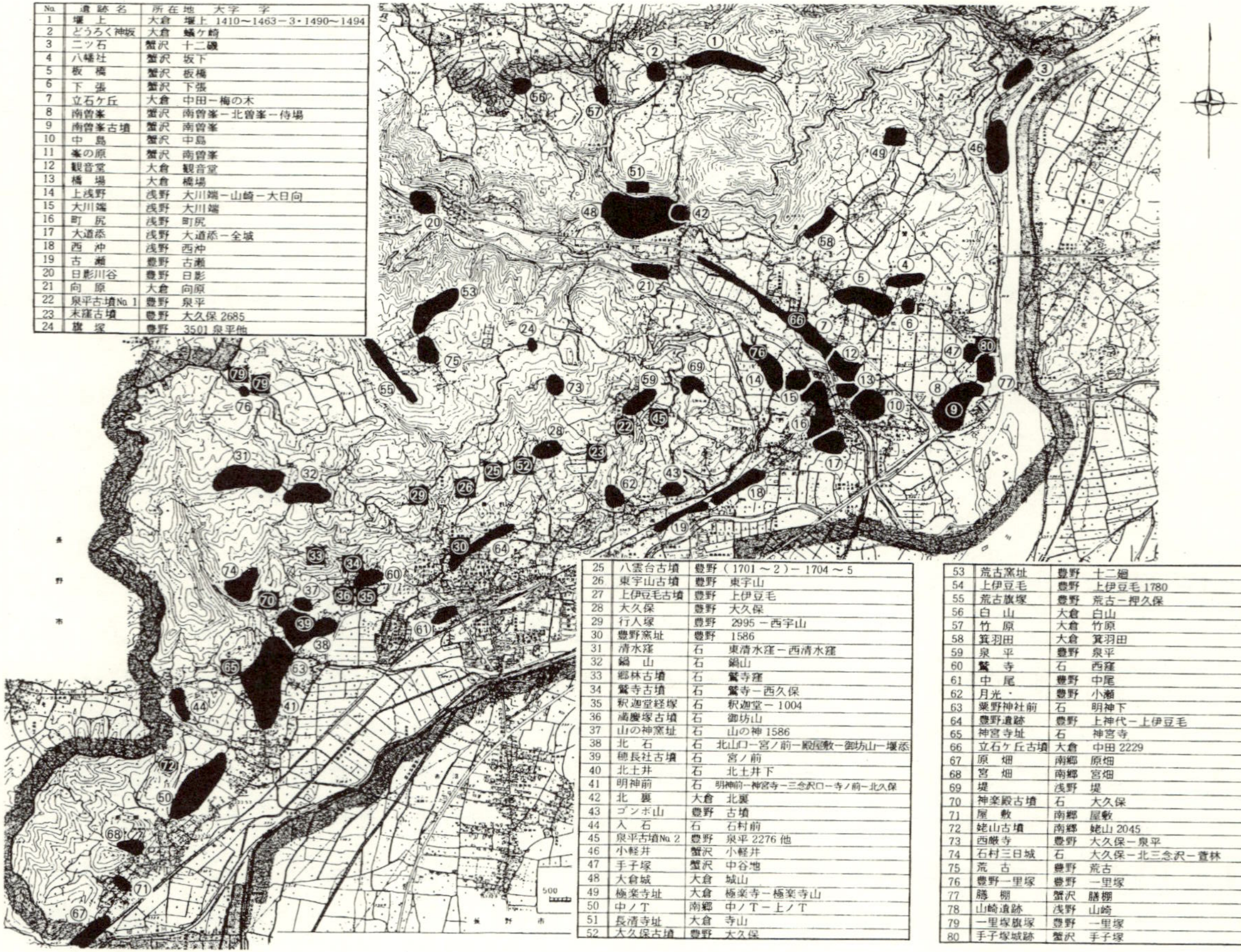

No.	遺跡名	所在地 大字	字
1	堰上	大倉	堰上 1410～1463－3・1490～1494
2	どうろく神坂	大倉	蟻ケ崎
3	二ッ石	蟹沢	十二礎
4	八幡社	蟹沢	坂下
5	板　橋	蟹沢	板橋
6	下　張	蟹沢	下張
7	立石ケ丘	大倉	中田－梅の木
8	南曽峯	蟹沢	南曽峯－北曽峯－侍場
9	南曽峯古墳	蟹沢	南曽峯
10	中　島	蟹沢	中島
11	峯の原	蟹沢	南曽峯
12	観音堂	大倉	観音堂
13	橋　場	大倉	橋場
14	上浅野	浅野	大川端－山崎－大日向
15	大川端	浅野	大川端
16	町　尻	浅野	町尻
17	大道添	浅野	大道添－全域
18	西　沖	浅野	西沖
19	古　瀬	豊野	古瀬
20	日影川谷	豊野	日影
21	向　原	大倉	向原
22	泉平古墳No. 1	豊野	泉平
23	末窪古墳	豊野	大久保 2685
24	旗　塚	豊野	3501 泉平他
25	八雲台古墳	豊野	（1701～2）－1704～5
26	東宇山古墳	豊野	東宇山
27	上伊豆毛古墳	豊野	上伊豆毛
28	大久保	豊野	大久保
29	行人塚	豊野	2995－西宇山
30	豊野窯址	豊野	1586
31	清水窪	石	東清水窪－西清水窪
32	鍋　山	石	鍋山
33	郷林古墳	石	鷲寺窪
34	鷲寺古墳	石	鷲寺－西久保
35	釈迦堂経塚	石	釈迦堂－1004
36	満慶塚古墳	石	御坊山
37	山の神窯址	石	山の神 1586
38	北　石	石	北山口－宮ノ前－殿屋敷－御坊山－堰添
39	穂長社古墳	石	宮ノ前
40	北土井	石	北土井下
41	明神前	石	明神前－神宮寺－三念沢口－寺ノ前－北久保
42	北　裏	大倉	北裏
43	ゴンボ山	豊野	古墳
44	入　石	石	石村前
45	泉平古墳No. 2	豊野	泉平 2276 他
46	小軽井	蟹沢	小軽井
47	手子塚	蟹沢	中谷地
48	大倉城	大倉	城山
49	極楽寺址	大倉	極楽寺－極楽寺山
50	中ノT	南郷	中ノT－上ノT
51	長清寺址	大倉	寺山
52	大久保古墳	豊野	大久保
53	荒古窯址	豊野	十二廻
54	上伊豆毛	豊野	上伊豆毛 1780
55	荒古旗塚	豊野	荒古－押久保
56	白　山	大倉	白山
57	竹　原	大倉	竹原
58	箕羽田	大倉	箕羽田
59	泉　平	豊野	泉平
60	鷲　寺	石	西窪
61	中　尾	豊野	中尾
62	月光・	豊野	小瀬
63	粟野神社前	石	明神下
64	豊野遺跡	豊野	上神代－上伊豆毛
65	神宮寺址	石	神宮寺
66	立石ケ丘古墳	大倉	中田 2229
67	原　畑	南郷	原畑
68	宮　畑	南郷	宮畑
69	堤	浅野	堤
70	神楽殿古墳	石	大久保
71	屋　敷	南郷	屋敷
72	姥山古墳	南郷	姥山 2045
73	西厳寺	豊野	大久保－泉平
74	石村三日城	石	大久保－北三念沢－萱林
75	荒　古	豊野	荒古
76	豊野一里塚	豊野	一里塚
77	膳　棚	蟹沢	膳棚
78	山崎遺跡	浅野	山崎
79	一里塚旗塚	豊野	一里塚
80	手子塚城跡	蟹沢	手子塚

図２　豊野町遺跡分布地図（『信濃国太田荘調査報告書』（Ⅱ）より）

段丘上部の豊野東小学校付近にはこれが及んでいない。鳥居川の開口部にあたるこの一帯の中では、段丘上に位置することから、安定的な耕作域を確保することができた地点であった。

以上、中世の大倉郷の耕作域を検討するにはあまり充分な資料とはいえないが、地形環境を軸として、現在の大倉地籍の歴史環境をたどってみた。

中世の大倉郷に関しては、鎌倉期の名田注文があることから、金沢称名寺が地頭職を有している時期に開発されていた、最低限度の規模を知ることができる。

現在の大倉堰を捨象して考えた場合、この名田注文の田地が開発可能であるかどうかが、大倉堰と称名寺の関連を考える上で最大の問題となろう。しかし、大倉郷の郷域を確定することが不可能であるため、名田が散在していた可能性を考慮すれば、六町あまりの田地が、東部保育園周辺の大倉郷の中間地帯に集中してあったと断定することはできない。

称名寺と大倉堰の関係については結論のでないままであったとしても、近世以前の大倉堰による中心的な開発域が、石村郷や南郷でみたごとく豊野町内の大河川の氾濫原面とは、河岸段丘で画された中間地帯に立地していたという可能性を指摘することができる。

注

（1）嶋津久長譲状、島津家文書『信濃史料』五巻三三頁

（2）井原今朝男「中世村落の形成」『長野県史』通史編第二巻、中世一、第六章二節、一九八六年、同「太田荘南郷・石村郷

の調査について」『信濃国太田荘調査報告書』（I）豊野町教育委員会、一九九四年
（3）井原今朝男前掲注（2）『信濃国太田荘調査報告書』（I）
（4）嘉元三年一一月一一日、薄葉景光請文、島津家文書『信濃史料』四巻五二三頁
（5）前掲注（3）
（6）延慶三年正月二二日、将軍守邦親王寄進状案、金沢文庫文書『神奈川県史』資料編2 No.一七七四
（7）寛文四年四月、長沼領宛松平忠倶水内郡芋川村等新堰開削約定書、長野市豊野石区有文書『長野県史』資料編近世、北信編①四七四四頁

第五章　荘園公領制成立期の開発

―春近領の成立と支配―

信濃における春近領の起源をめぐっては、稲垣泰彦氏が、「平安時代に禁裏の御服料にあてる布を出した国衙領」であるとし、平家没官領を経て、本所を幕府とする関東御領であったと指摘されて以来、公領という見解で定着してきた(1)。しかしなお、鎌倉期から中世を通じてはその存在形態は不明確な部分が多い。特に国衙領としての側面をもつ所領が、中世成立期の荘園公領制の編成期にいかにしてその内部に組み込まれるかは、国ごとにその事情が異なる(2)。信濃において春近領をはじめとした公領が、この時期の荘園公領制編成原理の中にどのように取り込まれていくのかは、いまだ総論としては論及されていない。

本稿はこうした大きな課題に迫るための準備作業として、当時の信濃の国衙を取り巻く勢力の中でも、国府の近隣に存在した春近領の開発勢力と、その後の動向を検討することにより、荘園公領制成立期の信濃が置かれていた状況の一端について分析したい。

信濃の春近領は、奥春近（埴科郡舟山郷、高井郡志久見郷）・近府春近（塩尻東西郷、島立郷、小池郷、新村南郷、二子郷）・伊那春近（小井弖二吉郷、赤須郷、飯島郷、片切郷、田島郷、名子郷）の三つの群から成っていたことが知られている。本稿で取り上げるのは、このうち近府春近といわれた地域のうちの、島立郷と新村南郷である。考察のきっかけとなったのは、松本市教育委員会で行った新村郷域の発掘調査と、長野県埋蔵文化財センターで行った島立郷域の発掘調査結果であり、考古学の調査成果から示唆された部分が大きい。

一　春近領新村郷域の発掘成果からみた開発期の様相

平成一三年夏に、信濃春近領の一つである新村郷の遺称地において、学校法人松商学園の委託を受け、市教育委員会によって松本大学の建設に伴う発掘調査が行われた(3)。

新村郷の一帯は、古くから埋蔵文化財の包蔵地として知られ、信濃国府の近隣にあって広範囲の条里的遺構の残る地域として注目されていた地点でもある。対象となった新村遺跡は、梓川による扇状地に形成された右岸の四面からなる段丘面の最下面に位置し、現梓川の氾濫原面でもある。河川の首振りや洪水による被害を受けやすく、流路が網の目状に変化していた痕跡があるが、近年の構造改善による表土の移動などにより、詳細は不明である。一五世紀の住居址にも洪水被害のみられるものもあるが、一一世紀から一五世紀にかけては相対的な安定期にあったという。遺跡の北東約一・七キロの地点には、古梓川の河道であったといわれる榑木川が西流する。榑木川は、現在は用水堰として安定した流れとなっているが、本来は梓川の本流であったといわれ、松本城下町の建設にともなって、城下への河川被害の直撃をさけるために、武田信玄によって梓川の流路が現在の位置に付け替えられ、旧河道の名残が榑木川として残ったとの伝承をもつ。榑木川の流路付近と新村遺跡の載る地表面とは、完新世の段丘崖によって画されている。梓川の流路の変動は、おそらく一五世紀をさかのぼる時点に起こったものと推定されるが、中世には旧河道としての榑木川の水流が、ときに氾濫を引き起こす規模であったものと推定される。

発掘対象となった新村地区に隣接する島立地区も中世には春近領としてみえ、また新村地区同様条里的遺構が展開する。しかし、双方の条里は、隣接しながらも開発軸が異なり、連続性がみられない。両地区の開発の経緯については種々の論議がある地点でもある。(4)

信濃国府周辺の平安期の開発は、推定国府所在地にあたる奈良井川東岸の薄川・女鳥羽川の扇状地の一帯が古く、正倉院に残る麻布の墨書などからも八世紀以来、『和名抄』記載の山家郷の一帯は、物部氏の拠点であったことが知られている。この開発は、八世紀後半の段階で頭打ちとなり、新たに奈良井川の西岸域にあたる大井郷・蘇我郷の周辺域に開発の進展がみられてくる。(5)ことに信濃国内の初期荘園として知られる大納言藤原冬緒家領草茂荘については、墨書土器や遺構から荘政所が奈良井川西岸域の下神林の地に比定されており、蘇我郷の一帯に九世紀後半の段階で有力な集落が形成されていたことが判明している。また、同じ時期に草茂荘の近隣には、「長良私印」銘をもつ銅印を伴出する三間沢川左岸遺跡が存在し、『和名抄』記載の大井郷の郷域と考えられている。(6)このように九世紀後半に奈良井川西岸域の初期荘園の開発はピークを迎えるが、これらの集落はその後に継続せず、多くの初期荘園と同様の運命をたどる。

先の新村郷に隣接する島立郷は、昭和六一年の長野県埋蔵文化財センターによる中央道長野線の建設にともなう発掘調査の中で、開発の開始が八世紀前半にあたることが判明した。しかし同時期には、条里的遺構の内部で集落遺跡の発掘が目立ち、水田域としての本格的な再開発は、計画的な水路の開発をともなって、その後の一一世紀段階にいたってなされたことが検証された。これによって従来奈良時代以来の条里遺構かと考えられてきた一帯の景観は、一一世紀段階の再開発によって形成されたものであったことが判明した。(7)さらに島立郷の開発の主導者は、古墳の築造年代としてはかなり遅い八世紀まで、郷域の水系の上流域にあたる新村地区に、秋葉原古墳・安塚古墳などの横穴式石室をもつ古墳を築き、埋葬されていた。初期の開発段階における関係をみると、新村地区は島立地区の葬送地としての認識にとどまり、開発の触手は新村地区まで伸びていない[8]。

県埋蔵文化財センターの調査によれば、両地区は平安時代の比較的早い段階から河川災害の被害を受けにくい安定離水域となっており、堆積土が薄いことから、善光寺平のように各時代ごとの水田面が検出できる状態にない。そのため、水田域の耕作は、一帯の再開発後の早い段階から継続して行われており、表面の状態から条里的遺構と認識されてきた。島立地区の一一世紀段階の再開発が、発掘成果によって立証されて以後、双方の地区が連続した地表面上での開発であったことから、両地区の開発の関連性が検討されてきた。今回の発掘で新村地区における開発も島立地区の再開発と同時期に比定されることが判明したことから、同一勢力による開発の可能性を想定したいところであるが、それには大きな問題がある。

図1は、昭和五〇年代に行われた島立地区と、新村地区の圃場整備以前の地字と水利について、島立地区に在住する郷土史家浅田周一氏が復元したものである[9]。島立地区の基幹用水は、梓川を水源とする栗林堰であり、新村地区の北辺を東流しながら新村地区を回り込み、新村地区に分流を出さないまま島立地区に通水する。一方、新村地区では、同じく梓川を水源とする新村堰で導水し、地区内を灌漑した後、排水を南栗林堰に集めて奈良井川に落とすが、南栗林堰から島立地区には分水していない。双方は全く用水を異にし、これが交わることがない。両地区の境界から島立地区に向けては、「一ツ長」「二ツ長」「三ツ長」などの、坪付表示の名残と考えられる小字地名が断片的に残り、島立地区の条里的遺構がこの地点から始まったと考えられる。

新村地区の発掘調査が行われたのは、条里的遺構の中央部にあたり地字阿弥陀堂から中条にかけての一帯で、堂沢（道沢）川を軸としながら、縦横に伸ばした一一世紀段階の計画的開発溝が検出されている[10]（図2）。また、発掘地点の中央から南西寄りのD区の地点には、この溝と同時期に存在したと推定される、松本平で最大級の建物跡の遺構が

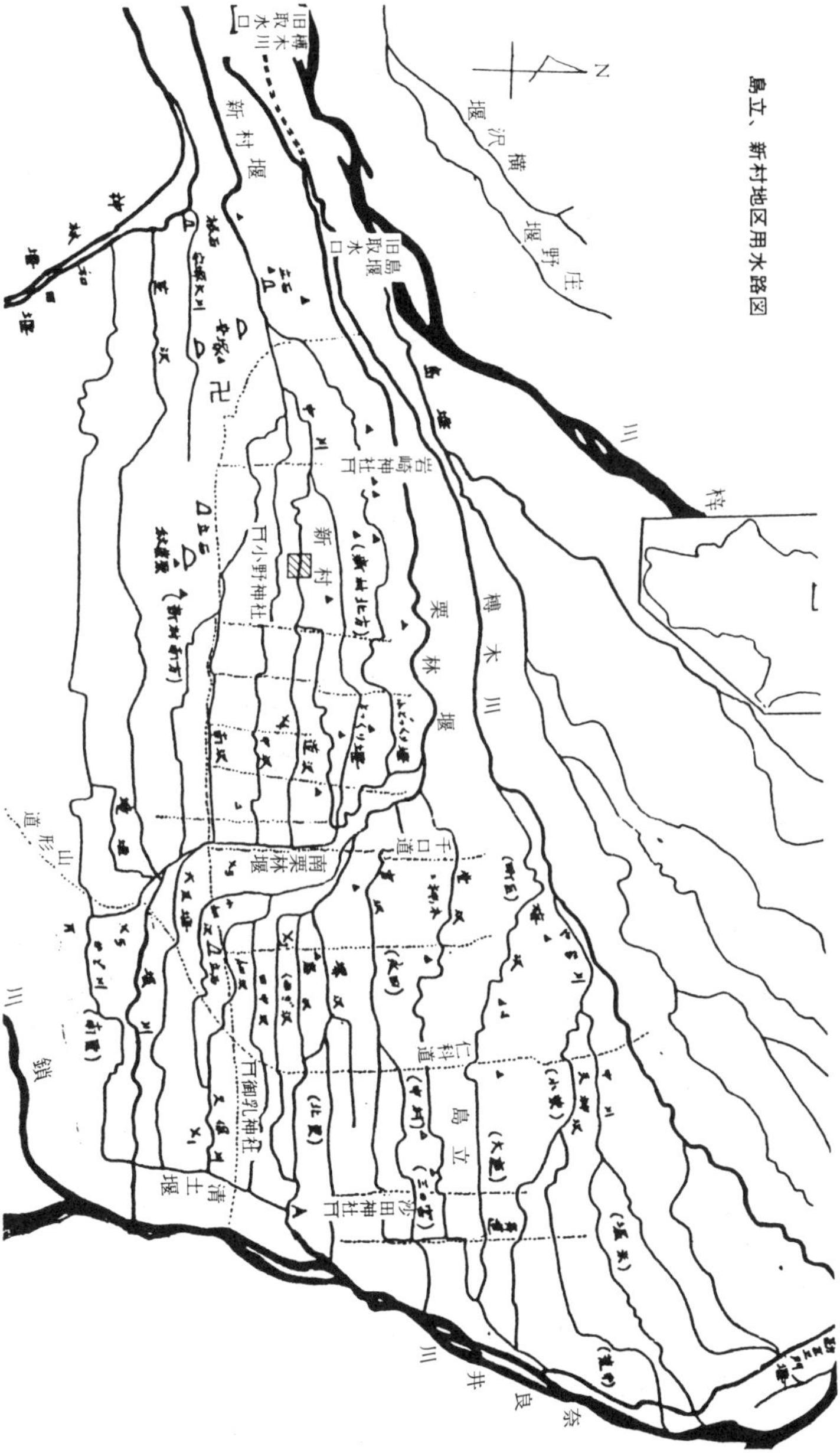

図1　島立、新村地区用水路図（浅田周一『嶋立の近世資料を見る』より）

検出されており、初期の開発段階では新村地区に検出されなかったような大きな勢力が、一帯の開発を主導した可能性がある。このように考えると、双方の開発は全く異なる勢力によってなされたことが予想されるが、これにも大きな問題がある。

新村地区の北側、栗林堰寄りの地字訳口《わけくち》下からやや北東の栗林用水沿いの地点には下新・北新・上新の新村地区近世村三か村の祭神である岩崎神社がある。古くから梓川の水鎮めの神として守り神と考えられてきたが、明治八年の『長野県町村誌』によれば、「当社岩崎大明神ハ諏訪大明神ト同体ナリ」とあり、新村地区の産土神であり、諏訪社と同じ健御名方命を祭っていた(11)。岩崎神社では毎年六月一五日の祭日に、川干しの神事が行われていた。岩崎神社の神事で川干しを行うのは栗林堰か榑木川と決まっており、これに対して栗林堰を主水源とする近世の島立組の村々から江戸時代の正徳二年（一七一二）に訴状が出されている。「一、六月十五日北新三ヶ村祭礼ニ付、先年より河干し仕来候由ニ而、年々栗林堰用水被干至極難儀仕リ候」とあり、栗林堰を使った川干し神事により、栗林堰流末の村々が難儀している旨を訴えている。双方村役人立ち会いにより和議がなり、栗林堰の川干しは六月一五日暁六ツ時より五ツ時を限り、

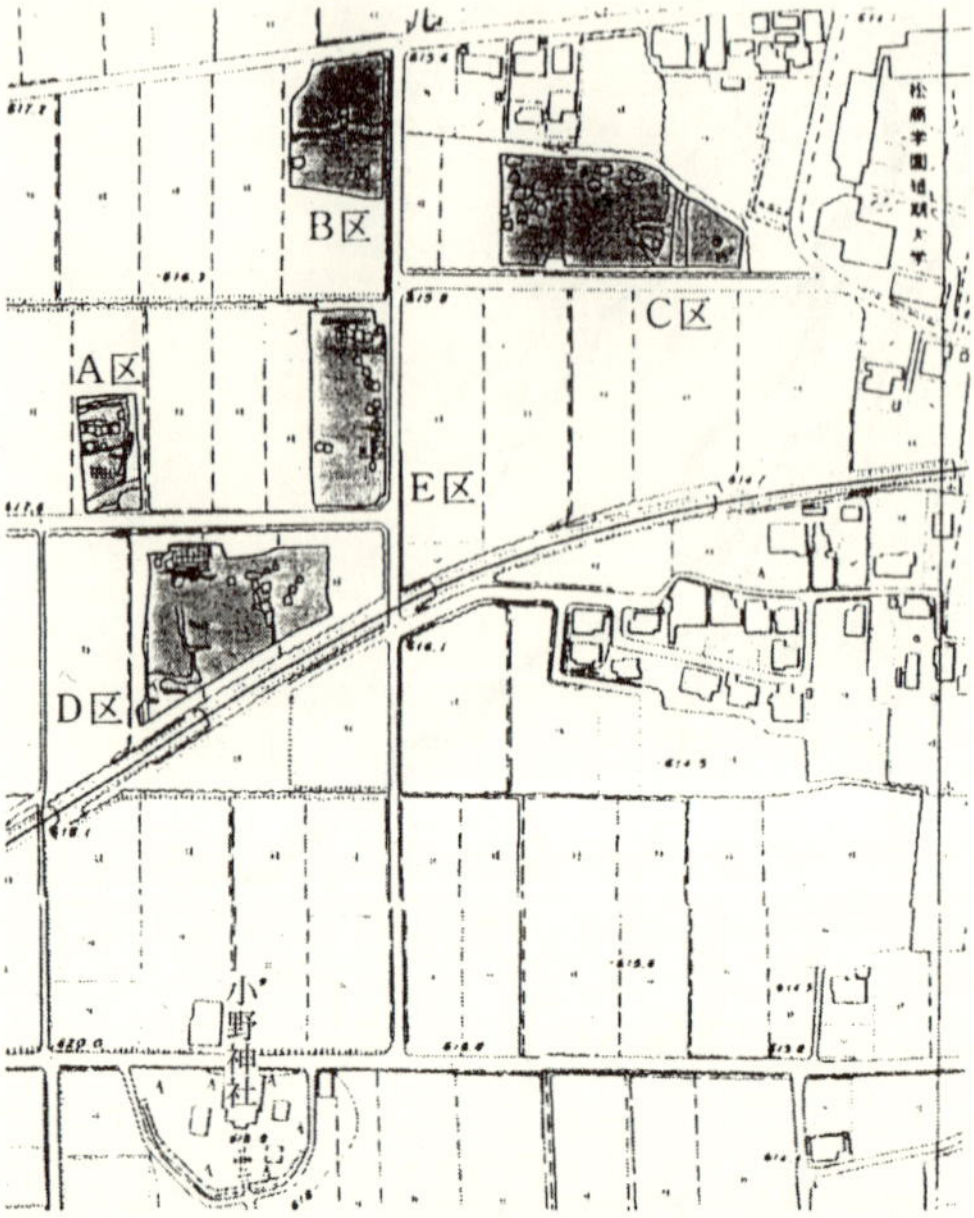

図2　新村地区の発掘調査地（松本市教育委員会『新村遺跡』発掘調査報告書、2002年より）

四ツ時までに新村地区三か村の人足により元通り取り繕って通水を行うことが確認された。[12] 島立側では川干し神事の時間の短縮と、川干し後の速やかな通水を求めており、栗林堰を使った神事そのものについては否定的立場をとっていない。初期の開発段階での島立地区に対する新村地区の従属的な関係は、この神事をめぐっては完全に解消された形といえよう。この理由は、諏訪社に対する島立地区の対応に求められる。

島立地区の条里的遺構の末部にあたる地点には、三宮沙田神社があり、島立地区の祭神となっている。沙田神社では、古くから諏訪社の神事である御柱が行われており、天明三年（一七八三）に信濃を旅した菅江真澄の紀行文「委寧乃中道」には、真澄が見聞した沙田神社の建御柱の様子が挿絵で描かれている。[13] 御柱の年には、山から柱材を伐り出し、里曳きから建御柱まで盛大に行われる。さらに島立地区の北栗林にある御乳《おち》神社も諏訪の系譜を色濃く残し、現在も薙鎌などを伝来している。

こうした新村・島立地区における諏訪社の分布と、神事の濃厚な残存は、両地区の重要な共通項でもある。新村地区には岩崎神社のほかに、発掘調査地点の計画的開発溝の南側への延長上に小野神社が位置する。新村地区の小野神社は『長野県町村誌』によれば、現在も御柱神事を継続する塩尻市小野にある小野神社の末社で、諏訪社と同じ健御名方命を祭神としている。こう考えると平安末期の安定離水域の四隅を諏訪社系の神社で占めていることとなる。さらにいうと、新村地区の岩崎・小野の両社は、本来的な諏訪社の系譜を強く引く神社として存在するのに対して、島立地区の沙田神社と御乳神社は、越智氏の勢力によって勧請されたと伝えられ、古代の大伴氏の系譜を引く勢力が八世紀の島立地区に入っていたものと考えられている。[14] 奈良井川東岸域の開発の行き詰まりにより、旧山家郷域の集団が新たに開発地を求めて入部してきた可能性もあろうか。発掘成果にみられる島立地区の先行的な開発は、こうした古代の越智・大伴系の力によってなされたとも推測され、九世紀にかけてこの地域一帯を占めていた力の根源を示す伝承となっている。

三の宮であった沙田神社のように、式内社としての性格を中途で転身した神社に比べると、新村地区の岩崎・小野の両社は、諏訪の影響力が濃厚であり、双方の地区の開発勢力と、両地区にまたがる諏訪社の存在には何らかの関連があったことを想定できる。

二　国府周辺域の公領と荘園開発

島立・新村地区とは奈良井川をはさんで対岸にある薄川・女鳥羽川の扇状地上には、古代の信濃国府があった。発掘成果などによる比定地の確定にはいたっていないが、奈良井川東岸域の開発は古く、特に薄川扇状地上には古墳時代以来多くの集落が検出されてきた。

信濃における荘園の成立は、鳥羽・白河院政期にピークを迎えるとされるが、[15] 古代末期から中世にかけて、国府周辺に成立する荘園は、貞観一四年（八七二）の貞観寺田地目録にみられる大野荘（現在の波田町から安曇村にかけて）、仁和三年（八八七）に大納言藤原冬緒家領として現れる草茂荘（現在の松本市神林付近）などの初期荘園と、八条院領捧荘（松本駅周辺から波田町方面にかけて遺称地が分布）、蓮花王院領の洗馬荘（塩尻市洗馬周辺）・野原荘（南安曇郡三郷村）、長講堂領住吉荘（同前）などがあげられる。いずれの荘園も奈良井川の西岸域に成立していることが特徴的である。初期荘園は九世紀の後半には退転するが、捧荘・野原荘・洗馬荘などの院政期に成立した荘園は、その後の鎌倉期に作成された諏訪社の嘉暦の頭役状（守矢文書）にも継続している。諏訪社の頭役を示す史料類に現れる国内の荘園公領の様相は、信濃の国御家人を媒介とした、荘園公領制成立後の荘郷の状況の一端を示すものとしてとらえることができる。在庁官人層による別名の開発が、古くからの開発域を対象としていたのに比べ、平安期における中央官衙や大規模権門による開発は、従来の開発可能地から離れた新規地域の開発を意図していたと考えられる。

信濃における在庁官人制の成立は、一一世紀初頭には本格化していたものと考えられ、現在の松本市内では奈良井川東岸の城山丘陵から女鳥羽川扇状地の扇端部にかけての一帯に比定される宮渕郷では、在庁官人高向朝臣弘信の寄進による、長保三年（一〇〇一）の鰐口が出土しており、在庁官人層による国府周辺域の開発と定着が、この頃には一定程度の進展がみられたことを示していよう[16]。近府春近領とされる島立・新村南・塩尻西条も、奈良井川西岸域の奈良井川・梓川・鎖川の複合扇状地によって形成される氾濫原面にあたり、中央官衙や大規模権門による開発として行われたことの現れであろう。奈良井川東岸域における別名的開発と、西岸域の中世的な荘園開発はほぼ同じ時期に進行していた。

三　春近領と平氏勢力

井原今朝男氏は、中世の川中島平における開発を、大きく二つに分けて、大河川の千曲川と犀川にはさまれた複合沖積扇状地と、小河川の裾花川・湯福川・浅川などによって形成された山麓線沿いの複合扇状地に分け、大河川による洪水被害の頻発した前者と、中小河川の押し出しや地滑り災害の多い後者のうち、洪水被害の多い前者には伊勢御厨の成立が、後者には公領や権門領荘園の成立がみられると分類している。特に洪水被害の多い前者を御厨として開発した主体として、伊勢神宮による開発資本に注目し、これを実質的に主導した勢力として、平安期の信濃国司であった平正弘など伊勢平氏の勢力があったことを指摘している[17]。当時の地形環境と開発勢力の関連については、従来あまり重視されてこなかったが、河川や三角州などの氾濫原の開発や、洪水災害からの復興に伊勢平氏がかかわる事例が指摘されていることは注目される。

信濃春近領は文治二年（一一八六）六月に、後白河法皇から源頼朝に郡戸荘とともに年貢の進済が命じられたときに初めて現れる。(18)このとき郡戸荘・春近領年貢について、「先々以彼年貢、被用御服」として、年貢の進済が命じられているが、郡戸荘は、同年の後白河法皇から源頼朝に宛てられた乃貢未済荘々注文によれば「殿下　郡戸庄」とあり、摂関家領としてみえる。(19)同注文は、この当時の私領荘園について書き上げたものであり、この中には本来国衙支配の外部に位置づけられている所領が書き上げられている。基本的には京都の権門や中央官衙の所領であるが、中に諏訪上下社領であった黒河内・藤沢について、「無庄号字之由、今度尋捜之処、新為諏方上下社領、仍不随国衙進止」とあるように、年貢の収納について国衙の進止外にあることを理由として、頼朝に催促が命じられている所領もある。(20)当然ここには、国衙の進止下にあるであろう春近領はみえない。ところが、この注文にはない春近領については別個に後白河法皇から頼朝に対して催促が命じられているのである。

これ以前に、信濃国は、寿永二年（一一八三）一〇月二三日に後白河法皇から木曾義仲に上野国とともに知行国として与えられ、翌年正月に義仲が戦死すると、文治元年（一一八五）八月一六日には、頼朝の知行国となっていた。国司として加々美遠光が任じられるが、国務は目代の比企能員が行い、同時に比企氏は信濃守護もかねる立場にあった。(21)本来国衙の進止下にあるであろう公領の中から、後白河法皇があえて春近年貢の催促を命じているのは、頼朝から加々美遠光・比企能員を通じて年貢催促を行いうる経路が存在していることを示す。

春近領が源頼朝のもとに入った理由については、平家没官領であった可能性が考えられることを、稲垣泰彦氏が指摘しているが、特に伊那春近と奥春近の所領については、平安期以来平氏勢力の伸展がみられた。伊那春近の小井弖二吉郷に近接する宮田村は、保延二年（一一三六）の宮田村司平家基解状（『知信記』裏文書）によれば、「御布所」となっており、平姓の村司がいたことが知られている。宮脇正実氏は、平治の乱を境に源氏の片桐氏が所領としていた大田切川以北の所領域に、平氏の勢力が進出し、大田切川の一帯は伊那春近領も含めて平氏の拠点となったという。(22)信濃国内の春近領のうち、奥春近の志久見郷地頭職は建仁三年（一二〇三）に中野能成に安堵されているが、(23)それに先立つ嘉応二年（一一七〇）に某下文によって、能成の父と推定される「侍助広」に安堵されていること、同文書の端裏書に「これはへいけの御下文」とあることから、奥・伊那春近領には平氏勢力が入っていたことがわかる。(24)残念ながら国府周辺の近府春近に平家勢力が入り込んでいたことを示す史料はない。正安二年（一三〇〇）の鎌倉幕府下知状によれば、国内の春近領は総じて地頭請所となっており、段別二〇〇文で請け負うという取り決めが、永仁三年（一二九五）の段階で、近府・伊那の春近領ですでになされており、このとき奥春近でも、近府・伊那の例に準じて請料段別二〇〇文が命じられている。(25)近府春近について、鎌倉期に具体的な郷地頭の所在が示された史料は、今のところみあたらないが、これは国府近隣の所領であることが大きく影響しているためと考えられる。奥・伊那の春近領の郷地頭職にみられる市河氏・小井弓氏はともに、北条得宗家の被官としてみえる一方で、鎌倉末期の国府周辺では、捧荘は陸奥左近大夫将監北条英時、浅間郷は普恩寺入道北条基時が地頭職をもち、諏訪社の頭役を勤仕していることが、嘉暦四年の諏訪社の頭役状にみえるなど、鎌倉中期以降の国府周辺域の荘郷への北条氏の勢力の伸張はめざましい。(26)しかし北信濃や東信濃への北条氏の進出に比べ、国府周辺への進出は遅れていた。

この理由を探るたすけと考えられる史料がある。建久二年（一一九一）の前右大将家政所下文によれば、諏訪下社領であった塩尻西条の所当物を捧紀五近永が弁済せず、百姓・資財物を掠め取ったことが、諏訪社の祝四郎大夫盛次によって訴えられている。(27)塩尻郷は貞治五年の小笠原長基寄進状によれば、塩尻郷内東条を諏訪下社に寄進することがみえており、(28)その後も南北朝・室町期を通じて「塩尻東西」とあることから、東条、西条に分かれていたことがわかる。捧紀五近永は、姓からみて隣接する八条院領捧荘を本拠とする御家人であった可能性も考えられるが、実名は不明である。しかし、鎌倉期の丹波国守護代の捧氏や相模国御家人としてみえる捧氏が、北条氏の被官人として現れることから考えると、(29)塩尻郷を違乱した捧紀五近永も北条氏の被官であった可能性があり、鎌倉期の早い段階で、北条氏の勢力が塩尻郷の近隣に及んでいた可能性を示す史料といえよう。

ただし、この史料については、建久二年段階での作成であったかどうかについて、若干の疑問がないわけではない。この点はすでに黒川高明氏が疑問を示されており、(30)また佐藤秀成氏による将軍家政所下文の分類をみても、職の観念の変化の中で、宛所が「在地住人充所型」から「受給者充所型」へという大枠の変化に一致せず、捧紀五近永という受給者が示されている点でも他の政所下文の形態とは異なることが指摘されている。(31)

問題は、捧紀五近永の実態が不明な点にあるが、塩尻西条の地は、同史料以外では小笠原長基から諏訪社に寄進されるまで、その帰属は不明であった。可能性としては、鎌倉期の信濃国府を押さえていた北条氏の支配下にあったと考えるのが妥当であろう。とすれば、建久年間の政所下文段階で諏訪社が塩尻西条を所領として主張した根拠はどこにあるのであろうか。ここに鎌倉幕府の成立以前、平安期以来の諏訪社と塩尻西条との関連を想定できるのではなかろうか。それは、春近領の一つである塩尻西条と諏訪社との関連であり、春近領と諏訪社との関連であろう。鎌倉幕府の成立によって信濃が頼朝の知行国となる以前に、近府春近の所領がどのような勢力のもとに収容されていたのかが問題である。

捧紀五近永が居住していたと考えられている捧荘は、鎌倉期の初頭には頼朝のもとで六人受領の一人といわれた大内惟義が、関わりをもっていたことが、諸尊道場観集紙背文書の法橋隆□書状から知られている。(32)大内氏はもと甲斐源氏で、平安期に佐久平賀郷に進出した平賀源氏の一族である。建保年間（一二一三〜一九）と推定される同書状によれば、大内惟義に宛てて蓮花心院修理のための絹障子三枚の調達が命じられている。この頃大内惟義は、伊賀・伊勢・丹波・摂津・美濃・越前の六か国の守護職を兼帯していたが、信濃については、信濃守または守護という立場にはない。しかし、大内惟義をはじめとする平賀氏系の源氏勢力の信濃の国府周辺域への関わりが、鎌倉初期というより平安末期の段階から想定できることは、本郷和人氏の指摘するとおりである(33)。すでに木曾義仲の挙兵の段階で、国府の周辺域は源氏の強い制圧下にあったであろうことは、木曾を発った義仲の初戦が国府を通り過ぎて、麻績御厨の十日市場で行われていることに示されている。この段階で御厨が信濃の平氏勢力の拠点であったことが明白であり、これに反して国府の周辺は木曾義仲とは異なる源氏勢力の拠点となっていたものと推定される。

捧荘の大内氏にみられるような源氏勢力の国府周辺域への入部は、治承四年（一一八〇）段階で以仁王の令旨が伝えられた信濃国内の武士として示されている。捧荘の大内惟義、国府近隣の岡田郷に岡田冠者親義、佐久平賀郷の平賀冠者盛義、木曾の木曾義仲がみられ、義仲以外は平賀氏系の清和源氏の出身である。平安時代の末期の段階で信濃国府に拠点を張った平賀氏系信濃源氏のうちでもことに大内惟義は源平の争乱にあっては、平氏勢力の拠点でもあった伊賀国の総追捕使としても活躍している。しかし、惟義の子の惟信が承久の乱で後鳥羽上皇方となったことにより、信濃国内での力を失うと、替わって浅間郷・捧荘などの平賀源氏の拠点であった地域には、信濃守護となった北条氏の勢力が入り込む結果となった。国府周辺の公領と信濃守護としての北条氏との関係は、この段階にいたって始まるが、先の右大将家政所下文に示された北条家被官の捧氏と塩尻西条との関係は、この頃の状況を反映させて作成されたものと推定される。おそらく本来諏訪社との関わりをもっていた塩尻郷は、平安末期の段階でその関わりを断たれ、承久の乱以降北条氏の勢力下に入った時点で諏訪社との関係が復活したものと考えられる。この間の状況を先の史料は間接的に示すのではなかろうか。

塩尻西条をはじめとした春近領群と諏訪社の関連について以上のように推測すると、平安末期段階での国府周辺域に根を張った勢力と諏訪社の関係に、微妙な違いがみえてくる。承久の乱までの期間の塩尻西条が、実は諏訪社や北条氏とは別の勢力の支配下にあったために、この間をつなぐ文書として先の政所下文が重要となったのではないかと推測するが、これが、先にふれた大内惟義に代表される平賀源氏系の信濃源氏だったのではなかろうか。

四　源氏勢力と信濃国府

治承四年（一一八〇）、頼朝は甲斐源氏に命じて信濃平氏の追討の軍を差し向けた。このとき北条時政が、頼朝の命を受けて現地に向かい、甲斐源氏の指揮にあたっていた[34]。おそらく国府周辺を押さえていたと考えられる源氏勢力は、北条時政の指揮下に軍事行動を行っていたものと考えられるが、このとき時政は国衙周辺の旧来の在庁官人の組織化にも、信濃源氏を介することによって取りかかっていたのではなかろうか。

実は、信濃国府周辺への源氏勢力の影響は、頼朝の知行国を離れて以後の信濃でもみられる。文治二年の乃貢未済荘々注文によれば、国府比定地として有力視されている浅間郷にある平野社は、隣接する岡田村とともに、源氏の氏神である石清水八幡宮領の平野社の所領となっていた。平野社は、『民経記』紙背文書の神祇権大副兼衡書状によれば、承久二年（一二二〇）の造内裏役の賦課に際して、免除の申請を右中弁藤原頼資に依頼しており、神祇官の卜部兼衡の所領であった[35]。また、その二年後の貞応元年（一二二二）の大嘗会役の賦課に際しては、浅間社から平野社を経て、当時の大納言源通具に依頼して免除申請を行っている[36]。源通具は、父が久我通親で堀川を称し、平通盛の娘を妻として、後院別当にも任じられ、禁中院中を掌握したといわれる実力者である。このとき、源通具は平野社からの訴えを受けて、行事所に対して免除の御文の発行を依頼しており、浅間社および岡田村では、国司による譴責を強力に排除できる状況にあった(37)。

さらに承久二年の造内裏役の賦課に際しては、行事所から信濃国司に対して「荘園田数・支配員数・領家等」の注文の提出が求められているが、すでにこの段階で信濃の国衙には荘園ごとの田積を把握した大田文に近い田数帳が設けられていたものと考えられる。一国平均役の賦課基準となる田数の把握は、承久の乱以前の段階でなされていたことを示している。承久の乱以前の国衙機構の実質的な運営は、平安末期以来、継続的に国府周辺を押さえていた、源氏勢力の関与するところであった可能性が考えられる。

このときの信濃国司は不明であるが、こうした源氏の大納言による強い力が、国府の周辺に残されていることに注目したい。残念ながら承久の乱以前に大きな力をもったと思われる平賀氏系の源氏勢力は、鎌倉幕府成立期の活躍以降、史料から姿を消し、その動向を具体的に知ることはできない。しかし、鎌倉幕府の滅亡後、北条氏与党が各地に蜂起する信濃の国司として神祇伯家の白川資英が派遣され、その後清原真人、堀河光継など要人の派遣が続く。清原真人某が派遣された際には、浅間宿に着したという記事が、建武二年の市河助房軍忠状にみえる(38)。こうした国司は混乱する信濃国府に着到して、守護の小笠原貞宗、侍大将ともいえる村上信貞などが鼎立する中で、独自に軍事動員も行いうる国司として派遣されている。おそらく岡田村などに拠点をもつ源氏勢力の糾合をも目的とした人選だったのではなかろうか。

北条重時が信濃守護となって以後は、奥・伊那の春近領で得宗家被官による地頭職相論がみられるが、近府春近では動向が判明せず、南北朝期の貞和三年にいたって春近領半分として「塩尻・島立以下」が、足利尊氏から小笠原貞宗に宛行われている[39]。これ以後近府春近の所領は、信濃守護職に付随する所領であると考えられてきた。事実、小笠原氏が守護職に復するたびに将軍家から安堵がなされているが、小笠原氏が宛行われているのは、春近領総体のうち半分の得分であった。正平六年（一三五一）には足利義詮から前守護の上杉宮内大輔跡として、小笠原政長に「春近半分」が宛行われている[40]。折半された春近領の行方ははっきりしないが、貞治四年、塩尻郷の春近折衷分が小笠原長基から石清水八幡宮に寄進されており、春近領をめぐって石清水八幡宮との間に何らかの対立があった可能性が考えられる[41]。この段階まで源氏の勢力が残っていたと考えるには無理があるが、石清水八幡宮領を設定した推進力であったと考えたい。

国府近隣への平賀源氏の進出がなされた時期が、源義仲が挙兵する治承四年（一一八〇）以前であったとすれば、その契機としては、国府周辺域のどのような状況を想定できるのであろうか。源氏勢力が国府周辺域に入り込む以前の状況について、一つの示唆を与えてくれるのが春近領をはじめとする公領・荘園の開発である。

話は新村郷の開発に戻るが、一一世紀を境として、奈良井川西岸域に大きな開発が始められた時期に広域的開発を主導した勢力の一つとして、井原今朝男氏は伊勢平氏をあげていることはすでにふれた。井原氏は、平正弘の動向に注目し、信濃への進出を分析しており、保元の乱で左大臣藤原頼長、平忠貞とともに没収された平正弘の所領の中に、「信濃国四箇所　麻績御厨　公郷領参箇所　高田郷　市村郷　野原郷」があった[42]。その後源平争乱時に木曾義仲が平氏勢力と合戦した麻績十日市場や横田河原は、麻績御厨、富部御厨の領域に含まれ、正弘以後も御厨は平氏勢力の拠点となっていた。信濃の公領が正弘の所領に含まれているのは、信濃守への就任にもとづく公領の所領化とされ、国衙権力を利用して所領形成をはかっていたのではないかとされる[43]。

御厨についての位置づけが明確になったが、春近領についてはいかがであろうか。残念ながら詳しくはわからない。

井原氏は伊勢平氏が御厨開発を主導した契機として、鳥羽院近臣として台頭する平忠盛の家人平維綱の動向と、平正弘家領の拡大に注目する。また、この頃の平氏が伊勢平氏のみでなく、鎌倉期にも京方御家人として、京鎌倉を結んで活躍する越後平氏など、平氏政権のみに収斂されない平氏勢力が広く開発にかかわっていたことも指摘されている。信濃春近領が、関東御領となったことをもって治承・寿永の内乱によって没官された平家方所領であったと考えてしまいがちであるが、それ以前に源氏勢力の拡大の中で交替がなされた可能性も考えられる。

新村・島立の両郷についても、近府春近という、政治的な重要性から平賀氏系信濃源氏の掌握するところとなったのではなかろうか。両郷について、平氏から源氏へと交替があったと類推する根拠は、最初にふれた諏訪社の存在である。消極的な根拠であるが、鎌倉初期の段階で、特に頼朝による諏訪社の保護と連携は、一時的に強力になされたが(44)、その関係の継続を実質的に担ったのは北条氏であり、信濃源氏と諏訪社のつながりは濃厚ではない。反面、平安期には諏訪社が八条院領となっており、平頼盛の妻が八条院の乳母となり、頼盛は八条院の後見の立場にあった。実際諏訪社は、没官領として没収された後、寿永三年に池大納言家領として返付された中で、伊賀国六箇山と相博されており、平安期の平氏との関係は強固なものであった、という点である。新村郷・島立郷に残る諏訪社は、一一世紀段階の奈良井川西岸域の再開発にのりだした平氏勢力が勧請したものではなかっただろうか。

春近領を考察の契機としながら推論を重ねてきた。紆余曲折を経ながらも、春近領の開発が平氏勢力によるものでなければならない根拠を明確に示せたわけではない。

新村郷の発掘成果からみた場合、いまだに大きな問題が残っている。開発主体も開発時期も同じであるならば、隣接する島立郷となぜ一括で開発の対象とならなかったのか、という点である。充分な根拠もないままに可能性を挙げれば、両地区を主導した勢力が同一であったとして、完全に水利を異にした開田の方法は、在地住民側からの要請であったのかもしれない。八世紀以来開発の進行していた島立郷の住民集団は、新村郷域にかなり遅くまで古墳を築いて埋葬されている氏族を核としていた。そこに松本平で最大規模の建造物を設けうる勢力が入り、新村郷が開発された。一一世紀の段階で、両地域の住民集団の性格はかなり異なったものであったのかもしれない。

そしてもう一つの大きな問題は、春近領開発と平氏勢力の関連は、信濃以外にも敷衍することはできるのかという点である。この点については、考察しうる素材をもっていない。ただし、本稿のもととなったのが、考古学の発掘成果であり、水利と地名であった。歴史をさかのぼる上で、これらがいかに重要であるかを再確認しておきたい。

注

(1)　稲垣泰彦「春近領について」『日本中世社会史論』東京大学出版会、一九八一年
(2)　海老沢衷「九州における荘園公領制の形成と鎌倉幕府」『荘園公領制と中世村落』校倉書房、二〇〇〇年
(3)　松本市文化財緊急発掘調査報告書No.156『新村遺跡』松本市教育委員会、二〇〇二年
(4)　小穴喜一「松本市島立・新村両条里的遺構の開発経緯」『信濃』三七巻九号、一九八五年。小穴芳美「松本市島立条里的遺構の歴史的環境」同前
(5)　野村一寿「筑摩県の初期荘園」『松本市史研究』四号、一九九四年
(6)　『三間沢川左岸遺跡（I）』平安時代集落址の緊急発掘調査概報、松本市教育委員会、一九八七年
(7)　『中央道長野線埋蔵文化財発掘調査報告書九　三の宮遺跡』（財）長野県埋蔵文化財センター、一九九〇年
(8)　松本市文化財調査報告書No.26『松本市新村秋葉原遺跡』松本市教育委員会、一九八三年
(9)　浅田周一『嶋立の近世資料をみる』私家版、一九九三年
(10)　前掲注（3）書

(11)『長野県町村誌』中南信編、郷土出版社、一九八五年復刻
(12)前掲注（9）書所収、松本市島立竹内和夫家文書
(13)新編『信濃史料叢書』一〇巻「委寧乃中道」
(14)『長野県の地名』日本歴史地名体系、平凡社、一九七九年
(15)『長野県史』通史編　第一巻　原始古代、一九八九年
(16)『松本市史』歴史編Ⅰ　原始・古代・中世、一九九六年
(17)井原今朝男「中世善光寺平の災害と開発」『国立歴史民俗博物館研究報告』九六集、二〇〇二年
(18)『吾妻鏡』文治二年六月九日条『信濃史料』三巻三八五頁
(19)『吾妻鏡』文治二年二月『信濃史料』三巻三七九頁
(20)井原今朝男「諏訪社領に関する源頼朝下文について」『諏訪市史研究』五号、一九九三年
(21)『長野県史』通史編　第二巻　中世Ⅰ、一九八六年
(22)宮脇正実「中世小井弖二吉郷の館と開発」『信濃』五四巻三号、二〇〇二年
(23)建仁三年九月二三日、鎌倉幕府下知状、市河文書『信濃史料』三巻五〇一頁
(24)稲垣泰彦前掲注（1）論文。黒坂周平「武家政権への歩み」『長野県史』通史編　第二巻　中世一、第一章
(25)正安二年、鎌倉幕府下知状、市河文書『信濃史料』四巻四九八頁
(26)嘉暦四年、鎌倉幕府下知状案、守矢文書『信濃史料』五巻七〇頁
(27)建久二年前右大将家政所下文、諏訪大社下社文書『信濃史料』三巻四二三頁
(28)貞治五年二月九日、小笠原長基寄進状、諏訪大社下社文書『信濃史料』六巻四六〇頁
(29)『新編埼玉県史』通史編2中世、第一章第四節「得宗専制時代の武蔵武士」一九八八年
(30)黒川高明『源頼朝文書の研究』吉川弘文館、一九八八年
(31)佐藤秀成「将軍家下文に関する一考察」『鎌倉時代の政治と経済』鎌倉遺文研究会編、一九九九年

(32)『醍醐寺文化財研究所研究紀要』第六・七号、一九八四・八五年
(33)本郷和人「信濃源氏平賀氏・大内氏について」『松本市史研究』一〇号、二〇〇〇年
(34)『吾妻鏡』治承四年九月八日条『信濃史料』三巻六〇頁
(35)神祇権大副兼衡書状、国立歴史民俗博物館所蔵広橋家文書『松本市史』歴史編I巻末付録
(36)大納言某書状、同前、広橋家文書
(37)井原今朝男「信濃国小川荘に賦課された国衙年貢について」『市誌研究ながの』二号、一九九五年
(38)建武二年一〇月日、市河倫房同助保着到状、市河文書『信濃史料』五巻二九三頁
(39)貞和三年九月二〇日、足利尊氏下文、小笠原文書『信濃史料』五巻五五四頁
(40)正平六年一二月二三日、足利義詮下文、小笠原文書『信濃史料』六巻一一五頁
(41)貞治四年一一月六日、小笠原長基寄進状、石清水文書『信濃史料』六巻四五一頁
(42)『兵範記』保元二年三月二五日条『信濃史料』三巻一〇頁
(43)井原今朝男前掲注(20)論文
(44)井原今朝男前掲注(17)論文

第二部　荘園制的収取体系の地域的展開

第六章　荘園制の転換

―中世後期荘園の収納形態―

一　中世後期荘園における名主身分の創出

中世後期の荘園制について久留島典子氏は、勝俣鎮雄氏の村町制概念の有効性を前提とした上で再検討を加える。成立論から荘園制の本質を説く川端新・高橋一樹氏(1)による立荘論の中で、荘園制は国制レベルでの領有権分配の構造として展開するという理解に対し、現地支配・収取実現を支える荘園現地での収取システムについて捕捉しきれないことを指摘し、村町制を準備する中世後期の「村請制」の再検討の必要を指摘する(2)。

第一部で検討した信濃国太田荘にみられる東国荘園の様相は、領有論からみた荘園制としてはおそらく、旧来どおり在地武士の侵食をうけて衰退する荘園制の構図を想定することも可能となる側面も有している。しかし、最低限、領主職の伝領が室町期にいたっても東福寺海蔵院になされ、年貢納入も継続されていることをみれば、井原今朝男氏の指摘する再版荘園制そのものである(3)。

問題は、西国の荘園制論と東国の荘園制論と、特に中世後期に時代を区切ってみた場合、双方の再編成の様相に本質的な差異があるのか、という点である。久留島が西国荘園で注目する地下の人々の村への帰属性の明確化(4)という事態に現される「地域」と、それを構成する集団の再編の中に、地域社会を基盤とした中世後期荘園制の「安定」が準備されていく経過に注目したい。

畿内近国の荘園における収取体系については、名体制と名主職に対する理解を明確にする必要があろう。名を徴税単位ととらえるか、経営体と認識するかは収取体系の本質にかかわる問題であるが、中世後期の荘園制に関する研究史の中でとらえる場合、「職の分化」によって現れると考えられる名主職と作職が、収取体系上にいかなる相互規定性を有するかが問題となる。名の解体にともなって名主職は得分権として売買対象となり、新たに小経営の確立に裏づけられた作職が現れると理解する永原慶二氏に対して、小経営による作職の保有は中世前期以来のものであり、名主職とは別個のものであるとする稲垣泰彦氏の見解は、旧名の解体とその後の収取体系の変遷を考える上で大きな影響を及ぼしてきた(5)。

一方で一九八〇年代以降の名研究は、名を基本的には徴税単位と位置づけながらも、現地調査や荘園の景観復元をもとに、名が開発と生産の場としての性格をも有し(6)、さらに名主一族の経営が相互の扶助関係によって成り立ち、小百姓層の勧農や再生産を支援する体制にあったとする見解が出されている(7)。

これまで南北朝期の畿内近国の荘園では、かつての旧名と呼ばれる大規模な名が解体して、農民的土地所有にもとづいた小規模名が独立すると、名主職は生産力の発展にともなって加地子得分権を分出し、年貢徴収の基本となる名主職は、作職と名主加地子得分としての名主職に分化する、と規定されてきた(8)。これに対して中世後期の名に対しては、分解した名の徴収組織を再編する形で公事や夫役を取りまとめる当名主制が編み出され、名請人としての当名主がその徴収責任を負うという形が、南北朝期以降の荘園の中でみられるとする見解が共有されるようになっている(9)。

ところで、南北朝期の農民闘争史研究の中では、南北朝期の旧名の解体は小農民層の自立をもたらし、その後の荘家の一揆につながる農民闘争の基盤となったと考えられてきた。佐藤和彦氏がもっとも力を入れて描き続けた農民層のイメージは、旧名支配から独立し、自立して領主の支配に抗する農民層であり、同様に社会の桎梏から解き放たれて、旧来の諸権力に抗しようとする新勢力であった(10)。歴史の変革主体としての民衆を重視する佐藤氏は、南北朝期以降、荘園領主に対して年貢の減免を求める荘家の一揆で、農民側を主導して領主との交渉にあたる名主層の活躍に注目し、荘家の一揆の繰り返しにより成長を遂げた名主層により、より広域的な国一揆や徳政一揆が準備されていくという見通しを示した。しかし、佐藤氏が描く名主層のイメージの中には、減免闘争の中核としての立場が明確でありながら、村の主導者としての位置づけを明確にできないうらみがあった。結果、荘家の一揆に集った惣的な結合は、上層名主への領主方の懐柔策により分断されるという、自縄自縛的な一揆評価に苦しめられていた点も否めない。

しかし一方、旧名の解体と時を同じくして、西国の荘園にあっては年貢・諸役の村請の実現を可能とするような惣村の萌芽が現れ、室町・戦国期の本格的な年貢の村請制を準備するとするならば(11)、西国の荘園における名主職の再編成は、新たな名主身分の創出と、その村落への定着の過程として現れるということもできよう。

先にみた東国の自立的小領主、信濃島津氏が小領主連合の族的結合によって領域内の勧農も含めた支配を展開している様子と比較して、西国では荘園領主から移譲された講田や免分を保有する名主身分層を軸とした荘園村落内身分による村請の体制が作られる。播磨国矢野荘の荘家の一揆で有名になった、惣結合の寄合「十三日講」は、荘鎮守である大僻神社で、百姓申状をまとめ、連署起請文を作成して一揆する場であった(12)。しかし一方で、日常的な講の場では、名田の点定や闕所に伴う公事負担の分配や、井堰管理等の勧農にともなう話し合いの場として機能するものでもあった(13)。

矢野荘では旧名の解体が指摘される反面(14)、東寺による荘支配の進展の中で、貞和元年（一三四五）に新たな名体制のもと、各名田に定められた斗代に従った収取体制が動き始める。貞和元年の正検注と斗代定めをみると、学衆方と供僧方と二つの供僧組織による支配名の中に、八つの番頭免を有する公事名を半分ずつ分配して設定されており、公事番編成の基本が設けられていたことがわかる[15]。公事名を負担する名主には、永和の惣荘一揆で代官と対立する実円をはじめとする奥山一族や、隣郷周世郷に拠点をもつ真殿一族などの、有力名主層が配置されていることはもちろんである。こうした矢野荘に限定されない領域を活動の場としながらも、流通に関与し地域に根付いた村落身分をもち、自らの広域的な活動の一環として、矢野荘内の公事負担を管理する名編成の中に食い込んでくる名主層を中心に、在地負担の上納体系が構築されることで、地域に根を張った「村」が形成される[16]。

矢野荘でみられた旧名体制の解体とそれにともなう新たな名主層身分の創出は、南北朝期を境とする新たな荘園支配の体制に対応するものとしてあった。鎌倉末期から新領主東寺による支配が始まった段階で、荘内で公文として存在基盤を築いていた寺田法念が、悪党とされて荘園支配上の異物として扱われるようになったとき、矢野荘の中では、周辺荘園にも血縁関係を有し、実際には在地における小領主としての立場を強固にしていた実円・実長等の奥山一族が、東寺領矢野荘における名主職を得ることにより地域社会における新たなアイデンティティーを手中にしたと考えることができる。奥山一族は東寺領矢野荘における名主身分によって地域社会における身分標識を加えると同時に、名主職に補任されることで地域の勧農の一環をになう番頭免・井料などの免田と、祭祀運営の中核となる講田の管理権を得ることにもなった。

矢野荘内に新たに作り出されてくる名主身分の中には、領主東寺からの名主職補任状によって身分が確定される名主一族がある反面、領主からの名主職補任を経ることなく、荘内の名田経営を継続的に任されている荘内生え抜きともいえる名主もある。補任状によって確定される名主は奥山一族・真殿一族のように外部にも拠点をもち、広域的活動を展開する一族であり、東寺から派遣される代官僧が、在地に定着して名田の領有にいたるとき、これらに対しては東寺から名主職の補任状による身分の確定作業が行われる。播磨国内の東寺領荘園として、南北朝期を通して在地からの年貢・公事の徴収基盤となる名主身分の再編成が行われる中で、在地にあっては基盤となる名主身分の荘外流出をとどめるべく、荘内で完結する身分層以外に荘外に基盤をもつ可能性のある名主の任免に関しては、補任状を発給することで荘内における身分関係の構築を図っていた可能性が指摘できる。

矢野荘ではこのように補任によって名主身分を得た名主のほかに、明らかに一般百姓とは異なる名主身分が、領主東寺による身分再構成の過程の中で創出されていると考えられる。榎原雅治氏は、鎌倉時代以来寺田氏が支配していた重藤名の解体以外、概ねの名体制は東寺支配に引き継がれながらも、室町期にかけては公田部分の名の改編が行われたことを、未進徴符の記載形式の中から検証した(17)。解体された重藤名と比較して公田方の名は、公事負担があることが基本であり、また年貢の納入を請け負う作人から、直接年貢を収取する体制を東寺が構築していったことを指摘する。

こうした公田方の名の編成作業に加えて、先の名主職補任は名主身分の荘外流出をとどめ、また荘内身分としての確定作業が行われたと考えるが、さらに公田方では公事の均等負担による名主身分が創出されている。貞和元年の正検注と翌年の斗代定めの中で、公田方には「番頭免」各一反ずつをもつ八つの名田が均等割される(18)。番頭免は、延真弘真名、恒末名、正末行・末行・行守・行宗名、末末名、是藤名、有光名、行貞名、真蔵名の八名に見え、これらが公田方全般にわたる公事番に対応した免田であったものと推定される。八つの番頭免を付随する名は、観応元年（一三五〇）に矢野荘が供僧方と学衆方で分割されたときには、双方四名ずつに分割されており、供僧・学衆共に公田方の公事を統括する四名の番頭が配置されたことになる(19)。荘園における公事の成立については、井原今朝男氏が国役公事の荘園所課に起源を求め、その重層的な展開を想定している[20]。荘園における公事負担が、単に所領内部の収納問題としてではなく国制レベルへの公的側面に拡大することは明白であり、これにかかわる番頭免田が東寺の支配体制内で均等割されている点に注目したい。番頭免を随伴する名主の、中世社会における身分の公的性格を、年貢納入責任者としてだけでない名主の属性の一つとして考えれば、この時期に新たな身分としての名主が創出されることの意義は大きい。

さらに矢野荘では、貞和元年の正検注において、大僻講田が各一反を基本に一二名に、井料が各三〇代を基本に一〇名に配分されており、大僻宮を荘内鎮守として祭る体制と、日常的な用水管理を実現する勧農体制の整備が行われていた。

同じく東寺領の山城国上久世荘の加地子名主職は、得分権の売買によって荘外に拠点を有する名主層にわたった場合、東寺からの補任状が出されることで名主身分を付与されるという手続きを行う[21]。加地子名主職の補任は荘外流出した名主職の、買い取りによる確保行動だった。矢野荘において東寺からの補任状が発給される場合の指標として、補任対象となる名田には番頭免田のほかに荘鎮守の大僻神社講田を含む名に対する補任と位置づけることができる。この時期の身分編成の核に荘鎮守での祭祀および講組織の諸費用を賄いながら、祭祀の運営と講組織の継続に意を払う人的組織の形成が行われていたことを指摘できる。これは、矢野荘から発信される地域の身分秩序の中に、京都の荘園領主から補任された身分としての名主職が、位置づけられていく過程といえよう。

鵤荘等をはじめとする、播磨国内の寺社領荘園の中で、室町戦国期の惣荘を成り立たせる名主身分秩序では、財力はもちろん、能力のあるものを加入させて地域秩序を保持していた[22]。こうした地域社会における身分秩序形成の前提として、旧名の解体と同時に年貢徴収体系の中から荘園領主によって組み上げられていく、名主職保有者を軸とした荘内身分構成が位置づけられるものと考える。

二　地域秩序の形成と免田

さらに荘園における勧農や祭祀にかかわる免田が検注によって創出される過程の中に、旧来の住民による耕作関係と、祭祀にかかわる慣行が影響を与えている可能性を指摘できる。

東寺領となってからの矢野荘では、貞和元年（一三四五）に正検注帳を作り出すまでに内検を行い、在地の耕作関係の概要の把握に努めていた。貞和段階で東寺が作り出した年貢徴収の基礎には、在地寺社への免田や井料・溝代などの免田が示された上で、荘鎮守となる大僻宮の講田と、各一反で八名分の番頭免の設定がなされた。この状態が作り出されるまでの検注内容を貞和の検注帳と比べると、荘鎮守となる大僻神社以外の岩蔵神社や安養寺などの在地寺社の免田は、大僻神社講田と比べると画一性がなく、加えて在地寺社免田には「御堂前タウめんと申」「三野寺御奉免」「若狭寺　御堂敷申」「安養寺免ト申」というように[23]、荘民側の申請を書きつける形で書き表されている。正安元年の領主藤原氏と地頭方海老名氏との下地中分の際に作成された実検取読合帳によれば、その多くは矢野荘に残る地番表示としての条坪制のうち、坪を書かれていない新田畠であることから、東寺に伝領される以前の領主である藤原氏にも把握されておらず、在地慣行の中で承認されていた免田であった可能性が指摘できる。

東寺が領主となってから、荘の鎮守として重視した大僻宮以外に安養寺・三野寺・若狭寺などにかかわる在地寺社免田は、東寺の支配以前から存在していた免田であり、それらの免田は東寺による荘支配組織作りの対象として直接捕捉されるものではなかった。その反面正安元年の実検取読合帳には、大僻神社をはじめとして、領主機能を分有すると考えられる荘鎮守にあたる寺社の免田はほとんど現れず、神講田としては、現在の矢野町大字森（かつての矢野荘上村付近）にある岩蔵神社ほか在地寺社の神田、または講田である。大僻神社のある奥山や寺田付近には、東寺が領主権を得た当初は、寺田法念の本拠があったことから、正安年間段階で領主が大僻神社を掌握するには無理があったとしても、貞和段階で大僻宮講田、神田を設定できたことの意義は大きい。古くから定田ではあったが領主がとらえることのできなかった大僻神社の講田を、再把握して講田として免田に組み込み、新たな名主職保持者に補任するのと同時に、番頭免や井料などの勧農機能にかかわる免田の再配分を行ったことが、新たな領主としての東寺が矢野荘支配のために行った、基盤作りのための大改革事業であった。

内検注をともなう、田畠支配を基本とした東寺による荘経営の確立過程で、講田・免田等の再把握に多くの努力を払い、寺田氏などの領主支配の外皮を取り除くことで現れる講田等があることは、寺社免田の運営が在地の慣行によることの現れであり、慣行を踏襲しながら東寺による定田が再構築されたのであった。定田の確立と再編成が支配体制確立期の矢野荘の中で、名主立会のもとで行われる検注によってなされることで、衆人環視のもとでの地域秩序形成へとすすみ、地域の勧農と祭祀にかかわる免田を確定し、収納の基礎となる定田に整備された。

矢野荘における公田の形成過程を検証した野々瀬（酒井）紀美氏は、矢野荘における公田と旧来の領主名であった重藤名とは、東寺領となってからも異なった収取が適用されている事例を指摘し、公田方における免田の存在に注目する。さらに稲葉継陽氏は、東寺領となってからの矢野荘では、それまでに在地に形成されていた諸秩序は新体制の中でもそのまま継続され、領域の開発段階からの収納慣行が収納枡の違い目として、東寺による支配のなかでも生き続けることを検証している。(24) 新たな支配体制の構築は、在地に形成されていた収納に関する慣行を丸抱えしながらも、これらを整合的に活用し、無理なく維持した上で東寺への年貢納入として実現できる在地体制の構築という方法で行われたといえる。

これを東寺による領主的公田の確立過程とみなすことができるとすれば、この領主的公田の内部に、国家的公田がどのように組み込まれているのかを解くヒントが、おそらく寺社免田や勧農にかかわる免田などの分布にあるのではないかと推測するが、この二重構造の機能的な解消を目指したのが貞和の検注帳だったのであろう。

三　年貢収取体系と名主身分

支配体制成立過程の東寺による身分秩序構築の事業は、当然のことながら惣荘の枠内で行われたことであり、こうした惣荘にわたる身分的構造が、その後の「村」にいかにしてつながるかが問題である。かつて惣村論の中で注目されてきた村の自律性は、惣有地を所持し、年貢の地下請が成立しており、自らの生活の法規制である惣掟をもって自検断を行いうる共同体として考えられてきた。[25]こうした惣村が鎌倉末期から南北朝期の畿内周辺の荘園の中にみられることが、守護や国人領主の武力以外の荘園領主権限の弱体化の要因と考えられていた。領主による検断の排除と、年貢・公事の村請の成立は、荘園領主権限を大幅に縮小する一方で、在地社会の生活様式を大幅に再編する要素となっていく。かつての惣村論の中で注目されていたのは、荘園制の外皮のもとで表面に現れ難かった「村」の自律と、荘園領主権限との対抗的な側面であったが、蔵持重裕氏は、こうした自律的な「村」（村落）の成立について、多分に意識的・政治的に作り出される性格のものであることから、周辺村落や荘園領主との緊張関係が緩和されると「村」（村落）のもつ権力色は薄まり、生活の場としての村に戻りうる存在として規定する。[26]生活基盤としての村は、荘園制の中にあっても政治性を有して自律の可能性がある人間集団として存在していたとするならば、自律を誘発する外的要因としての、中世後期における荘園制の支配構造を再検討することも必要であろう。

佐藤和彦氏が苦慮した惣結合の中心的人物は、名主身分を得ることによって村の勧農や祭祀にもかかわり、村の指導者の側面をもつ反面、きわめて強い政治性と鋭い経済感覚を発揮して利害で動く経営能力を有していた。彼らが旧来の荘園制の中で、個別荘園の名主に課されていた義務と、在地に分有されてきた勧農権の一端を掌握しながら、在地秩序の再構成に参画を始めるのであろう。こうして地域社会の中で自己アピールをするために必要となるのが、名主職補任に代表されるような身分標識であり、これにより中世権門を後ろ盾とした支配体系上の権威を得ることで、領域内部でより有効に作用する地元有力者へと変化することができるのである。

荘園の鎮守における祭祀は、領主の支配を在地に体現する支配機能の一環として重要であるのと同時に、祭祀にともなう身分秩序に組み込まれた名主にとって、地域に出現する新たな領主の権威に自らが連なっているという指標を周囲に示す場ともなる。地域社会の在地秩序の中に、新たな権威を引き込んできた証としても重要だったのである。

第七章で矢野荘に関する論文として、大学卒業段階に書いた「損免要求と荘家一揆—播磨国矢野庄—」(『法政史学』三四号)の一本を掲載した。矢野荘にかかわって東寺に残された史料群は、その後の優れた研究の中で、荘家の一揆に対する評価だけでなく、室町期の播磨国守護赤松氏の領国経営の問題や、室町幕府将軍権力の問題を解明する貴重な史料群として活用されている(27)。同稿は、今更再掲することがはばかられる稚拙な論文であるが、近年この論文の視点をめぐって、藤木久志氏から本章ともかかわる本質的なご批判を頂いた(28)。それは、損免要求をはじめとする荘家の一揆によって在地に留保されるであろう生産剰余は、中間層のもとに集中する、とする結論に対して、具体的な根拠がなく、結論が当時の闘争論の結論に従ったステレオタイプである、とするものであった。

執筆当時の私自身への批判としてはまさに藤木氏のご指摘の通りであるが、論証の飛躍と言葉足らずを後悔しつつ、結論としてこの時期の変革のメルクマールとなる矢野荘名主層に対する評価と分析の視角を変更することは考えていない。名主職にともなう勧農権の分与が、荘園領主による身分の再編成の過程で行われているとするならば、中間層への富の集中ではなく、勧農権を中心とした権力の集中が起きていることは間違いない。中間層への富の集中を論証することができないのは、残された史料が領主のもとに残る経営帳簿であることによる。ただし、この経営帳簿からはいかに在地の生産状況の把握が杜撰であったか、在地の市場が領主の捕捉できないカラクリの外で、地域に生成される身分を操る中間層によって活性化される様子が、荘園領主がもつ経営帳簿の向うにみえてきそうである。中間層には荘園内部の身分だけでなく、守護との被官関係を結ぶことによって複数の身分標識をもつ小領主的存在が入り込んでいるのであり、中世前期とは違った地域社会を在地の側から構築しようとしている過程が南北朝期ということができる。

闘争論をはじめとした在地剰余に対する考え方の基本として、田畠を中心とした耕作地の台帳を基盤に収取する穀物年貢をめぐる損免要求を、荘家の一揆の基本に据えるならば、これによってもたらされる剰余生産物は市場での換金を前提として生産されている点がその本質である。東寺領矢野荘のように、田畠を中心とした穀物年貢中心の荘園に残された文書資料が分析の中心であったことが問題であり、この当時の穀物年貢が何を目的として生産されたのかという点に、新たな視点を見出す必要がある。(29)これまでは穀物年貢を中心とした荘園に残る財政資料の分析から、穀物年貢への過大評価が問題となってきたが、財政帳簿としての史料残存に、中世にまでさかのぼって意義を見出すことが可能であるならば（記録管理、レコードマネージメントの発想）、なぜその記録が残されたのかまで含めた中世の記録管理方法の再検討が必要となろう。水田における米作を中心として歴史をみる結果にいたったことは、関連する史（資）料の残り方に大きく影響を受けている可能性にも考慮する必要があろう。

東寺のように豊かな中世文書を伝来する荘園領主は多くないが、大量の経営帳簿を残しておく必要があったことが、領主としての一つの特徴でもある。その経営帳簿類は、年貢を得るための所領から上げられたすべての収支を記録するものではありながら、領域的視野をもって荘民支配に臨んだ結果として作成されるものではなく、あくまで東寺の収支を記録する目的にもとづいて作成されており、荘民生活の内実に向けた視点は含まれていない。この点に、領主経済の中に捕捉されない形で、地域経済圏に足がかりを作ることも可能となる生産構造が、在地の側に準備されていったと考える。経営資料の多くは、地方の拠点市場を媒介しながら、領主経済に直結するものであるがゆえに、校合を前提とした帳簿として残される。これらが、残されなければならなかった理由も、帳簿がもつその当時の説明責務による点が大きい。東寺のように、帳簿を基盤とした経済資料を大量に保存する必要があった荘園領主が、中世社会の荘園領主の中でどのような位置を占める存在であるか、再検討の必要があろう。詳しくは第三部に譲るが、荘園領主としての東寺の特殊性を再認識すると同時に、改めて中世における水田の意義を検討する必要を痛感する。

四　中世後期の公田体制と名主身分

矢野荘で検討した免田に委ねられた勧農機能は、領主的な公田の再編成過程に由来する可能性があると考えてきたが、荘園における名主身分は、地域における勧農権を荘園領主を後ろ盾としながら合法的に掌握する手段となり、地域における身分指標としての有効性が高まる。勧農にかかわる諸権限が水田耕作に象徴的に収束されつつあるなかで、矢野荘同様に播磨国内において、赤松氏と山名氏による守護権限の下に置かれていた荘園では、中世後期の段階までに開発されていた水田域をどのように扱っていたのであろうか。

国家的公田として性格づけされた大田文記載に根源をもつとされる水田域が、中世後期、特に旧名解体以後の新たな収取体系の中で、いかなる形で収取体系上に再浮上するのであろうか。播磨国内の九条家領荘園では、田沼睦氏の先行研究に詳述されるように、田原荘と蔭山荘の二つが、戦国時代にいたるまで公家領荘園として年貢納入を継続していた。[30]両荘に対しては、守護赤松氏が守護段銭を成立させる過程の中で、九条家による領主段銭の賦課がみられ、公田を軸とした段銭納入が行われていた。これらの年貢と段銭とを荘園現地にあって徴収し、守護と荘園領主への上納の配分を請け負っていたのが、荘園内部にあっては名主としての身分を与えられながら、守護にとっては給人として位置づけられる中間層の存在である。[31]

嘉吉の乱後の政治情勢について、足利義教殺害後の赤松領国において、新守護となった山名持豊の違乱・押領が繰り返され、寺社本所領に対する代官層の大幅入れ替えによる混乱が生じており、山名氏による強硬な勢力拡大と、在地把握の実態があったことが指摘されている。[32]また、赤松政則による再興後の赤松氏の政治過程の変遷については、野田泰三氏が、戦国期の赤松氏領国における守護役の賦課体制について分析された。[33]

守護大名としての赤松氏の領国支配の特質が解明される一方で、九条家領荘園においても、荘園現地からの年貢・段銭の納入は、中間層段階までは荘園内部の名主職にもとづく収取体系のもとになされている。九条家領田原荘・蔭山荘も田畠の台帳にもとづく穀物年貢を基本とする収取がなされていたが、徴収方式が機能低下した段階で、領主である九条家は新たに守護によって恒常化されてきた段銭の賦課徴収を併用する形を取った。その収取の基盤として位置づけられたのが、両荘における国家的公田としての大田文記載公田と考えられ、領主である九条家と守護赤松氏の交錯する支配の基盤となっていた。さらにこの公田支配体制の核となるのは、荘内の名主層と守護方給人との二つの立場をもつ中間層であった。

室町・戦国期の在地における収取構造の基部として、公田の意義を再浮上させながら、名主身分再構築の試みが守護の側によってなされ、これを基盤とした段銭を年貢収納に代わる新たな賦課として打ち出したのが九条家であった。荘園領主権に代わる新たな「公」が、国家的公田段銭の恒常化にともなう守護段銭によって在地の側に刻印されていく中で、在地住民には荘園における名主身分のほかに、地域における自己の権威を表出することのできるアイデンティティーを得ることができるようになったといえる。双方への年貢と段銭との納入を前提に、在地における収取体系は、さまざまな「公」を引きこんで後ろ盾とする中間層にむけて収斂されていく形を想定できる。

こうした、収取を支える枠組みが、戦国期にあっても在地に残る名の枠組みであった。九条家領荘園で検証した中間層の実態は、在地の側の自己活動によって主体的に作り出される収取体系である。それは、在地への諸権力の取り込みを背景とすると同時に、在地に対する諸方からの収奪の嵐であったかもしれない。これらの配分先を弁別し、在地の生活秩序維持のために在地秩序の維持に努力したのが、名主身分に代表される中間層であった。

耕作地の売買や寄進に際して、名に付随する諸役をもとの名に残したままで行われる売買は、在地で機能する勧農の体系を守るための措置であり、また、在地で機能している収取体系を保持するための義務でもあった。在地では収取体系を維持したまま売買や寄進が行われる反面、地域秩序ともいえる収取体系を維持する取り組みが行われている様相を、播磨国の清水寺売券の中から第九章で検証する。

公家・武家をはじめ、守護赤松氏の尊崇を集めた清水寺は、東播磨の加古川支流東条川流域に形成された東条谷を基盤とした天台宗の古刹で、丹波と播磨府中を結ぶ街道を通して、赤松氏の守護代依藤氏の拠点であった。このような環境の中で、清水寺の周辺には、応安年間（一三六八―七五）の古くから市場や宿が確認されている。依藤氏被官層は天台宗の古刹清水寺に対する検断権を徐々に強化しながら勢力を拡大する一方で、守護赤松氏による支配から遊離しようとする傾向が、天文年間（一五三二―五五）以降みられるという。[34]

野田氏は、守護赤松氏による政則・義村時代に作成されたとされる分国法の分析の中で、当該期の赤松氏の一般的施策として、名主以下の被官化を規制し、領主―被官関係の固定化を意図する法がある点を指摘する。文明一〇年（一四七八）末頃の制定と推測される「条々壁書」の中で、寺社本所領等も対象とした荘園内部の名主の被官化を規制する方針が打ち出されている点に注目するが、赤松家臣団内部においてすでに名主に対する被官化の状況が、規制が必要となるほどに現れていることをも示すものであろう。これには、野田氏も指摘する赤松氏の「公儀」としての側面が、国内における祭祀の面だけでなく、鵤荘と小宅荘の境相論において赤松氏の法廷が在地間相論の紛争解決の場として機能している点にみられるように、赤松被官＝「諸侍」の身分関係の影響は、荘園における名主身分にも現れているとみてよかろう。

かつて戦国期にいたっても在地に残る名体制の拘束性は、荘園領主権の強大さゆえであろう、という可能性をもって考えられている部分もあった。しかし在地秩序の維持を図る中間層の実態からみれば、荘園領主権の浸透度と名体制の残存度合とは直接の対応関係にはなく、在地の側の主体的選択肢として名にともなう徴収体系が選択された。とすれば、戦国期にいたっても在地で維持される収取体系は、本来的に荘園制の中で名が担ってきた機能の本質として、領主権とは異なる立場で在地の諸機能の中で純化される経緯を読み取ることができるのではなかろうか。

荘園領主権を軸として当該期の荘園制をとらえなおした場合、室町末期以降の荘園領主による収取は、荘園領主的土地所有の本来の所産と考えるには余りにも小さく、また荘園領主が直接的に荘内の名を把握する形で実現している収取でもない。総じてこのときの荘園領主が実現していた収納実態を荘園制と称することができるかといえば、それは体系として把握できるような枠組みではない。[35] しかし、戦国社会の中ではいまだに武力をもちながら、在地に勢力展開する小領主層は、地域秩序の担い手として在地社会の中でしのぎを削っていた。その後の兵農分離が、こうした社会の中から取り去っていった権威が、豊臣政権の中で分離・分担されて再構築される経緯の中に、中世後期社会の中で膨らみきって肥大化した、中間層の行きつく先があった。

注

(1) 川端新『荘園制成立史の研究』思文閣出版、二〇〇〇年。高橋一樹『中世荘園制と鎌倉幕府』塙書房、二〇〇三年
(2) 久留島典子「中世後期の社会動向―荘園制と村町制―」『日本史研究』五七二、二〇一〇年
(3) 井原今朝男「室町期東国本所領荘園の成立過程―室町期再版荘園制論の提起―」「東国荘園年貢の京上システムと国家的保障体制―室町期再版荘園制論(2)―」『国立歴史民俗博物館研究報告』一〇四・一〇八集、二〇〇三年
(4) 久留島典子『一揆と戦国大名』講談社、二〇〇一年
(5) 永原慶二『日本封建制成立過程の研究』岩波書店、一九六一年。稲垣泰彦『日本中世社会史論』東京大学出版会、一九八一年
(6) 海老沢衷「豊後国田染庄の復元―開発と名の変遷―」『荘園公領制と中世村落』校倉書房、二〇〇〇年
(7) 蔵持重裕「名主家族の結合と家の継承」『日本中世村落社会史の研究』校倉書房、一九九六年
(8) 永原慶二前掲注(5)書
(9) 島田次郎「荘園制的〝職〟体制の解体」『体系日本史叢書6　土地制度史』山川出版社、一九七三年。蔵持重裕「土地所有観と名田」前掲注(7)書
(10) 佐藤和彦『南北朝内乱史論』東京大学出版会、一九七九年
(11) 勝俣鎮夫「戦国時代の村落―和泉国入山田村・日根野村を中心に―」『戦国時代論』岩波書店、一九九六年
(12) 「十三日講」『日本中世史事典』下東由美執筆分、朝倉書店、二〇〇八年

(13) 学衆方評定引付『相生市史』第七巻、永和二年五月二三日条
(14) 北爪真佐夫「中世矢野庄の農民―正安元年実検取読合帳の分析を中心に」『歴史学研究』三一九号、一九六六年、同「庄家の一揆の基礎構造―一四世紀における東寺領矢野庄例名西方の場合―」『国史学』八四号、一九七一年
(15) 馬田綾子「矢野荘の動向」『相生市史』通史編中世、第一章二節
(16) 榎原雅治「地域社会における街道と宿の役割―中世山陽道と宿の様相―」『日本中世地域社会の構造』校倉書房、二〇〇〇年。稲葉継陽「有徳人円山氏の存在形態」『戦国時代の荘園制と村落』校倉書房、一九九八年
(17) 榎原雅治「十五世紀東寺領矢野庄の荘官層と村」『日本中世地域社会の構造』校倉書房、二〇〇〇年
(18) 貞和元年一二月八日、例名西方実検名寄取帳『相生市史』第八巻上、一三七、東百み二五（以下、東寺百合文書は東百と略す）
(19) 観応二年七月七日、例名西方分帳（供僧方分）『相生市史』第八巻上、一八五、東百チ二九。同七月七日、例名西方分帳（学衆方分）『相生市史』第八巻上、一八六、東百サ一〇
(20) 井原今朝男「中世国家の儀礼と国役・公事」『日本中世の国政と家政』校倉書房、一九九五年
(21) 久留島典子「東寺領上久世庄の名主職について」『史学雑誌』九三編八号、一九八四年
(22) 榎原雅治「地域社会おける『村』の位置」『歴史評論』五七五号、一九九八年、のち『日本中世地域社会の研究』校倉書房、二〇〇〇年
(23) 正安元年一一月五日、例名実検取帳案、正安元年一二月一四日、例名東方地頭分下地中分々帳案『相生市史』第七巻、二一、二二
(24) 野々瀬（酒井）紀美「南北朝・室町期の公田と農民」大阪歴史学会編『中世社会の成立と展開』吉川弘文館、一九七六年。稲葉継陽「中世社会の年貢収納枡」前掲注（16）書
(25) 石田善人「郷村制の形成」『岩波講座　日本歴史』中世4、一九六三年
(26) 蔵持重裕「中世村落の視座」『中世村落の形成と村社会』序章、吉川弘文館、二〇〇七年

(27) 伊藤俊一「高井法眼祐尊の一生―南北朝～室町期における東寺の寺領経営と寺官―」『日本史研究』三五六、一九九二年、同「中世後期における『荘家』と地域権力」『日本史研究』三六八、一九九三年
(28) 藤木久志「ある荘園の損免と災害―東寺領矢野荘の場合―」蔵持重裕編『中世の紛争と地域社会』岩田書院、二〇〇八年
(29) 拙稿「中世における大唐米の役割―農書の時代への序章―」井原今朝男・牛山佳幸編『論集東国信濃の古代中世史』岩田書院、二〇〇八年
(30) 田沼睦「室町期荘園研究の一、二の視点」『和歌森太郎先生還暦記念論文集編集委員会　古代・中世の社会と民俗文化』弘文堂、一九七六年、同「荘園領主段銭ノート―賦課の仕組みにふれて―」『中世後期社会と公田体制』岩田書院、二〇〇七年
(31) 今岡典和、川岡勉、矢田俊文共同執筆「戦国期研究の課題と展望」『日本史研究』二七八号、一九八五年
(32) 川岡勉「室町幕府―守護体制の変質と地域権力」日本史研究会中世史部会共同報告『日本史研究』四六四号、二〇〇一年
(33) 野田泰三「戦国期における守護・守護代・国人」『日本史研究』四六四号、二〇〇一年
(34) 同前
(35) 池上裕子「戦国時代の位置づけをめぐって」『戦国時代社会構造の研究』校倉書房、一九九九年

第七章　損免要求と荘家一揆

―播磨国矢野荘―

播磨国矢野荘は、現兵庫県相生市にあたる。ここは、南北朝、室町期を通じて東寺領として存続した広大な荘園であった[1]。

かつて中世後期の荘園については、守護領国の完成とともに崩壊するという見方が一般であった。しかし、それに対して、守護による領国制は荘園の対立物ではなく、守護が、領国制の経済的基盤として荘園を擁護することにより、両者は相互補完の形をとるという見解がみられる。この両者をつなぐものとして、国人領主の存在が指摘され、これが、室町期において相対的な安定が保たれる要因となったという観点から、国人領主制の研究が行われていた[2]。

他方、鈴木良一氏が一揆を発展段階的にとらえ[3]、稲垣泰彦氏が類型的に整理されて以後[4]、その概念は、荘家の一揆、国一揆、徳政一揆と分類されている。しかし、相互の関連が、いま一つ明らかにされたとはいい難い。したがって今日、安定期といわれる室町期の国人領主制についての研究は、重要なものとなろう。

しかし、改めて室町期における国人領主とは何なのか、どの程度の階層をさしているのか。つまり、鎌倉末期～南北朝初期のいわゆる悪党は、系譜的にこれらに含まれるのか[5]。南北朝期、荘家の一揆を主導していた有力名主＝土豪層はこれに含まれないのか[6]。以上はきわめて曖昧である。

ところで、南北朝内乱の結果、守護と荘園領主との補完関係が成立するのであるならば、内乱期に荘園内部に生じた変化について考察しなければならない。これを生み出した要因は、端的にいって荘家の一揆であろう。

右の視点から本稿では、稲垣氏によって「全国的、全時代を通じて見られる反封建闘争」という概念の与えられた、この荘家の一揆(7)を特に南北朝期に限って扱うこととする。すなわち、ここでは①参加する農民層の階層構成と、②農民諸階層間の一揆参加の目的のちがい、以上を明らかにすることにある。

一　東寺領矢野荘の成立

この荘園は秦為辰の開発による久富保から始まる。これが播磨国司藤原顕秀の家領となり、保延二年（一一三六）矢野別符の呼称を経て矢野荘と呼ばれるようになった。

矢野荘が東寺領となったのは、文保元年（一三一七）後宇多上皇による領家職の寄進後であるが(8)、それまでに、二度の下地分割が行われていた。

まず、仁安二年（一一六七）に、荘の一部が、美福門院の御願寺である歓喜光院の特別の寺用として割りあてられ、これは、別名と呼ばれて南禅寺に相伝された(9)。また、永仁五年（一二九七）には、当時の領家藤原範頼が、那波浦地頭海老名氏との間に下地中分を行い(10)、これ以後矢野荘は、西方＝領家と東方＝地頭方とに分かれる。

以上の分割ののち、東寺が得たのは、矢野荘例名西方の地であった。

次に、矢野荘の概略を述べておきたい。

ここでは、鎌倉末期～南北朝初期にかけての寺田悪党の活躍が有名である。寺田氏は、開発領主秦為辰の後裔であり、矢野荘公文職を代々相伝する、有力豪族的存在であった。この寺田氏の、新領主東寺に対する悪党行動は、建武年間まで続けられたが、最終的には、貞和四年（一三四八）、相伝文書を一五貫文で東寺に売り渡し、寺田氏は矢野荘から離脱する。(11)

東寺による支配は、寺田氏らの悪党行動を鎮圧し、年貢収取体制を整えることから始まった。その原則となる置文(12)が、元応元年（一三一九）に供僧・学衆間で定められたことを皮切りとして、建武年間からは内検を行い、貞和元年（一三四五）には全面検注にいたり、翌二年には各名主に斗代定めが下された。(13)この全面検注の意義については、二節で検討する。

次に、永和三年（一三七七）に、荘民からの訴えを受けた代官である、祐尊についてふれておきたい。

彼は、東寺の寺僧であるが、観応二年（一三五一）頃から始まる飽間氏等近隣在地領主による矢野荘押領に対し、在荘して守護方に秘計をめぐらすなど、その功を尽くしていた。飽間氏らは、主に寺田氏のもっていた公文職を押領の対象としていたが、祐尊は、これを防ぐために派遣されていたのである。(14)

代官職には、供僧方と学衆方があり、文和二年（一三五三）から、両方代官職は福井三郎二郎という武家代官によって兼帯されていた。ところが、延文四年（一三五九）には、祐尊が、学衆方代官職に就き、貞和五年（一三六六）には、供僧方代官職も兼ね、加えて、永和元年（一三七五）に、先の公文職も祐尊のものとなり、ここにいたって荘内での彼の権力は絶大なものとなった。(15)この祐尊を訴えて荘民が強訴逃散したのが、永和三年の惣荘一揆であった。

以下、この惣荘一揆の意義を検討するために、これに先立って行われた全面検注と、それに続く損免要求の分析から始めたい。

二　損免要求の展開

貞和元年（一三四五）東寺による全面検注がなされ、翌年斗代定めが下されて以後、荘民による活発な損免要求が始まる。従来、この損免要求の繰り返しが、惣荘一揆の基盤となる惣結合を生み出し、それを次第に強化させて、永和三年にいたること[16]、またこの惣結合は、海老名氏との下地中分時に作成された実検取帳の分析等から、比較的平等な名主百姓によって構成されていたこと[17]、などが指摘されている。しかし、そのように直線的なコースをたどって惣結合は形成されたのであろうか。

この頃、東寺の内部では、矢野荘給主職をめぐって内紛が起る（これを仮に給主職補任事件と呼んでおく）[18]。観応二年（一三五一）には、供僧・学衆間で下地が分割されるが[19]、その間対立する寺僧が、おのおの代官を派遣して、矢野荘の所務は混乱させられていた。また、この機に乗じて近隣在地領主の飽間氏や、那波浦地頭海老名氏は、矢野荘への侵入を繰り返し、加えて守護からは、兵糧米、人夫役、野伏役等の賦課が始められるという状況であった。このような中で行われた損免要求は、名主相互間の平等な結合を強める役割を果たしていたのだろうか。

まず、貞和の全面検注の意義から検討してみたい。

正和二年（一三一三）に矢野荘が東寺に寄進されてからは、先の寺田法念による悪党行動が有名である[20]。東寺は、これに対処するために、まず荘内の有力農民を諸職に補任することから始めた。寺田氏に替る公文に清胤、田所に脇田治部昌範を補し[21]、是藤名々主実円も、このときに補任された。これは東寺が、寺田氏との武力衝突に対処するため組織的に編成したもので、諸職の請文の文面には寺恩による旨が明記されているのも、このような事情によるものである。

その一方で東寺は、建武二年（一三三五）から内検を行い、土地台帳作成の準備を整えていた。東寺領となった当初の矢野荘には、公文給として寺田氏が相伝してきた、広大な重藤名が中核としてあった。しかし、建武年間になって寺田氏の矢野荘に対する悪党行動が弱まってくると、東寺は重藤名を年貢徴収の対象として解体させてゆく。

貞和の全面検注には、東寺から検注使が派遣され、田所・公文・名主実円らの立会いのもとに、荘内の田畠一枚一枚を実測して歩き、十数か月が費やされた。[22] その結果、先の重藤名は完全に解体され、「重藤名分」一二、「某名」の記載をもつ名田が六一と、合計八三人の年貢負担者の存在が認められた。建武の頃から始まった、東寺の支配体制確立の動きは、例名内検名寄帳の作成を最初として、暦応二年（一三三九）の例名西方田畠斗代定帳、[23] 貞和元年（一三四五）の例名西方田地および畠地の実検名寄取帳、[24] 翌年の例名西方田地および畠斗代定名寄帳、[25] 同年斗代定目録等、[26] 一連の土地台帳を作り出した。貞和の全面検注は、その到達点となるものであった。

この土地台帳にもとづいた年貢徴収を実現する組織として、先に補任されている荘官層、あるいは、有力名主層の存在があった。つまり彼らは、当初から東寺による支配の末端に位置づけられていたのである。

この過程の中で、建武二年（一三三五）と暦応四年（一三四一）の二回にわたって、田所脇田治部昌範と名主百姓との対立が起こる。[27] 名主百姓が訴えたものは、昌範による①斗桝の違目による年貢搾取、②名田畠の恣意の競望等であった。しかし、貞和の検注によって作られた新たな年貢徴収体制は、このような土豪的名主の恣意をおさえ、領主東寺を頂点とする求心的な体制を作り上げる役割を果たした。

上島有氏は、この検注と翌年の斗代定めについて、寺田氏の追放により鎌倉期以来の下人・所従から解放された身分を新たに「名主」としてとらえなおしたこと。この検注帳は、名主自作の原則に立って作成されており、一名田には必ず一人の名主がいて、名主相互の間に小作関係は認め難く、全体として比較的平等な内部構造であった、と指摘されている。(28)

東寺は、貞和検注に先立つ永仁・観応の頃から当作人を年貢負担責任者としてとらえようとする態度でいた。貞和段階での八三名は、時代が降って百姓名の離合集散が始まると、康暦元年（一三七九）には、「当庄名主百姓五十数人」という状況となっていた。(29)それだけ階層分化が進んだともいえる。しかし、貞和段階での八三名の「名主百姓」は、身分ではあっても階層ではない。宮川満氏は、東寺領となってからの矢野荘では、職の世襲や相伝は認められず、すべて恩補によった、とする。(30)貞和二年（一三四六）に、斗代定めが下されたのは、おそらく八三名の「名主百姓」であったろうけれど、これらの「名主百姓」のうちには、特に名主職の補任状を得ている者、または請文を提出している者も含まれている。これらの名主層と、斗代定め下しによって新たに「名主百姓」としてとらえられた階層とは、区別して考えられるべきであろう。

以上のことを念頭において、損免要求について検討する。

損亡についての申状、起請文類の中から代表的なものを挙げると、

①貞和五年（一三四九）九月廿六日
　損亡名坪付注進状(31)
　名主百姓等連署起請文(32)
②貞治六年（一三六七）九月日
　名主・百姓等連署起請文(33)
　名主・百姓等申状(34)

とがある。①と②とでは、起請文の連署者の数が二八名から四三名に増加している。従来これをもって、惣結合が小百姓層までも含み込んで広汎なものとなった[35]、と理解されている。しかし、これには以下の点で難点がある。

まず、①のときの損亡理由は、河成水損であった。九月二一日付と二九日付の二通の内検帳が作成されている[36]。これによると、被害は矢野川の最奥ノウケイ谷から始まり、矢野川と小河川の合流点の七条、十三条という平野部が最もひどく、反対に、雨内、入野等現在は溜池による灌漑の行われている地帯には、被害の少なかったことがわかる。

しかし、②の場合、

右就大損亡両度雖歎申、不預御承引条、不便之次第也、而当庄内於南禅寺并地頭方者、被下上使、被遂検見畢、同庄傍例如此、於当御方、不被入御検見之間、上申作毛等之処也、

とあるように、損亡の理由についてはふれていず、①の損亡名坪付注進状のように、被害の状況＝坪付を具体的に記すのではなく、名を列挙した、損亡名々注進状の形をとっている。また、「於南禅寺并地頭方者」とあることなどからすると、あるいは冷夏・旱魃等の作稲に対する全荘的規模の被害だったのではないか。とすれば、①の河成のように、流域に限定されるものとちがって、被害も多く、当然連署者の数も増えるであろう。

また②の注進状では、①のときには単独で書かれていた名が、二つから多いもので四つまでつなげて書かれ、その下に略押、あるいは花押が書かれている、という形のものがある。名の記載だけを引用する。

吉守名（略）末重名（略）仏道名（略）四郎大夫（略）六郎大夫（略）貞次名（略）延永名（略）善阿（略）介真名（略）延真弘真（花）末清名（略）西善名（略）増得名（略）覚心（略）延時名（略）十郎大夫（略）国□□《（延名カ）》□□《（略押カ）》種近名（花）秋次名（花）真末（略）行弘（略）近貞□□《（略押カ）》覚法（略）近元（略）近守（略）宗正名（略）半大夫（略）末行名宗行守（略）法善（略）弥四郎秦五（略）吉真名（略）包真名（略）吉正包末

（略）恒末包延（花）国近智善権三郎西貞光（花）真貞　国貞□□（略）末高権太（略）横四郎（略）国岳　得
善重行西願（花）延里　重清貞恒　光貞　藤次郎□（郡カ）□光（花）貞光藤二郎又三郎孫太郎（花）覚妙若狭（略）成
恒　時延　真蔵半　是藤（花）

※略押は略とし花押は花とした。

以上であるが、貞和の検注で延真・弘真・是藤・有光・恒末・末松・真蔵・行貞の八名には、番頭免が与えられており、これと②の連署者の中で花押をすえている者とほぼ対応していることから、これらの名主を損免要求の中心人物とみることは可能であろう。

上島氏は、この注進状の名主を、「この段階での矢野荘の全名主である[37]」と、とらえておられる。このときの損亡の性格が、先に考えたように、全荘的なものであったとすれば、この意見は充分納得がいく。貞和の検注から二十年余り隔たっているが、この注進状には名主職集積の様子がよく現れている。以上の前提にたって、農民の階層構成について考えてみたい。

荘内には、十三日講[38]といわれる講組織があった。史料的に、実態のすべてを明らかにはできないが、在地において、自然発生的に生まれたものと思われる。これと、先の寺田悪党時代の有力名主層とを対比することは、ある程度在地の階層構成を把握する上で有効であろう。

まず、損免要求との関連から検討してみたい。

損免要求は、斗代定めの下された後は、年貢負担農民と領主の間に不断に繰り返されている。しかしこれは当然のことながら、決して上級封建領主の地代を否定するものではなく、損亡を盾とした減額要求である。いいかえれば、より多くの余剰生産物、労働力を在地に留保するための要求である。そしてこれは多く、領主—名主間の力関係で決められ、これを主導していたのが、先の有力名主層であった、と考えられる。応安～永和年間にかけて、一度目の惣荘一揆への動きが活発化する中で、損免要求は、代官排斥を目的とする闘争が主体となりながらも、恒常化しつつ依然として続けられている。

先にサンプルとして、貞和・貞治のものを挙げたが、このような要求の出される背景として、どんな状況があったのかについてふれる必要があろう。

貞和三年（一三四七）に始まった給主職補任事件は、観応二年（一三五一）まで落着しなかった。この間、近隣在地領主による、矢野荘への侵入が繰り返されていたことは、先にふれた。東寺は、これを防ぐため、福井三郎二郎という武家代官を補任していた[39]。しかし、これにともなって守護による兵糧米・人夫役等が徴収され、同時に荘内では、足手公事の新たな賦課が問題となっている。

また、領主東寺は、特に多年にわたる年貢等の未進に対しては、名田畠の収公をもって臨もうとする。例えば康安元年（一三六一）の学衆方評定引付には[40]、

一、七斗六升七合、善阿跡、当庄地頭西奥弥七押之云々、何様子細哉、若以為不法名主、令難渋年貢者、就名田可有沙汰、今度委細可注進申事、

とある。「沙汰」の主体は東寺であるから、「善阿跡」（重藤十六名の一つ）に対して名田畠の収公を行う権限を有しているといえる。これに対して名主層は、

観応元年未進、於実円弁者、乍挙厳重請文、□(于)今不致其沙汰之条、太雖不可然、当年七月中必可有其弁之由、重請申之者、任彼請文之旨、必可有其沙汰、次至成円弁者、壱結余既致沙汰之由[41]

これも学衆方評定引付で、文和二年（一三五三）のものであるが、ここでは、実円・成円といった有力名主が、年貢等を未進せざるを得ないような弱小名主の肩代りをしていることがわかる。実円、成円ともに寺田氏追放の際の戦

功により名主職補任を受けた者であり、特に成円は、貞和五年（一三四九）からは、学衆方代官を務めている荘内の有力名主である。[42]この評定の行われた年は、ちょうど、貞和・貞治の損亡要求の中間期にあたる。八三名（貞和元年）から、五十数名（康暦元年）へという現象は、このように、有力名主層による未進年貢の肩代りを梃子とした名田の集積という形で進められたのであろう。

損免、減免要求によって生じた余剰は、荘内にどのように吸収されていたのだろうか。史料には現れ難いが、公平に分配されたとは考え難い。永原慶二氏は、上久世荘の分析で、次のようにいわれている。「荘園年貢の減免は、代官・名主層においては荘園領主権の圧迫排除と、自身の領主化の前提的条件を勝ちとる意味を持っていた」[43]。ここで、「名主」の富有化が、「領主」化につながるかどうかは問題であるが、有力名主層の主導による損免・減免要求は、その前提として作用していた。

以上まとめると、鎌倉期から南北朝期にかけて作成された諸種の土地台帳からは、鎌倉期以前、寺田氏の領主制下に従属させられていた階層の成長が、東寺による寺田氏の排斥運動と新たな支配体制確立の動きによってもたらされたことは確認できる。また身分的にも「名主百姓」としてとらえ直されている。しかし、これら「名主百姓」は、あくまでも各耕地片に対する年貢・公事の負担責任者である。土地台帳の作成主体である領主東寺の意図したところは、矢野荘を形成する各耕地片の年貢負担責任者を明確化することにあり、それを通して、在地領主化しつつあった寺田氏の経営体を解体し、領主＝東寺を頂点とする一円支配を実現することであった。

しかし、貞和段階での八三名の「名主百姓」の中には、別に名主職補任状等により、改めてその地位を確認されている「名主」もいる。永原氏のいわれるところの「荘園制的秩序のもとでの特定の下級庄官的機能をもつもの」が、これにあたろう。これらの「名主」の中には、公文清胤・成円・田所昌範のように荘園職を得た者や、祐尊のように代官職を兼ねた者もいる。また、弱小名主百姓の未進年貢を代弁し得るような者（例えば実円）も「名主」である。

以上のことから考えて、年貢負担責任者である、所謂「名主百姓」と、おもに年貢徴収責任者的役割を果たす「名主」とは、区別されるべきであろう。領主東寺の土地台帳作成の意図を考慮すれば、「名主百姓」は身分であって、実際の階層を表現しているとは考え難い。

矢野荘に関して名主職補任状の出されている背景をみると、多くは、年貢収取体制に何らかの差障りのある事件の前後である。例えば、建武年間、寺田氏の荘内乱入の風聞が流れた頃には、是藤名主として実円が。永和に入って代官と名主百姓との利害対立が表面化してくる頃には、貞次名主として快真が。永和の惣荘一揆の後には、是藤半名主として頼金が。明徳元年（一三九〇）、明徳・応永期の惣荘一揆を前にして、是藤半名主として実次が、各々名主職補任状を受けるか、請文を提出するかしている。(44)

佐藤和彦氏によって、「十三日講」の存在が指摘されているが、先のような「名主」層が、その構成主体となる可能性が考えられるが、以下は次節で検討したい。

三　矢野荘における名主職

前節を通じて検注の意義と損免要求についてみてきたが、矢野荘においては、従来この損免要求の繰り返しによって惣百姓間の結合が強まり、小百姓層までも含みこんだ広汎な惣結合が作られ、それが永和・明徳の惣荘一揆の基盤になっている、と解されてきた。(45)しかし果たして損免・減免要求と惣荘一揆を同一線上で論じてよいのであろうか。

稲垣泰彦氏は荘家一揆の性格を、「全国的全時代を通じて見られる、封建地代反対闘争である」とし、鎌倉末〜室町初期にかけて頻発する荘家一揆の共通点は、地頭・荘官等の新たな収奪に反対するものである、と規定されている[46]。しかし荘家一揆として一括されているものの中には、まさに全国的全時代を通じてみられる年貢の減免・損免要求と、地頭・荘官（彼らは何らかの意味で在地領主を指向しており、そのために或いは守護を後ろ盾とし或いは荘内の諸職を集積、利用して規定以上の公事、夫役等を課す）等を通じてなされる新たな課役に反対するものと、ふたとおりがある。従来この二つをまとめて荘家一揆とし、前者は後者の闘争の基盤を作り出す前提としてとらえられていた感があるが、これらは基本的には区別すべきであると思う。

先にもみたように、損免要求の繰り返しの中に、ある程度平等な農民層の結合というのは認め難く、また時代が下るとともに損免要求は恒常化し、豊凶にかかわらず出されていくという傾向に注目したい。

次に後者の代官排斥を要求した惣荘一揆についてみてみたい。矢野荘では、永和のものと明徳・応永期のものが有名であるが、ここでは特に永和三年（一三七七）の惣荘一揆を扱うこととする[47]。

これは供僧・学衆両方代官職を兼ねていた東寺の寺僧祐尊を訴えて荘内の名主百姓が逃散する、というものである。まず祐尊の代官としての性格について考えてみたい。

彼が正式に学衆方代官職に補任されたのは延文四年（一三五九）であるが、先の給主職補任事件をめぐる在地の混乱に対処するため、同じ頃から在荘して飽間氏から重藤名の回復をはかり、同時に公文としての役割も果たしていたらしい[48]。貞治五年（一三四九）には供僧方代官も兼ね、永和元年（一三七五）にいたって正式に公文職の補任を受けて、両方代官職と公文職を兼帯し、荘内で比類ない権力をもつことになる。

祐尊と百姓名主層との利害対立が表面化するのは永和に入ってからで、同二年（一三七六）には正守護の判形をとり、一切武家・守護との関わりをもたぬこと、臨時非分に百姓を駆仕しないことなど、厳しい条件付きで公文職、学衆方代官職についての請文の提出が命ぜられている。

この両請文の文面を検討することで、公文職・代官職のちがいについて考えてみたい。

まず代官職については、

「（端裏書）
祐尊重請文　紛主代事」

播磨国矢野庄学衆方重被仰下条々

一、就散用状、今度及委細御沙汰、以本帳、重被作目録上者、向後年貢并雑穀・公事銭員数等、雖一事、不可違此旨事但於河成者可被遂検注云々其後可治定年貢員数矣

一、散用状事、翌年正月中調之、二月十五日以前、必可京進事

一、於毎年庄未進年貢者、次年遂請加散用者、法例也、而近年之式、動及三ヶ年、不究済之条、殊不可然云々、於向後者、翌年必遂散用、悉令弁償之、不可過両年事

一、百姓等訴訟之時、無同意儀、公平為先、可加問答、若及強訴者、令注進張本名字、可加治罰事

一、毎事重衆命而、不可存私曲、就中、庄家御下知之条々、不致厳密遵行之間、毎事無其実、是併依御代官緩怠之由、被仰下之上者、向後重御下知之旨、而可致厳密沙汰、若所申有其請者、忩可注進仕事

右条々雖一事若背此請文者、可被致替於所職、其時更不可申子細（後略）(49)

とあるように、①年貢・雑穀・公事銭の散用は員数に従うこと、②年貢の未進は三ヶ年を過ぎず翌年には必ず散用すべきこと、などにより年貢の徴収を請負う請代官の職務の一端をうかがうことができる。

次に公文職については、

（端裏書）
「祐尊重請文　矢野庄公文職事
永和二・七・十六」

重請申

東寺御領播磨国矢野庄例名公文職条々

一、彼職者、為寺恩被宛行上者、云子息、云他人、不伺寺命、自由不可譲与事

一、宛公文職名字、軍忠御教書并御感意見状等、自公方、不可申賜事

一、不可致武家并守護奉公事

一、正守護判形状、廻内外秘計、急速可執進事

一、耕作時、両三度雇仕人夫外、臨時非分不可駈仕百姓等事

一、毎年大湯屋湯代四百文、無懈怠、可致沙汰事

右条々、雖為一事、背請文之旨者、且被召放所職、且可蒙大師八幡、殊当庄大僻大明神御罸、仍請文之状、如件

永和二年七月十六日　　祐尊（花押）(50)

とあるように、特に宛行については、寺恩のみにより、守護方との関わりをもたないことを明示している。これは、近隣在地領主が矢野荘への侵入、または押領をする際にその手段として多く公文職を押領しており、先の給主職補任事件による在地の混乱のときも、飽間九郎左衛門尉、小河顕長らも、公文職を掠取ったことが東寺から何度も訴えられていることによる。応安七年（一三七四）守護の奉行人奉書により祈禱所として正式に東寺に寄進され(51)、これに祐尊が就いて混乱は収められている。

また耕作時両三度のほか百姓を駈仕しないこと、という条項は、先の代官職請文と比べると、公文職が非常に在地支配に密接に関連した職であることを推測させる。

祐尊がこれらの請文を提出しなければならなかった背景には、実円ら有力名主によるつきあげがあったらしく、康暦元年（一三七九）の実長申状には、

兼又、毎年廿貫文御公事銭者、代々御代官多年被隠密、不備公平之処、往古之故実於実円依申上、貞治年中以来自地下令運送之、勘年々分者、若干為公（平）□者也、是併不恐両給主後勘、偏忌私之忠節也、尤可預抽賞之由、蒙御寺御下知之処、死去之上者、尤宛実長、可被思食宛、次当庄公文職事者、根本無此職、阿波与一殿一旦御恩為始所職也、御寺御不知行之後、為被返付之、剰如元可被結公事之由、再三実円申上畢、当公文殿法橋御房、其時為庄家御代官、所有御存知也、是偏存寺家未来公平故、不顧上総法眼御房御恨、申上于御寺畢(52)

とあるように、代々の代官は年々の公事銭を着服し貞治年中以降は実円が替って運送していた、ということや公文職についた祐尊が公平な公事銭を結んでいないことなど、実円らが再三東寺に対して訴えていた様子がうかがえる。

永和三年（一三七七）一月、名主百姓は逃散に及ぶが、

学衆方御代官已及廿余年、非法非儀、絶常篇、駈仕百姓等超過、土民之其歎不遑毛挙、仍一庄悉令一味同心、罷出者也(53)

というように、主に祐尊による非分の百姓駈仕が訴えられている。

祐尊は名主百姓が還住するまで終始守護の武力を頼り強硬策を主張し、実際に武力弾圧を行う。就中祐尊の請人であった花厳院法印弘雅も守護の武力を利用することで一揆をおさえようとしている(54)。

この惣荘一揆はあくまでも祐尊の在地領主化しようとする動きと、それによる新たな収奪に対するものであり、臨時の労働力の徴発などは矢野全荘にかかわるものである。それだけに有力名主層のみならず、中小名主層までも、祐尊との対立は避け難い。加えて、彼は代官として京進年貢のうち四分の一を請負った所謂請代官であり、それによる

在地への負担の転嫁も充分考えられる。

また彼は真蔵・国岡・成円・貞延・中三郎・与三入道等の名主職を兼帯しているが、これらの集積は、延文～貞治年間に行われており、そのほとんどは貞和の検注勘料の未進を彼が立用することによって得たものではないかと考えられる。

このような名主職集積の動きに対して有力名主層は相互に未進年貢を立用することで、名主職喪失を防ごうとする。例えば、実円の息子である信阿＝実長も延文三年（一三五八）に年貢替銭用途三〇貫文の紛失が彼の罪科とされ、内二〇貫文は給主（福井三郎次郎）が負担し、残り一〇貫文は信阿の弁とされ、若違越日限、不□其沙汰者、於名主者、可被召放名田、於給主者、可及殊沙汰(55)という東寺に対して、信阿に替って実円が、

請申　矢野庄名主信阿弥所進用途事

合拾貫文者

右、来月十日以前、可直納寺庫、若違越日限者、信阿弥・実円相共、可被召放名田之状、如件

延文四年三月廿三日

実円（花押）(56)

という請文を提出し、これを請負うことによって両者ともに名田畠の収公を免れている。

また、応安二年（一三六九）には十三日講の席上で藤内三郎打擲事件が起きるが(57)、そこで話し合われていたのは、荘内にある大僻宮神主職をもつ弁阿闍梨快真が所持する貞次名の勘料未進のことについてであった。

このように有力名主層は互いにある程度の規制をもちつつ相互の地位を保障し合うような連合体制をとることが可能であったが、それ以外の中小名主層は惣荘的な連合体制内に入り込みえず、未進による名田収公と有力名主や祐尊

のように在地領主化していこうとする土豪層による名主職の集積にも抗しきれぬ者が多くいたことが考えられる。

例えば延文五年（一三六〇）の学衆方評定引付をみてゆくと、貞和の検注で重藤名が解体された結果生まれた重藤十六名と、重藤分の名田について、

一、祐尊申、重藤百姓等、私立願御奉加事

壱石、自供僧・学衆両方、可被下之、

一、祐尊申、名田問状事、

供僧方給主并公文・田所三人、可尋之

当庄重藤名内田畠五反四十、善阿跡、飽間西奥領之、八反十五、与三入道死去跡、八反卅五、中三郎死去跡、八反十、秦五死去跡、七反卅、少目死去跡云々、右為事実哉不、所詮当知行輩名字并相伝子細等、任実正、載起請言、可被注申之由、供僧・学衆其沙汰候也、[58]

というように祐尊の注申により重藤百姓等の私の立願が認められ、六月に東寺は内検しようとするが、八月、百姓の訴状により閣かれ、地下の申請に任せられた。[59]このうち与三入道、中三郎の名主職はのちに祐尊の所持になっており、同じく重藤名の解体により生まれた貞延名・成田名の名主職も彼のものとなっている。

また実円は応安二年（一三六九）の所持名注進状によると、是藤・貞光・孫太郎・守恒藤二郎名を所持しており、このように、これらの土豪的名主層は中小規模の名主職を集積の対象にしていたといえる。

以上のことから永和三年（一三七七）の惣荘一揆について考えてみると、先の十三日講が公文祐尊による恣意の労働力収奪等に対して不満をもつ名主層の結集の場となり、その意味で惣荘一揆と深く関わりをもっていることは事実として、先の藤内三郎打擲事件ののち東寺から召還を受けたものは、「職事紀次郎、上村右馬五郎、田井村九郎、若

狭野森左衛門四郎、雨内五郎大夫」[60]というように彼らの住居は全荘にわたっており、このことからも、おそらく十三日講というのは惣荘的名主連合の結集の場であったものと思われる。

上島有氏によって矢野荘には上村・下村よりもさらに小さな「むら」があり、これが農民の生産の単位であり同時に支配の単位にもなっていたことが明らかにされたが、[61]この「むら」の上部にあり、番頭免を与えられているなど、ある程度特権的な名主達によって構成された連合組織が十三日講と称されていたのではないだろうか。

永和の惣荘一揆では、この上部組織＝十三日講に下部の「むら」を構成する名主が結びついて行動を起している。しかしこれらの講構成集団が「むら」の名主層に強く規制されていたのも事実である。先にもふれたが一揆の翌年の康暦元年（一三七九）の実長申状には、

但承大輔房内々掠申趣、上総法眼御房非法猛悪事、惣庄名主・百姓及一同訴訟之時、致張本人由申掠□(申)云々、支証何様事哉、惣庄五十余名々主数十人、一味同心仁以連判訴申時、争一人可存異儀哉、若皆惣庄一揆者、忽可被罰之間、為遁一旦難、雖非本意、如判形許也

と、実長のような土豪的名主でも惣荘の一揆に対して一人背くことができなかったことを物語っている。

この惣荘一揆により祐尊は代官職、公文職ともに罷免され、東寺内部での活動だけが史料として残っている。次いで代官職には、良宝を経て永徳の頃から明済という寺僧があたっているが、彼も明徳・応永期には農民の訴訟逃散を受ける。明済は代官職罷免ののち、還補されているが、以後在荘しなくなる。これは南北朝期を通じて行われてきた代官を介する支配が、二回の惣荘一揆によって失敗したことを如実に示していよう。しかしこれは、東寺が矢野荘支配を断念したという意味ではなく、例えばかつての公文職をめぐる在地領主間の抗争などは室町期に入るとほとんどみられなくなっていることなどに注目したい。

この期にはかつての広大な重藤名も単なる徴収単位として完全に分解されて土地台帳に記載され、また公文雑免、雑免等の特別地が倒されて一般名同様領主の収取地として扱われていることなどが宮川氏によって指摘されているが、氏はこれを「公文としての地下代官の権利を奪ったことを意味し、公文職を持つほどの土豪的名主が地下に出現することを阻止したもの」と評価している。(62)つまり公文職と代官職との権利内容をあらかじめ峻別した上で請代官が任命されるわけだが、領主東寺による介入の少ない、このような支配体制を実現させる前提として、永和と明徳・応永期の惣荘一揆の意義を評価しうると思う。

先に述べたような有力名主層による惣荘的な連合を中心として行われた惣荘一揆は、所謂「先例」に対する「新儀」を拒否するために行われたもので、「先例」＝基本的支配の限度を領主に認めさせ、また名主間相互に定着させる役割を果たすものであった。しかしこれらによってもたらされた「荘園制の安定」は有力名主層独自の力で達成し得るものではなく、荘園領主、守護等上級権力の存在を前提として初めて存在するものであったことはいうまでもない。

以上、損免・減免要求を中心として、荘家一揆の意義について検討してみたが、領主―農民＝支配・被支配関係が存続する限り繰り返される損免、減免要求と、荘園領主以外の領主化を指向する者（または近隣在地領主）による新たな収奪に対する闘争は、厳密な意味で区別すべきであると思う。損免等、本年貢の固定化を意図して行われたものは、基本的な領主―農民間の要求の実現形態である。一方、都市貴族的荘園領主には、「新たな収奪」を合法化することはできない。特に、代官に寺僧があたっている場合も、代官が、その職責を果たすために利用したのは、守護を背景とした権力である。その代官を訴えて名主百姓が逃散したとしても、紛争はあくまでも在地レベルのもので、荘園領主に代官の非法・交替・排斥を訴えたとしても、それは、荘園領主に対する「闘争」というべきものではないと思う。特に永和三年の惣荘一揆の場合も、東寺は事態の収拾に最後まで調停者としての態度を崩していない。これ以後東寺は、在地における紛争解決の手段として、守護の武力を頼り、その結果応永以後、軍事・警察的役割を守護に委ねた新たな支配体制が創り出され、こうした過程を経た後に所謂国人を媒介とした、両者の共存による一定程度の安定が、室町期を通じて保たれることになる。

付表1　矢野荘伝領図

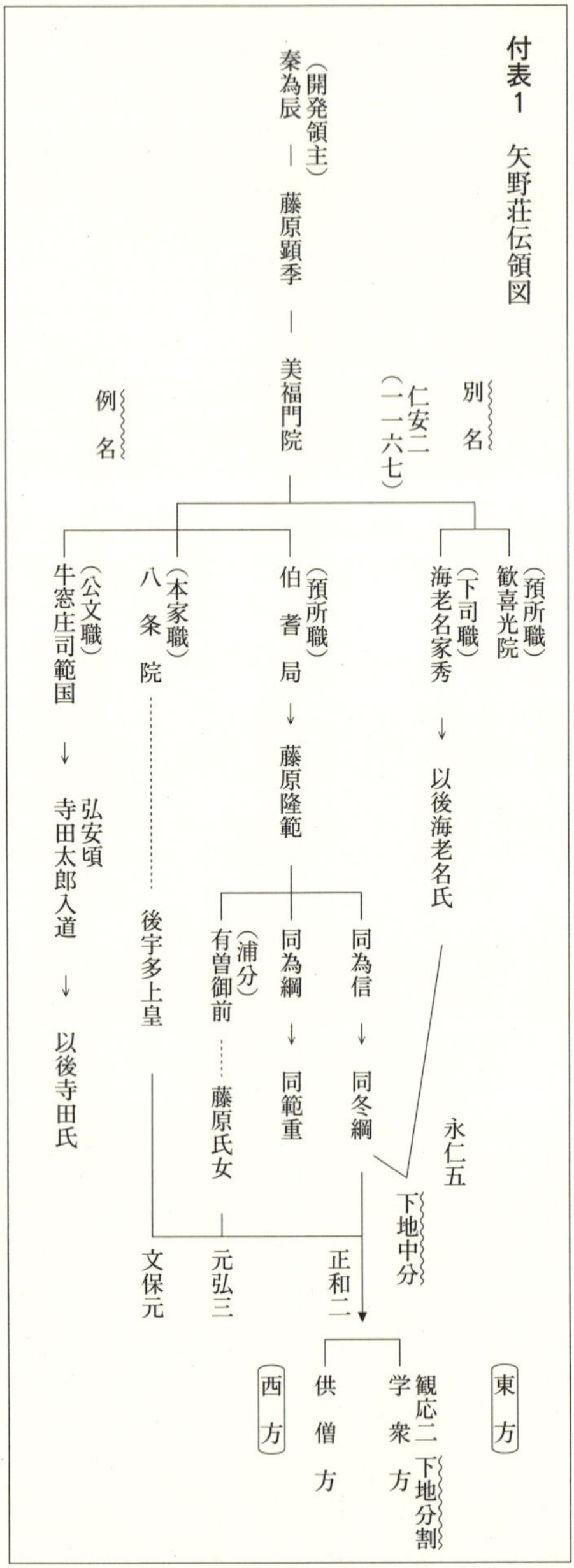

注

（1）この荘園についての研究の主なものを掲げると、清水三男「中世に於ける播磨国矢野庄」『歴史と地理』三〇号、一九三二年。福田以久生「播磨国矢野庄における寺田悪党」『歴史学研究』一五三号、一九五一年。宮川満「播磨国矢野庄」柴田実編『荘園村落の構造』創元社、一九五五年。網野善彦「悪党・代官・有力名主—鎌倉・南北朝期の播磨国矢野荘を中心に—」『中世東寺と東寺領荘園』東京大学出版会、一九七八年。佐藤和彦「十四世紀における播磨国矢野荘の在地動向」『東京学芸大学紀要』第三部門社会科学第三一集、一九八〇年、のち『日本中世の内乱と民衆運動』校倉書房、一九九六年

（2）黒川直則「守護領国制と荘園体制」『日本史研究』五七号、一九六七年など

（3）鈴木良一「純粋封建制成立における農民闘争」『社会構成史体系』日本評論社、一九四九年

（4）稲垣泰彦「応仁・文明の乱」『岩波講座日本歴史』七、一九六七年、同「土一揆をめぐって」『歴史学研究』三〇五号、一九六五年、のち『日本中世社会史論』東京大学出版会、一九八一年

（5）佐藤和彦「南北朝内乱と悪党—播磨国矢野荘を中心として—」『民衆史研究』七号、一九六九年、のちに『南北朝内乱史論』東京大学出版会、一九七九年

（6）黒川氏は、荘内の有力名主、地侍層と鎌倉以来の地頭に系譜をもつものの二者があり、「国人領主」の、領主としての性格は後者にあるとされている。「中世後期の領主制について」『日本史研究』六八号、一九六八年

（7）稲垣泰彦前掲注（4）論文

（8）文保元年三月一八日、後宇多上皇院宣『相生市史』第七巻五七、東百一四五

（9）上島有「中世村落と庄家の一揆—播磨国矢野庄の場合」『中世の権力と民衆』創元社、一九七〇年。これによると、矢野荘には地番表示的な条里が使われており、仁安の中分は、これに従った坪分け式のものであったこと。また、そのために例名、別名が同一荘域内に混在する結果となったことが指摘されている。

（10）正安元年一一月五日、例名実検取帳案『相生市史』第七巻二一、東百テ八、正安元年一二月一四日、例名東方地頭分下地中分分帳案『相生市史』第七巻二二、東百み八

(11) 上島有「南北朝時代における武士の庄園押領―播磨国矢野庄の場合―」『日本中世の歴史像』創元社、一九七八年
(12) 元応元年七月日、法印権大僧都教厳等連署置文『相生市史』第七巻六九、東百ヒ三四、同年法印権大僧都教厳等連署置文『相生市史』第七巻七〇、東百ト一七
(13) 貞和元年一二月八日、矢野庄西方実検取帳目録、教王護国寺文書三七一『相生市史』第八巻上、一三九、貞和二年一二月八日、矢野庄西方実検并斗代定名寄帳『相生市史』第八巻上、一三七、東百み二五
(14) 注(18)参照
(15) 網野善彦前掲注(1)論文参照
(16) 佐々木久彦「南北朝期における農民の動向―東寺領矢野庄の場合―」『国史学』八〇号、一九七〇年
(17) 上島有「播磨国矢野庄における百姓名の成立と名主百姓」『日本史研究』二九号、一九五六年
(18) 矢野荘給主職をめぐる寺僧の内紛であるが、頼玄・深源・果宝のうち主に深源と果宝の間で争われ、観応元年には沙汰の落居を待たず、深源が代官として垂水法橋を入部させたことに始まり、近隣在地領主真殿兵衛尉守高、飽間九郎光泰や、那波地頭海老名源三郎等の違乱を受けている。
(19) 観応二年七月七日、例名西方分帳(供僧方分)『相生市史』第八巻上、一八五、東百テ二九、同年、例名西方分帳(学衆方分)『相生市史』第八巻上、一八六、東百サ一〇。なおこの分割は下地のみに対するもので、原則として荘務は両方一同に行っている。
(20) 小泉宜右「播磨国矢野庄悪党」『国史学』六六号、一九五六年など
(21) 寺田氏は、開発領主秦為辰の後裔で矢野荘例名内では公文職、重藤名地頭職を相伝していた。悪党行動は、建武二年(一三三五)を境に、前後二期に分けられるが、後半(公文職改替後)は強力なものではなく、最終的には観応二年(一三五一)の飽間光泰に対する寺田範長譲状案(『相生市史』第八巻上、一七九―二、東百サ一九)をもって寺田氏の悪党行動は終り、これ以後飽間氏に引継がれてゆく。
(22) 康暦元年八月日、是藤名々主実長申状『相生市史』第八巻上、東百よ一―四上。これには検注の様子が書かれている。

(23) 暦応二年八月日、例名西方田畠斗代定帳『相生市史』第八巻上、一三二、東百ロ
(24) 貞和元年一二月八日、例名西方田地実検名寄取帳『相生市史』第八巻上、一三七、東百み
(25) 貞和二年四月一〇日、例名西方実検并斗代定名寄帳『相生市史』第八巻上、一四三、東百ロ七、同年同月、西方畠実検名寄取帳『相生市史』第八巻上、一四三、東百ト四〇
(26) 貞和二年四月一〇日、西方田畠実検并斗代定目録『相生市史』第八巻上、一四八、東百ま三
(27) 建武二年九月二一日、田所昌範起請文、暦応四年五月日、矢野荘名主百姓等申状『相生市史』第八巻上、一二八(1)・(2)、東百サ八、東百サ八
(28) 上島有前掲注（17）論文
(29) 前掲注（22）、実長申状
(30) 宮川満前掲注（1）論文
(31) 西方河成并水損内検帳『相生市史』第八巻上、一六七、東百よ一一—一五下
(32) 名主・百姓等連署起請文『相生市史』第八巻上、二六八(1)、東百よ一一—一五下
(33) 名主・百姓等連署起請文『相生市史』第八巻上、二九八、東百京六六
(34) 名主・百姓等申状『相生市史』第八巻上、二九九、東百京六六
(35) 佐々木久彦前掲注（16）論文
(36) 貞和五年九月廿一日『相生市史』第八巻上、一六七、東百よ一一—一五下、貞和五年九月廿九日『相生市史』第八巻上、一六九、教王護国寺文書三八六
(37) 上島有前掲注（17）論文
(38) 佐藤和彦前掲注（1）論文
(39) 飽間氏の濫妨に対処するため、東寺は近隣（美作）在地領主の有元将監に仰合せ、有元は公田方年貢半分をもって養子の福井三郎二郎に契約させる。福井は、有元の権威を後ろ盾として、後に一円所務職を手に入れている。詳しくは網野善彦前

掲注（1）論文参照

(40) 学衆方評定引付、康安元年五月二日条『相生市史』七巻二二一、東百ム三八

(41) 学衆方評定引付、文和二年五月八日条『相生市史』第七巻一五、東百ム二七

(42) 学衆方評定引付、貞和五年五月七日条『相生市史』第七巻八、東百ム二二

(43) 永原慶二「荘園解体期における農民層の分解と農民闘争の展開」『日本封建制成立過程の研究』岩波書店、一九六一年

(44) 建武二年一〇月一三日、是藤名々主職補任状『相生市史』第七巻一〇四、東百み一七、学衆方評定引付、永和元年九月一〇日条、学衆衆議下知状、『相生市史』第七巻三六、東百ラ八（なおこれは、弁阿闍梨快真が同族の小林信家と貞次名を相論した結果得たものである）。学衆方評定引付、康暦元年七月三〇日条『相生市史』第七巻四〇、東百ネ五二（頼金は、従来是藤名を相伝していたが、寺田氏に与して名は没収、実円に宛行れた後何度か訴訟を起していたが、康暦元年にいたって、実円の罪科に乗じてこれを回復している）。明徳元年九月三日、実次是藤名半分名主職請文『相生市史』第八巻上四七四、東百テ七一（実次はこの中で「不可与名主百姓之訴訟事」を誓っており、後に寺家被官人と呼ばれている）。

(45) 佐々木久彦前掲注（16）論文

(46) 稲垣泰彦前掲注（4）論文

(47) 佐藤和彦「南北朝期の人民闘争—永和三年、矢野庄における『惣荘一揆』の検討」『歴史学研究』三三六、一九六八年、のち注（5）著書所収

(48) 祐尊は、文和元年（一三五二）に下向し翌年には先の公文成円に替って、学衆方年貢并雑物等散用状（教王護国寺文書三九七『相生市史』第八巻上、一九九五）を寺家に対して注進している。

(49) 永和二年五月日、祐尊代官職重請文『相生市史』第八巻上、三八八、東百オ六五

(50) 永和二年七月一六日、祐尊公文職重請文『相生市史』第八巻上、三九〇、東百テ六〇

(51) 応安七年五月一四日、室町幕府奉行人連署奉書案『相生市史』第八巻上、三四二、東百射一四—三

(52) 前掲注（22）

(53)　学衆方評定引付、永和三年二月一三日条『相生市史』第七巻三八、東百ム五二
(54)　学衆方評定引付、永和三年八月二八日条、東百ム五二、ここには、学衆の諮問に対する弘雅の返答として、
為懲戒、兼守護方書下并海老名新左衛門入道源延状等誘取之、海老名状者、地頭方中船引太郎・衛門三郎等名主居住之故也、如此廻計略、於縱横、令威圧家、随而押置名田畠者、地下承諾不可廻時日
というように、事態の即時解決を望む態度が示され、そのために弘雅は給主職、祐尊は公文職を改易されても止むなき旨の請文を提出している。
(55)　学衆方評定引付、延文四年三月二〇日条『相生市史』第七巻二〇、東百ム三五
(56)　延文四年三月二三日、実円料足請文『相生市史』第八巻上、二三六、東百テ四〇
(57)　佐藤和彦前掲注（47）論文、網野善彦前掲注（1）論文
(58)　学衆方評定引付、延文五年四月二二日条『相生市史』第七巻二一、東百ム三七
(59)　同前、延文五年八月二四日条
(60)　同前、応安二年八月三〇日条
(61)　上島有前掲注（9）論文
(62)　宮川満前掲注（1）論文

＊矢野荘に関する研究は大きく進展しており、研究史上欠くことのできない論文が多く発表されている。代表的な論文を挙げる。
伊藤俊一「中世後期における『荘家』と地域権力」（日本史研究会中世史部会共同研究報告）『日本史研究』三六八号、一九九三年
伊藤俊一「『有徳人』明済法眼の半生―室町前期における寺院経済転換の一断面―」大山喬平教授退官記念会編『日本社会の史的構造（古代・中世）』一九九七年
伊藤俊一「高井法眼祐尊の一生―南北朝～室町前期における東寺の寺領経営と寺官―」『日本史研究』三五四、一九九一年

榎原雅治「荘園制解体期における荘官層―東寺領矢野荘の十五世紀―」『史学雑誌』一九八五年、のちに『日本中世地域社会の構造』校倉書房、二〇〇〇年所収
高木徳郎「播磨国矢野荘の荘園景観と政所」『悪党の中世』岩田書院、一九九八年

第八章　戦国期の公家領荘園にみる名主職と守護段銭

荘園制的収取の枠組みが、室町・戦国期まで継続する要因の一つとして、黒川直則氏は、南北朝期以降、守護の領国支配の基礎に荘園所職の宛行が組み込まれ、守護が荘園を領国支配の基礎としてとらえている点を指摘し、武家領主の支配方式との連携の結果生みだされた支配体系としての側面に注目する。(1)さらに近年では中世後期の荘園制について、特に戦国時代まで残る荘園制的収取を重視して、荘園領主権力の残滓としてみるのではなく、その本質を在地に形成された「地域」概念の中に見出そうとする「地域」論として展開される。(2)

中世後期社会の中で、「地域」を舞台として権力の構成を考えるとき、地域住民に対する権力編成の主体としての荘園領主の権限は、いったん後景に遠のき、「地域」を支える重要な機構として現れる自治自律的存在としての、「村」が注目される。ただしこの村は、かつての惣村論として論じられた荘園制への対抗組織としての独自の「村」というよりは、(3)惣荘に示される荘園制の要素をまとい、惣荘・惣郷の二重構造を前提に立ち現れるものである。(4)

荘園制の中で培われてきた在地の身分秩序や慣習にもとづいた百姓の権利意識は、国家的存在としての荘園領主の、領域支配権の喪失とは別に、中世の在地社会の中で長く息づく、とする榎原雅治氏は、中世後期社会の惣村文書が荘園文書と有機的な関係をもちながら成立してきた点に注目する。(5)

一方で藤木久志氏、大山喬平氏が戦国大名の領国制下に残る「名をや」「名本」に注目し、名を通じて運上される

「公方年貢」の継続性を重視して以来、[6]荘園制の本質を「職の体系」に求める永原慶二氏の見解に対して、中世後期荘園の内部で機能する名主職・作職の意義への注目が高まった。[7]荘園現地に「名」として残る荘園制的収取の基盤が、領主にとっての公方年貢を保障する側面をもつ一方で、これを在地の側で維持しようとする名主層の存在もあった。室町〜戦国期の荘園の名主が、在地にとっての荘園制の本質を「名」として体現される徴収機構の中に見出し、在地からの動きとして維持している点が注目される。こうして、室町期以降の荘園制の体制的展開について国家的職の体系の崩壊期としてとらえる見解と、在地における権利の擁護システムとして機能するとする見解と評価が分かれてきた。

この時期の荘園制の本質を在地側に形成されてきた慣習や権利意識に求めることが可能であるなら、名を基盤に運上される公方年貢と加地子を中心に戦国期の収取体系の継続を考える一方で、荘園領主のみに収斂されない在地負担の運上ルートにも注目する必要があろう。室町期以降、一国平均役の催促徴収を契機に、武家政権の財源として比重を高め始める段銭は、守護や本所などを賦課主体として次々と認めていく中で、室町幕府および守護による段銭の賦課基準となる公田の把握が問題となる。

中世後期の公田については、これまで主に大名領国制との関連で、在地領主の階級結集の媒介環となる所領規模を表す尺度として位置づけられてきた。[8]田沼睦氏は、一九七〇年代の公田論の中で、領主段銭の成立により新たに領主層が加地子の収奪が可能となったことを指摘し、これにより成立する幕府—守護体制の進展が、荘園制を解体に導く要因となったと指摘する。[9]

寺社領・武家領における公田段銭成立の経緯は室町幕府による公田を基準とした段銭の賦課・徴収を通して守護による段銭が賦課されるにいたり、やがてそれは国人領主による独自の段銭を成立させ、これが戦国大名領国における貫高制的賦課の基準として受け継がれてゆくとされている。[10] 在地における段銭の徴収が、本年貢・加地子と並ぶ収取の一方法として固定される荘園では、荘園制解体の指標とされてきた領主公権の体系的衰退がみられる一方で、新たな「公」の論理が、在地に向けて貫かれてゆく反面、これらの徴収基盤としての「名」の意義が改めて浮上してくることとなる。職の体系が崩壊していく一方で「公」の論理が室町幕府を中心に構成され、これを在地の側で受け入れる体制が作り出されている点に注目したい。[11]

本稿では、幕府段銭の免除特権が与えられていた九条家領の荘園に対する幕府段銭・守護段銭の催促・免除と、守護および荘園領主権力の対応の問題を中心に室町～戦国期にかけての公家領荘園の支配形態について検討することとした。この中で、在地における諸課税の徴収機構の根幹となる中世後期の本年貢徴収システムについて、その発生史的側面を追求することを課題として考えたい。在地に形成された「名」を称した徴収システムの形態は、在地社会の中で周囲にどのように受け入れられて形作られたのであろうか。中世後期の荘園における名主身分の果たす役割が、遺制としての「名」を体現する存在ではなく、在地社会にあって、諸領主への納入を分配し、収納を支えるための弁となっていた事実を重視しながら、支配機構上における名主職の意義について検討してみたい。対象とするのは、播磨国内の九条家領の所領である、田原荘と蔭山荘[12]とする。

中世後期の公田体制について、荘園制を崩壊させる要因として、室町幕府―守護体制を評価する視点も示される一方で、九条家のような荘園本所が領主段銭を成立させ、年貢に加えて段銭の徴収をも行うことができたという事実が室町幕府―守護体制の進展に伴って新たな荘園制の徴収方式として現れるという賦課形態の変質の面を重視しながら、[13] 特にここでは南北朝期以降の室町幕府による公田支配との関連で、[14] 室町幕府の九条家に対する段銭の催促免除の原則[15]や、室町から戦国期にかけての守護による段銭の催促・免除の様子をみることにより、九条家領荘園内部で公田が荘園支配の上に果たしていた役割について検討してみたい。

一　室町・戦国期の九条家領播磨国田原荘・蔭山荘

九条家を含む摂関家の所領には、氏長者が氏行事をまかなったり氏院寺を維持するための殿下渡領[16]（摂籙渡荘）と、当主による処分可能な家領とがある。[17]このうち本節で対象とする田原荘・蔭山荘は後者の九条家の家領である。

九条家に関する譲状および処分状は鎌倉期以降では治承四年（一一八〇）皇嘉門院譲状、[18]元久元年（一二〇四）兼実処分状、[19]建長二年（一二五〇）道家惣処分状、[20]正応六年（一二九三）忠教文書目録、[21]建武三年（一三三六）道教知行目録、[22]応永三年（一三九六）経教遺戒、[23]戦国末期、家領目録[24]等が作成されている。これらによると播磨における九条家領荘園は、赤穂郡佐用荘（東荘・西荘・本位田・新位田・豊福村・江河村・赤松村・千草村・土方村を含む）、明石郡神戸荘、賀茂郡厚利荘、神埼郡田原荘、同郡蔭山荘、多可郡安田荘、美嚢郡久留美荘と赤目荘（所在不明）等をあげられる。このうち南北朝から戦国期まで九条家の支配がみられ、年貢徴収の実態を示す史料が残されている荘園は、田原荘・蔭山荘と安田荘の三荘といってよい。ほかの荘園に関する史料の減少要因については、改めて検討しなければならない課題であるが本稿では、この三荘を対象として中世後期段階の九条家による荘園支配のあり方について検討してみたい。

田原荘は、保延七年（一一四一）鳥羽院庁下文案[25]によると、当国大掾伊和豊忠の先祖相伝の所領であり、豊忠が永祚元年（九八九）に桑原為成に譲って以後大掾の家で相伝してきた所領であった。ところが大治三年（一一二八）に支証等を相副えて鳥羽院の院司でもある源師行に寄進され、国司免判を得て一色別符として領知されてきた。しかし保延七年師行はこれを院庁に寄進したことにより、田原荘は鳥羽院領として立券され、源師行はその預所となる。このときの四至は、「東を限る蓮華池、南を限る船津、西を限る大河、北を限る保木山」として、「船津」「保木山」等の地名や、「大河」とされる西側の河川の指標などから、おおむね現在の兵庫県神崎郡福崎町の一部にあたると考えられる。田原荘のおおよその四至を含めて、荘域については『福崎町史』中世の部分で分析が行われているのでそちらに譲りたい[26]。田原荘は現在の神埼郡福崎町のうち、市川を境とした東側部分にあたるといえる。市川は、昭和三〇年代のダム建設以前は、何度か氾濫を起こしていた河川で、田原荘自体は、その氾濫原にあたる。近年まで灌漑は市川からではなく、溜池灌漑によって耕作されている[27]。

田原荘は立荘後、鳥羽院から八条院（暲子）に伝領される。この頃の田原荘の年貢は、熊野那智・新宮に常燈油料として備進されていたが[28]、建久七年（一一九六）八条院から駿河の「八とりの荘」、安芸の「あまの荘」とともに、春華門院昇子に渡り[29]、彼女の没後建暦元年（一二一一）には後鳥羽上皇の監督下、順徳天皇の領するところとなったが、承久の乱でいったん没収された後に後高倉院に返還され、のちに大覚寺統の所領となって行く。

田原荘は建長二年（一二五〇）の九条道家初度惣処分状の段階では、その名はみられず、九条家領としての家領目録の中に加えられるのは、正応六年（一二九三）の九条家文庫文書目録にいたってからである。それまで大覚寺統系の所領であった田原荘が、九条家領となるのは正応二〜三年のことと考えられる。正応四年、摂津国生嶋荘預所職と田原荘内西光寺の院主職に関して、もと生嶋荘預所覚照の起こした訴訟によると[30]、当時九条忠教の家領であった生嶋荘の預所職を本所九条家が収公したことを訴えたところ、後深草院からその替えとして田原荘内西光寺を覚照に宛てるとの院宣が下った。ところが田原荘側では、

本所変以前被申請之旨、不可叙用　院宣之由、称有本所御下知、田原庄定使行心・同公文代定源并西光寺住僧以

表1　南北朝期の九条家領

一円（本家職）	11/40	田原荘
領家職	22/40	安田荘
領家職（地頭中分也）	4/40	蔭山荘
地頭職	1/40	
神主職	1/40	

＊建武三年、九条家政所注進当知行目録案（『九条家文書』23）より作成

下庄民等、一向背両度　聖断、凡不叙用廿六箇度之　院宣

とあり、代一度の院宣[31]が正応二年（一二八九）六月一三日に出ていることから正応二～三年の間に田原荘は生嶋荘の替えとして九条家に入ったものと思われる[32]。

このときの訴訟にともなって作成された実検注進状[33]によると、当荘は惣田数二〇五町六段三二代で在地寺院免田および人給田を除いた残りが一一二町五反四九代とあり、惣年貢は七二二石三斗四升五合九勺五才で、その中には熊野御油料として一五八石二斗九升九合九勺五才が含まれていた。このほかに除分や荘例立用、給米等を除いて残り四九七石八升の在所であった。またそのほかに、摂関家領の公事として永仁五年（一二九七）の御所大番役定書案[34]によると、一〇月～一二月分の大番役を務める在所としてあげられている。

南北朝期の初期に九条家が諸荘園に対してもっていた所職の内容を知りうる史料として、建武三年（一三三六）の九条道家政所注進当知行目録[35]がある。これによると九条家が荘務権をもつ荘園は四〇を数え、田原荘については「播磨国田原荘一円」とあり、本家職をもっていたものと思われる。のちに触れる蔭山荘・安田荘に関しては「同国蔭山庄領家職地頭中分」「同国安田庄領家職」とあり、それぞれ領家職をもちながらも南北朝期以前に蔭山荘は地頭と下地中分をしていたことがわかる。

南北朝期を経過した後の各荘の知行状況について知りうるのは、応永三年（一三九六）の九条経教遺戒[36]である。これによると当荘は、

一、播磨国田原庄半済定、年貢四百余果、公事銭一万疋許歟、雑掌宇野入道源長、月宛毎月七百疋、月宛公事料

二千余疋致沙汰者也（後略）

とあり、南北朝期には半済がなされており、年貢四〇〇余果および公事銭一万疋と月宛て公事料として毎月二七〇〇疋あまり、一年で三二四貫文余りを、現地の雑掌として播磨国守護代の宇野氏一族の源長が請け負って沙汰する代官請の荘園であった。

また蔭山荘は、建久三年（一一九二）の後白河院庁下文[37]によると、「勅院事国役并国郡司甲乙諸人等妨」を停止すべき諸所のなかに、当国安田荘とともに記されており、この段階では自在王院領となっている。これ以後どのような経緯を経て九条家に入ったかは明らかではないが、正応六年（一二九三）の九条家文庫文書目録の中にその名はみえる。建武の知行目録では地頭と領家職を中分していることから九条家は蔭山荘の領家職をもち、その上に自在王院の本家職があったものと思われる。

蔭山荘内には二〇数か所の村と名の存在が確認できるが[38]、応永三年の九条経教遺誡には、

（前略）

一、同国蔭山七ヶ村、下村松田九郎左衛門秀長為預所、中村頼氏為御恩、多田村兼世御恩、山田村兼邦、無足田一音院領、八千草村同前、仁色村揚梅少将親家御恩（後略）[39]

という七ヶ村が上げられており、応永年間に作成されたとみられる年未詳の本所分公田田数注文[40]では、八千草村・山田村・名田村・同村内重富名・仁色村・砥堀村・余田村の七ヶ村が上げられている。村名は一致していないが、九条家文書史料上に現れる村名の少なさなどからも、二〇数か村が村ごとに下地中分等によって九条家の手を放れていたものと思われる[41]。

蔭山荘は現在の姫路市の北部にあたり、北を田原荘と接し西は市川をはさんで福崎町の対岸香寺町までをも含む広

大な荘園である。現在も豊富町御蔭、山田町、山田町多田、船津町、八千種、余田、仁野（仁色）、砥堀、中村等の地名が残る。

もう一つ比較的残存史料の多い安田荘の伝領関係についてもふれておく。安田荘は、文治二年（一一八六）『吾妻鏡』の後白河法皇条々事書の中の、「一、播磨国武士押領所々事」の中に、前年まで当国の守護であった梶原景時らの押領について「或自由有押領之地、以之称相伝歟、安田庄自領家若狭局雖称預給、全不可然」[42]とあり、後白河院が本家職をもっていたものと思われる。後白河院はこの預所職を建久三年（一一九二）に自分の愛妃高階栄子に宛行う[43]。高階栄子は、宣陽門院覲子の母で、承久の乱前後は土御門通親らと結んで九条家と対抗していた人物である。このときの後白河院庁下文によると安田荘はそれまで安田保と呼ばれており、国衙領として年来二万枚の瓦を尊勝寺、蓮華王院両寺に弁済するほかは、雑事を免除された国免荘であったが、院庁下文により、不輸之地として立荘されたものであった。同年の後白河院庁下文で蔭山荘とともに「勅院寺并国郡司甲乙人諸人等妨」を停止すべき諸所としてあげられており、尊勝寺并蓮華王院領とされている[44]。

しかし承久の乱で没収され、同三年（一二二一）には前年まで播磨の守護職についていた後藤六郎兵衛尉基重の宇治合戦の戦功を賞して、その後家に安堵されている[45]。この後荘内地頭職が九条家に入り、建武元年（一三三四）には後醍醐天皇綸旨により「安田庄五ヶ郷地頭職」を一円に管領すべき旨が認められている[46]。

安田荘五ヶ郷とは、応永三年の九条経教遺戒によると、

（前略）

一、同国安田庄五ヶ郷、於安田郷一音寺用、公乗法印奉行、使田年貢千疋致沙汰、其外不及課役、高田郷八条三位入道知行、曾我部郷大納言知行、中村郷為料所、野間郷半分同料所今半分管領（後略）[47]

とあり、安田・高田・曾我部・中村・野間の五郷であった。これ以前に安田荘に対しては半済が行われ、これは宝憧寺に給付されていた。九条家はこの半済分の返還のため宝憧寺に働きかけていたらしく、応永二五年（一四一八）には高田郷領家職が[48]、翌年には安田・中村・曾我部三ヶ郷の半済分が、宝憧寺から九条家へ避渡されている[49]。野間郷に関しては康暦三年（一三八一）には、公文代藤原実弘の作成した領家方年貢米等注進状があり[50]、応永八年（一四〇一）にも「本所半分御年貢散用状[51]」が作成されていることから荘務権は九条家が握っていたものと思われる。

先の四ヶ郷に関しては、永享三年（一四三一）に宝憧寺が年貢銭として二六七貫文と同年の修理段銭五一貫二〇〇文を九条家に納めていることから、段銭および公用（年貢銭）を宝憧寺が請け負っていたものと思われる[52]。

以上が播磨国内の九条家領のうち主だった三ヶ荘の概略である。三荘とも九条忠教置文の書かれた正応六年（一二九三）の段階には、九条家が領家職または地頭職等の職をもつようになっていたが、中でも田原荘は内部に西光寺・妙徳寺等の有力な在地寺社を含み込みながら一円的な支配を行っていた。

九条家はこれらの荘園から代官請による公用年貢の徴収を行っていた。公用年貢は代官による請切年貢高であり、その代官職は本来荘園所職とは異質なもので、室町期的新代官支配といわれている[53]。田原荘の雑掌宇野氏や、安田荘の宝憧寺等がその例である。蔭山荘では荘内多田村本所分の代官職を嘉吉二年（一四四二）に山名氏の被官・斉藤氏成が一二貫文で請負っている例がある[54]。

このような請代官による荘園支配は、荘園制的支配の変質を示す要因と考えられ、領主自身が自らの手による荘務執行の努力を放棄したときに成立するものとして、公用年貢方式下では領主は隠田の摘発や内検などには関与せず、もはやそれは荘園制崩壊の様相を呈している、といわれている[55]。つまり、荘園制を国家的徴収体系の上に位置づけ、荘園領主経済から在地における農民の生活と耕作のサイクルを見通すという視点に立つとき、荘園領主権（荘園領主による荘務権）の後退と考えられてきた。

九条家の荘園にあっては、公家領荘園が衰退するといわれる室町期～戦国期にかけて、荘園現地からの年貢を把握することのできる荘園が継続して存在している。和泉国日根野荘における直務支配にみられるように、戦国時代のただなかにいたるまで九条家が荘園からの年貢を散用する体制を播磨国内においても継続することができた理由として、国家公権としての荘園領主権の実質から論じることは、すでに不可能であることは明らかである。一方で、播磨国内という地域的条件を考慮した場合、九条家領のような公家領をはじめ、寺社領等の本所領荘園の残存率の高さは注目される。赤松・山名等の守護の領国支配の特質や、中世後期社会の経済圏の中における播磨国の位置等も、その大きな要因となっているのではなかろうか。

ところで中世社会においては、荘園領主の徴収する年貢のほかに荘園や国衙領に対して幕府や守護が賦課主体となる臨時賦課税としての段銭があった。これは一国平均役として課されるもので国家的行事遂行責任をもつものがその催促免除の権限をもつ。平安末から鎌倉期はこの権限は王朝国家権力によって掌握されていたが、南北朝末期を境として催免権が幕府に移行したことにより、段銭の社会に及ぼす影響も変化する[56]。将軍権力を頂点とする武家政権が催免権を掌握したことにより、形式的ではあれそこに結集する守護・国人層は将軍権力の下降分有という論理に則って自らが主体となって所領内に守護段銭・在地領主による段銭の賦課を行う。

その基準となったのが、幕府段銭・守護段銭にあっては「大田文」であった。地頭職の補任や御家人役徴収の基準ともなり、国内の田地面積・領有関係等を記録した台帳として、鎌倉幕府の命により作成されたものと、国衙在庁機構によって作成されたものの二種があるが[57]、中世後期には、一国平均役などの賦課基準として固定的性格をもち、必然的に現作田数とは大きな乖離を生ずるようになる[58]。

一方で荘園制に対して中世後期の国家的支配形態として公田体制を大きく評価する場合、その賦課基準となる大田文記載公田を荘園内にどのように位置づけるのかが問題となる。「公田」が大田文に示された賦課基準として、帳簿の上の数字としてのみ機能し、領主側だけに把握された賦課基準数字ではなかったとすれば、この公田を取り巻く在地の力関係は地域社会の中にあってどのように編成されていたのであろうか。同様に公田は、地域社会にあって可視的なものとしての実態を示していたのであろうか。

特に中世後期社会において公田は、中世国家によって把握され、政治的に編成された、領主階級の中央結集の媒介環として国家的公田とも称され[59]、国役の催促は、荘内に守護使が入部することによって行われていた。反面、この守護使入部を停止し、国家的賦課としての段銭を、守護を経由せず直接に京済することが許されている所領としては[60]、主に平安期に最も強い不輸権を有していたといわれる三代起請符地、五山寺領、将軍奉公衆の所領（料所）等限られた寺社および貴族等の荘園であったといわれている。

先の播磨国の九条家領三ヶ荘について段銭催免の状況をみると、暦応元年（一三三八）の諸国大嘗会米の賦課が初見である。室町幕府使者申詞案によると、

暦応元年九月廿六日武家使者基秀法師円忠申詞

諸国大嘗会米事

於武家被官所領者、仰守護人所致沙汰也、至本所一円御領者、可為　公家御催促乎、次建久以往庄号地事、任先例被免除畢、

段別三升　代銭三疋

使者入部并雑事等勤仕一向停止之、但催促過三ヶ度者、以使者可検納使者雑事等同停止之之由仰諸国畢、

一、大嘗会料足条々　暦応元、十、廿九評定

自余略之

次本所一円領并建久以前庄号之地、背先日事書致譴責云々、太不可然、一向可停止之[61]

とあり、朝廷用段銭の中でも重要な大嘗会米の催促は、暦応段銭では武家領に関しては守護が、本所一円領においては公家があたるというのが原則であった。またあわせて、建久以前荘号の地に対しても、守護の催促が停止されている。

しかし実際には、九月二六日に出された幕府の原則が最初から貫徹されていたわけではなく、守護使による譴責が行われ、雑掌が訴えたのちに、北朝光厳上皇院宣[62]により免除されるのである。暦応元年（一三三八）一一月四日の端裏書をもつ雑掌有賢申状案[63]によると「而忘先規背今□（度カ）武家背御事書之旨、称大嘗会米、放入守護使者於当庄、致譴責狼□（藉カ）、打入本所一円御領□、責取厨雑事以下、土民成其煩之条、難堪之次第也」として守護使を訴えて、鳥羽院の保延年中に荘号して以来、本所一円進止の地であること、熊野山に油を調達するほかの課役はないことを申し述べ、副進文書として、保延七年（一一四一）の鳥羽院庁下文案[64]と、室町幕府使者申詞案[65]を進めている。

この段階で朝廷はその催徴を幕府―守護に依存してはいるが、基本的には賦課権が実質的意味をもっていたのであろうことは、先の免除手続きの中にうかがえる。

応永年間以降は、室町幕府が段銭の催促権を握り、応仁年間以前までは室町幕府御教書により守護使不入の地として段銭が免除されている。

段銭免除によって、守護使による荘内入部を免れ、守護の検断権が荘内に及ぶことは避けられたがこれは段銭の全面的で恒常的な免除を示すのではなく、守護に成り代って荘園領主が徴収し、京都で納入する（京済）こととなる。

その具体的な様相については、二節以下で各荘についてふれることとする。また明徳年間以降になると幕府の賦課する幕府段銭のほかに、守護が独自に領国に対して賦課する守護段銭が、播磨においても恒常化してくるが、段銭の京済にともなって九条家は守護使による段銭催促の入部を免れる反面、独自の体制による催促を行う必要が生じる。具体的には次節以下で考察する。

二　田原荘における公田と段銭

田原荘は建武年間と応安年間には周辺武士の押領にあっており、特に応安四年（一三七一）には、有田亀寿丸、黒坂左衛門尉資行らによる下地押領があった。応安半済令を楯として入部したものと考えられ、後光厳院院宣[66]と、それを受けて出された足利義満の御教書[67]により停止されている。

当荘に対する段銭の催促免除の史料は、暦応元年（一三三八）の室町幕府使者申詞案をうけて出された光厳院院宣による大嘗会米の免除を初見とする。[68]これは当荘にかけられる段銭に対して恒常的な効力を発揮したのではなく、嘉慶元年（一三八七）の吉田社造営段銭の賦課に際して、当荘にも守護使が入部し、催促に及んでいる。この時の田原荘雑掌申状案によると

（前略）
去年天皇天皇《当御代》御元服、為一円平均法、被懸段銭之間、無先規之由、雖歎申、別而可致其沙汰之由、自本家御下知之間、雖背先例、致別儀
（以下裏）
沙汰了、而号吉田社造営、当年又為守護及催促之条、雖堪之至非言詞所及（後略）[69]

表2　田原荘段銭田数

年代	田数	注	出典
正応4年（1291）	205町6反32代	惣田数	『九条家文書』434
	112町5反49代	現作田	
永享3年（1431）	34町6反2代	段銭田数（殿中修理楊脚段銭）	『九条家文書』450
明応9年（1500）	33町2反23代	公田	『九条家文書』472
永正4年（1507）	121町2反20代	公田（鹿苑院殿百年忌御仏事料段銭）	『九条家文書』477
永正9年（1512）	34町5反43代	本所分段銭田数	『九条家文書』482

とあり、前年の至徳三年（一三八六）、後小松天皇御元服段銭は本所からの命により納めていたことがわかる。また守護はそれに乗じて当年の吉田社造営段銭も催促に及んだため、雑掌が訴訟を起こしたわけである。この訴訟の副進文書として暦応の光厳院の院宣が出されているが、一般に段銭の催徴権が北朝から幕府に移った時期として、康暦年間が画期となったとされ、また段銭免除を朝廷に願い出た例は、永和三年（一三七七）を最後とするといわれている[70]。

さて、室町将軍足利義教の時代になると、九条家領播磨国の諸荘園は、永享元年（一四二九）、義教の御判御教書[71]により段銭以下諸公事が免除され、守護使不入の地であることが認められた。それにもかかわらず、翌々年の永享三年には、同じ義教の御教書により「諸国当知行所々被懸仰事、不可有相違」として殿中修理要脚段銭が賦課される[72]。これに応じて田原荘では段銭田数注文が作成される[73]。田原荘は正応四年（一二九一）に作成された検注帳では、総田数が二〇五町六反三二代でさまざまな除分をひいて一一二町五反四九代の定田があった。そのうち御正作が二九町三五代（段別一石）、佃が六丁五反三八代（段別一石五斗）、本田が六二町八反三五代（段別六斗）、新田が三八町四一代（段別三斗）という形となっている。これが永享三年（一四三一）の段銭田数注文にいたると、三四町六反二代となっている。表2は田原荘に段銭が賦課された時の田数を示したものである。この段銭田数が、中世後期、室町幕府―守護体制によって再編され国役徴収の基準とされた大田文記載公田を示すことは明らかである。これがより明確に示されるのは明応九年（一五〇〇）の本所分秋段銭散用状[74]において「公田三十三町二反廿三代」とあることで、永享三年の三四町余りと、明応九年の三三町余りとでは多少のずれはあるが、ほぼ固定化した公田田数として存在していたことがわかる。永享の殿中修理要脚段銭は、この大田文記載公田数に応じて段別六〇文がかけられ、諸料足を除いた一〇貫八〇〇文が計上されている。

田原荘の現作田数は、応永三年（一三九六）の九条経教遺戒に「半済定」とあることから、正応の総田数を単純に二分の一にしても百余町あったことになり、公田数は現作田数の約三分の一強であった。この公田は大田文に記された帳簿上の数値ではない。田数注文の一部を引用すれば、

　田原庄段銭田数事
　　合　三十四町六反二代　宛段別六十文
　（中略）
清方　一しやう林定町九反内四反十上名　四反卅三代不作
　定田　六反四十五代　四百十四文
□（清カ）方　一町廿内三反不作　定田八反廿五　五百廿五文
□（つカ）うれん　四反廿五　二百七十文
（後略）[75]

とあるように、清方が請け負っている公田は「しやう林」＝荘林と四反三三代の不作を除いて残った定田が六反四五代となる。つまり不作・河成等の現実の耕作地の状況が公田数にも影響し、これらの耕作不能田を三四町六反二代から引いた残りの田地に対して段銭が課されるのである。このように田原荘における大田文記載公田は現地の耕作状況

も反映し、固定した耕地を示していたことがわかる。

次に明応九年の段銭について検討してみたい。田沼睦氏によれば、「この頃の本所分公田は、分割給人給地化され、守護支配の中核として機能していた大田文的秩序に包摂されて存在しており、守護段銭免除地としてこれと対応する形で本所九条家の恒例段銭賦課地として機能していた」という(76)。

まず明応九年の段銭と永享三年度の殿中修理要脚段銭とを比べると、明応では賦課の名目が明確ではなく、「秋段銭」とだけあり、また散用状は「本所分秋段銭散用状」(77)と「名子方公用銭散用状」の二通が同月同日付で作成されている(78)。

田沼氏の指摘のように幕府段銭の賦課徴収にともなって、公権の分有という形で領国内においては守護が、独自に段銭をかけ、播磨においても年を追ってこれが固定恒常化して、使用目的を明示しない「御要脚段銭」や「春・秋段銭」という言葉が使われる。特に赤松氏の領国内においては明応年間を守護役段銭の恒常的徴収への画期ととらえ得ることなどから、この段銭が守護が賦課徴収にあたった守護段銭であったと考えられる。

一方田原荘は守護使不入地として基本的には段銭は免除されており、守護段銭でもその原則は貫徹されていた。明応九年以降の守護段銭については、守護は大田文記載公田三三町余りに対しては催促・徴収の対象としていない。この公田分段銭に関しては免除の原則に則って本所である九条家がこれを徴収しており、このために段銭に関する散用状が二通作成されることになった。つまり守護段銭が免除されていた公田分が本所に納入される段銭＝「本所分秋段銭散用状」であり、公田以外として作成されたのが「名子方公用散用状」であった。

「本所分秋段銭散用状」によると「合明応九年分者公田三十三町弐反廿三代内妙徳寺分加之」とあり、このうち公田内の免除分を除くと残り二八町八反四三代がこのときの賦課対象公田であった。これに対する分銭は一七貫三二八文であり、反別六〇文が課された計算となり、賦課率としては永享三年の殿中修理要脚段銭の賦課額と同じである。

また「名子方公用散用状」によると「名子方ヨリ請負御公用御さん用状事送状在之、合弐拾七貫五百文又夫銭一貫文、以上拾八貫五百文内」とあり、この年に田原荘から九条家へ納入された分銭は本所分と名子方分とをあわせると四四貫八二二文となる。これを図に示すと、図1のようになる。

つまり九条家は、明応九年（一五〇〇）の播磨国における赤松氏の守護段銭の賦課に際して、所領内の公田部分からは本来免除されていた段銭を本所として徴収し、またそれ以外の名子方（守護の給人給地化した部分）からは公用として代官請年貢を徴収していたこととなる。

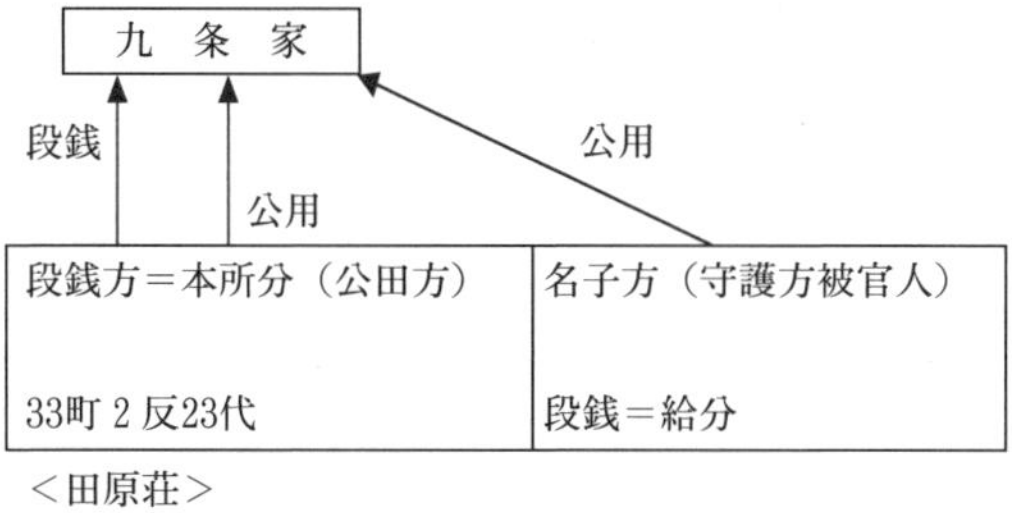

図1　田原荘における段銭方と名子方

このようにみてくると公田部分は本所分とも呼ばれ、九条家の支配が最も強固なものであった点が明白であるとともに「名子方」と呼ばれる守護被官によって分割的給人給地化されている公田以外の部分に対しても、公用＝本役の徴収に示されるように、基本的に九条家の支配は継続されていたといえる。

鎌倉期以降守護は国衙機構を掌握して行く中で、大田文をも掌握して行くが、大田文記載公田だけではなく領国内荘園の現作田数をも把握していたものと考えられる。そして幕府段銭等の賦課に際しては、それに便乗して名子方部分だけでなく本来免除されている公田部分の段銭をも徴収しようと試みるのである。

永正四年（一五〇七）鹿苑院殿（足利義満）百年忌御仏事料段銭の賦課に際して、三月には守護奉行人の連署により次のような段銭支配状が作成された。

支配　御要脚段銭事

合　百弐拾壱町弐段廿代者

右守公田数旨、段別五拾文宛、来十日以前、於御着可有究済、若日限令延引者、以使節堅可催促者也（後略）[79]

一二一町二反二〇代は、正応年間の総田数の約半分の数値であり、半済の後の開発等による耕地面積の増加等を考えあわせれば、この当時の田原荘現作田数を示しているものと思われる。これを対象として課された段銭を幕府は鹿苑院殿御仏事料段銭[80]としているにもかかわらず、守護は単に御要脚段銭[81]として、使途を明示しておらず、結局守護はこのときの段銭についても室町幕府奉行人連署奉書によって公田部分の催促は停止され、田原荘の現作田を対象として段銭は徴収できなかった[82]。

以上のように公田は九条家の田原荘支配にとって、公用と段銭の双方を賦課し、徴収することのできる部分として中核的位置に据えられていたわけであるが、九条家がそこから段銭を徴収するには、どのような方法がとられていたのかについてみてみたい。

九条家に納入される各国荘園の年貢は、九条家の家司である唐橋・白川氏などの中級公家の手によって散用される。彼らはその事務能力をもって代々九条家に仕える一方で、京都近郊の土倉等との交渉にも長けており、納入された年貢の運用等はほとんど彼らの手によって決定される。永正一二年（一五一五）、唐橋在清が田原荘段銭使の任命に対して出した請文によると、

（前略）

一、従来年者、如前々、田数をしるし、算用届可申候、但、春季段銭者、定納六貫文五月中ニ可致皆納候、其間儀者、我等作分坂下北方下地壱反御しち物ニ入候て、御下用引替、御方江可進置候、万一約月過候者、四文字の利平弁可進候

一、秋反銭者、拾弐貫文毎年十一月中ニ可皆納申候、しち物者同下地弐反進置候、巨細者前々文言同前たるへく
候（後略）[83]

とあり、春段銭と秋段銭との総額は、一八貫文で、これは公田数約三四町とすると反別約五〇文の賦課となる。唐橋在清はこの本所分段銭の納入を段銭使として請負い、その担保に田原荘内の「我等作分坂下北方下地壱反」および「同下地弐反」のあわせて三反の下地を質物に入れて段銭の納入を約している。

この段銭が在地に賦課されるときには、

田原庄本所分段銭田数住（注）文。紙継目裏に白川富秀花押あり

合

六町七反　妙徳寺

弐町四拾代但四十代近年不出候　福寿院

（中略）

六反　八反田　五郎右衛門

五反　中嶋　孫衛門

九反　同前　三郎兵衛

四反　西光寺　あんにゃ坊

三反廿五代　うりう　太郎兵衛

以上

一、寺院方

八反但六反分納　　遍照寺
一反廿五代但壱反分納　　高屋寺
（後略）(84)

とあり、田原荘内の各中小集落（八反田・中嶋・西光寺・うりう等）の農民を個別に把握し、これを賦課対象としていることがわかる。そして田原荘の本所分＝公田の内部には「寺院方」と呼ばれる部分があり、遍照寺や高屋寺は「里寺十三カ寺」とよばれて除分として扱われていた。これが永正九年（一五一二）の段銭田数注文では本所への段銭義務を負う田地＝公田として編成し直されており、加えて永正一七年（一五二〇）の春段銭にいたると高屋寺分は除分として散用されていることから、これらの分から上がる段銭はおそらく個々の寺院の修理・維持の費用として在地で消費される、荘園年貢における除分と同じような扱いを受けたのではないかと思われる。かつての荘園年貢と本所分段銭の同質化現象である。

以上、田原荘における公田を軸とした段銭徴収についてみてきたが、九条家は田原荘の公田部分から上がる段銭のみを収入源としていたわけではない。公田以外の名子方からも公用（本役）が納入されている点については先にふれたが、公田に対する九条家の段銭徴収は、惣荘からの公用徴収に対して付加的な役割であろう。詳しくはのちにふれるが、本節では公田数の固定化とそれに対する幕府段銭の免除が、守護段銭の恒常化にともなって荘内に段銭方＝本所分と名子方の別を生じたこと、また九条家は公田部分を軸としながら公用に加えて段銭の徴収をも実現していた点を指摘しておきたい。

三　蔭山荘における公田と段銭

室町期の九条家領荘園で、荘園領主が自家の当知行分に賦課する本所段銭が成立する経緯について、田沼睦氏は、蔭山荘での事例を検討された[85]。九条家では少なくとも室町期の応永三二年・永享三年・文安三年の三か度にわたって、九条邸の修理のために本所段銭が賦課され、当知行荘園の所属する各国守護を経由して催促・免除が行われているとする。蔭山荘と田原荘は、田原荘の四至にみられるように同じ九条家領荘園の中でも播磨国内で隣接する荘園であった。田原荘における公田の事例を前提にして、中世後期における九条家による蔭山荘の支配方式について、隣接しながら異なる状況を検討してみたい。

九条家領の本所段銭が成立するきっかけは、九条家の財政窮乏にともなって、邸内の荒廃が進んだことから、この頃の当知行諸所に対して賦課されたものであった。九条家の当知行は建武三年の「九条家政所注進当知行目録案」では四〇か所の所領が挙げられているが[86]、室町期の本所段銭賦課の対象となった荘園は、応永三二年に初めて本所段銭が賦課されたと考えられる段階で書き上げられた「応永卅二年閏六月九日家領段銭御教書到来、則段銭注文[87]」によれば、一六か所となり、以後の段銭賦課の基準もおおむねこのときの荘園が対象となっていたようである。

田沼氏は、守護段銭の成立にともなって、領国支配の中に公田体制が確立されていくことを重視し、守護方の給人給地化の進展が促される一方で、荘園制はこれを素因として衰退していくと位置づける。公田論を通してみた場合、本所に対する本役を負いながら、一方では守護の給人として被官関係に入っている守護方給人の存在形態は、荘園制に対する阻害要因と考えられてきた。

しかし特に蔭山荘では、こうした村落上層身分が、荘園本所からの新たな段銭賦課と守護段銭の恒常的賦課の始まりに対して、あえて名主職という荘園制の枠組みを主張することによって、改めて自らの身分を主張しようとする動きが注目される。室町から戦国期にかけての公家領荘園の中で、荘園領主への納入を意識した「本役」を納入していることが、名主職の指標であると主張する村落上層は、まぎれもなく守護被官でありながら、名主でもあった。このような、両属的な関係の中で荘園制的枠組みとしての「名主職」が浮上してくる経緯について検討してみたい。

九条家が蔭山荘の領家職をもっていたことは建武三年（一三三六）の知行目録にみられ、本家職は自在王院がもっていたが、建武元年の下地中分(88)、至徳年間の半済等(89)により、九条家の領有に入る蔭山荘の総田数は単純に考えて四分の一に減じている計算となる。

応永三年（一三九六）の九条経教遺戒(90)には、九条家領として蔭山荘内の下村・中村・多田村・山田村・無足田・八千草村・仁色村の七か村が挙げられているが、このうち無足田は訴訟により応永六年（一三九九）の時点で、自在王院への本年貢を三〇石に加増することを条件として富田・大庭・英保・後藤等の、守護赤松義則の被官人の給地と化していた(91)。これを除くと九条家の知行分は、六か村となってしまうが、九条家の領主権の及ぶ範囲を果たしてこの六か村だけとみてよいかどうか、公田との関連で検討してみたい。

永享三年（一四三一）の殿中修理要脚段銭と称された九条邸修理のための段銭は、同年八月一八日付の足利義満の御教書をもって「諸国当知行所々」にかけることが、九条家に承認された(92)。これを受けた九条家は播磨国守護赤松満祐に対して九月八日、

自家門奉書案
御家門為修理、御当知行分段銭事、以播磨守殿（赤松満政）被伺申候之処、上意厳重被仰出、則御教書如此候、仍播州蔭山庄事、田数参佰十八町在所候、近年或号地頭、或号名主職、有名無実候、所詮不被仰付国御代官方者、不可事行候、

員数者段別七十文宛候、此旨委細可申入由候也、

として、九条家家司の三条公久が播磨国守護赤松満祐に対して添え状を出し、田数三一八町に対して段別七〇文の徴収を命じている。(93) 九条家による家領への段銭の賦課が、将軍の近習である赤松満政に働きかけ御教書発給がなされたことで実現した段銭であるという。

まず田数について検討しよう。

蔭山荘ではこれに先立つ応永三二年（一四二五）蔭山荘総田数注文(94)を作成している。これには「蔭山庄総田数参佰八十町、但現作田三百十八町六段四十五代」とあり、永享の九条邸の殿中修理要脚段銭はこの現作田数に対してかけられたものであったことがわかる。

これに対して蔭山荘における「公田」は、年未詳ではあるが「蔭山庄内当時御年貢納所分在所之公田事本所分」と題する注文(95)があり、総田数注文と対比して判明する部分について記すと、表3のようになり、現作田と公田の比率は小さいもので約四対一、大きいもので約一〇対一となり「公田」は現作田

表3　蔭山荘田数比較表

	惣田数（応永32年）	公田数（年未詳）
八千草村	28町9反10代	5町6反25代
山田村	12町　　45代18歩	2町9反25代
名田村	16町6反35代	3町9反
同村重富名	7町8反45代	7町8反45代
仁色村	15町1反45代	2町5反
砥堀村	24町3反	2町5反
余田村		
助久	3町7反30代	
上村福永	15町5反45代	
中村一方	17町1反10代	
中村方	14町8反1代	
月包	9町6反45代	
重延	3町9反5代18歩	
中村福永	32町1反40代18歩	
秋重	3町3反20代	
仁色福永	3町1反5代18歩	
江鮒村	19町8反　　18歩	
田中村	34町8反35代	
藪田村	6町2反45代18歩	
加治村	2町6反20代18歩	
黒田村	8町9反30代	
永近	13町3反10代18歩	
友貞	6町9反35代	
行永	4町5反10代18歩	
下村福永	12町6反10代18歩	

の中に含み込まれていることがわかる。また、重富名に関しては現作田数と公田数が一致している点が興味深い。

次に守護赤松氏に催促を命じている点では、幕府段銭の賦課に際して当荘が守護使不入の地であった点は前節の田原荘と同様である。加えて段銭が免除された場合はその分を荘園領主が徴収し得たであろうことは田原荘において検討したとおりである。ところが蔭山荘に対して九条家は、守護に催促を依頼し国代官による徴収を認めている。ここでもう一度蔭山荘に対する九条家の立場について考えてみたい。

当荘の本所は自在王院であり、九条家がもっていたのは領家職であった。自在王院は先の無足田に関する訴訟に際して、本所として幕府に訴えて、御教書を取り付けており、本所としての機能を果たしている。このように考えると、九条家の領家職としての権限の及ぶ範囲は、下地中分・半済等によって減少させられてはいるが、それは自在王院自体がもつ本家職には及んでおらず、永享三年の段銭田数三八〇町は、自在王院の一円領としての広さを示すものといえる。しかし、この内部は九条家の領家職や、その半済分を給分として与えられた宝幢寺、九条家と領家職を下地中分した相手方の所領、無足田給人等を含み込んでいるため、領家として実質的に荘務権を握っている九条家であっても一元的に段銭を催促することはできず、守護に依頼する結果となるわけである。

守護赤松氏によって催促されたこの段銭は、一〇月四日付で赤松氏の奉行人である櫛橋・浦上の連署書下[96]によって「当所沙汰人御中」に催促が命じられ、さらに一一月二六日には「且於本所分段銭者、任先々員数相除之、至其外諸給方者、可被仰置存候」ことが命ぜられる[97]。ここにいう本所分段銭の員数が大田文記載公田数であり、守護による徴収から除かれたこの段銭が本所分として上納されるであろうことは、前節の田原荘でみたとおりである。

以上のことから永享の九条邸修理要脚段銭は実質的には全荘に対して賦課され守護がその催促・徴収にあたったこと、しかし公田部分の段銭に関しては、守護方へは渡らず、本所分として上納されていたことを指摘できる。

蔭山荘本所である自在王院は、実際の荘務権を九条家に委任して収納された年貢の内から得分として本役を受け取るが、九条家は当荘の領家として、また自在王院の代官として蔭山荘の支配にあたるのである。

この後、蔭山荘内九条家領の村のうち、いくつかは請切年貢による請代官支配へと転換して行く。多田村は嘉吉二年（一四四二）に一二貫文で斉藤氏が請け負い(98)、山田村は明応四年（一四九五）に、それまで下地を押領していた山下豊後守が下地を返付する替わりに代官職についた(99)。また下村は、九条家が高利貸的存在である十輪院へ売寄進し、その替地として、田原荘の米・銭・綿収取物を避渡し、さらにその替地として下村本所分について十輪院と契約を結ぶという経過を経た後に、文安四年（一四四七）十輪院朗厳が成身院公瑜に譲与し、ここに九条家と成身院の間で下村をめぐる契約が成立する(100)。

下村についての成身院との契約では、九条家から成身院に安堵が下された際に、「於御課役者、如御請文可有其沙汰候(101)」とあり、成身院から九条家へ一定の課役の納入義務があったことがわかる。この課役とは、明応元年（一四九二）成身院公遍書状によると「下むら御ほんやくの事、おほせくたされ候、たひ〳〵申あけ候ことく、やう〳〵に千疋ニ申さた候うへハ、二百疋しんしやう申候(102)」とあることから、二貫文の本役であったことがわかる。下村には成身院の代官として長禄三年（一四五九）以前から、当時の守護山名氏の有力被官である田結庄豊房がいた。寛正二年（一四六一）の彼の請文案(103)によると、成身院へ毎年一〇貫文の上納を請け負っているので、成身院は在地代官から上納される一〇貫文の年貢のうち二貫文を九条家へ本役として納めるという二重の請負構造となっていた。

以上みてみると九条家は、知行内の村に対しては、年貢を代官請とすることにより、本役を収取していた。

このように荘園の本年貢にあたる本役の納入に対して、臨時賦課税である段銭はどうであろうか。幕府段銭の賦課に際して、大田文記載公田部分の段銭は、本所方が徴収している状況については先にみた。田原荘でみられたように、戦国期に成立したとみられる赤松氏の守護段銭はどうであろうか。

明応四年（一四九五）一二月一日、守護による秋段銭の徴収にあたって、赤松家奉行人小寺則職と貴能によって、蔭山荘近隣の国人領主である牛尾左京進、恒屋三郎次郎、および薬師寺弥四郎、平位新左右衛門尉に対して、蔭山荘多田村、山田村の秋段銭を「堅可有催促」旨が命ぜられた[104]。ところが同じ月、多田・山田村の名主四名が九条家に対して申状を捧げた。

神東郡蔭山庄多田・山田村名主謹言状

右子細者、任御奉書之旨、段銭・諸公事等之事御成敗にて御納所之処ニ、今月一日より御着御納所より、主仁八騎にて大勢召くし、殊外なるけんせきにて、名々迷惑此事候、然ニ百姓等悉在所をあけて名主代官又ハ御百姓以下一円ニちんりん仕候（中略）佐候間、早々御下向候て、於平位如先々被出屈（届）候て、尤可然存候、さやうニなく候ハヽ、段銭・諸公事以下一円ニ其沙汰申間敷候、国在様具注進之使者可申上候（後略）[105]

四名の名主が判を据えたこの申状は、段銭に加えて諸公事をも在地の側はすでに納めているにもかかわらず、御着の陣にある（守護方から）主人八騎が大勢を引き連れて入部・譴責をしたため、百姓等は逃散し、名主や代官も百姓も一様に困り果てている。また段銭の催促には、本所方の使いが地下に下向してほしい、さもなければ今後段銭・諸公事以下の沙汰はしない、と訴えている。

これは、守護使不入の地として幕府段銭が免除されていたにもかかわらず、守護方の譴責使が入部したために起こった訴えであった。ところが守護使側からの訴えとして、明応四年のものと思われる赤松氏の在国奉行人小寺則職が在京奉行人の上原祐貞に対して宛てた書状によると、

九条殿御領蔭山庄内多田・山田村段銭事付而委細承候、彼在所御本所之公田田文前各別候、其外諸給人為御給被

相拘候、此内少本役等沙汰候へハとて、号本所分段銭難渋候事、無謂子細候、惣別蔭山庄内九条殿御領公田田数者、田文相定候、其余事者、従以前於坂元反銭納所之由候、為御心得追申候（後略）[106]

とあり、在地の名主は九条家に対する本役を負っていることを、本所分の証であるとして守護段銭を拒否しようとしていることがわかる。さらの本所の公田と田文前については「格別」とあり、大田文記載公田数と本所が把握している現作田としての公田は従来各々の扱いが異なることを守護方も掌握している状況がわかる。それ以外の部分には「諸給人為御給被相拘候」とあり、守護の給人が配置されていたことがわかる。

守護方からみれば、格別の扱いとなっている本所分の指標として、在地の住民が名主職を称することで自分の立場を示そうとする状況を「少本役等沙汰候とて、号本所分」して、守護への段銭納入を拒否する動きがあったことがわかる。

これに対して京都にあって九条家との交渉窓口となった上原祐貞ら在京奉行人の返事は、次のようなものである。

蔭山庄多田・山田内九条殿御年貢等御当知行江反銭被相懸候之由被仰候之間、其分ニてハ不可然之由、旧冬令申候処、為給所各相拘、少本役なと被召候を、被号本所分候儀者無謂之由、預御返事候、乍去　九条殿江御本役等被召候名主職江反銭可被相懸事者御迷惑之由被仰候、無余儀候哉、殊去文明十五大山口乱前迄、無相違反銭等被相除由被仰候、如何ニも能御糺明候て、於　九条殿御分者、被閣申候者、尤可然存候（後略）[107]

これによると、先に本所分といっていた九条家への本役納入者は「名主職」と呼ばれていることがわかる。これはまた「九条殿御年貢等当知行」ともいわれ、領域としての当知行地を名主職が媒介することによって年貢が納入されているという図式を設定することができよう。この年貢が名主等申状でみたように、本役を中心とした段銭・諸公事以下であり、その領域が「田文前公田」「御当知行」＝本所分に属する現作田ということになる。

九条家の言い分によれば、名主職として認識されている本所分のほかに、「少本役」を負担している住民がこれに便乗して、名主職を称していることについて、九条家の側として「無謂」としていることがわかる。今回の訴えは、守護方が本所分に属する名主職所有者＝本役を負担する名主層にまで、徴収を拡大したことが原因である。

先の四名に対する段銭の徴収をめぐる一連の問題は、次のような状況の中で解決される。

（端裏書）明応六年」

蔭山庄内御家門領太田文前公田数事者、御免除之儀心得申候、多田・山田村内諸給人前四名事、只今被相加御注文承候、此儀者従先々各別之事候之間、可申付候、少本役等之事者、被致沙汰儀もあるへく候哉、さ様時宜所々有引懸事候間、可有御心得候、恐々謹言

十一月七日　　（小寺）則職（花押）

貴能（花押）

白川殿御返報[108]

先に本役を納めていることを本所分として、守護段銭の徴収対象から除くことに異議を唱えていた小寺氏から九条家の家司にあてられたものである。先に「御本役等被召候名主職」といっていたものに対して、今度は「諸給人前四名」としているところから、在国奉行人の認識としては四名は給人給地として存在するものであったにもかかわらず、九条家への本役の納入という事実は本所分の証であることを否定しがたいものであった。何故ならばそれは大田文記載公田を含んでいるがゆえに「従先々各別」の地であったためであろう。

蔭山荘における九条家の所領は、このように守護方の給人給地と九条家の名主職とが実態としては重複しながらも、

九条家の支配は公田を媒介とすることによって、維持されていた。たとえそれが多田村・山田村でみた守護方給地との重層的な関係であっても、また下村でみたごとく、十輪院・成身院という寺院との重層的な関係であったとしても、公田を媒介とした本役の負担関係がある限り、それは免除分として認識され、ひいては本所分方の「名主職」と号することによって在国の守護奉行人の実力行使をも否定させる力となりえたのであった。

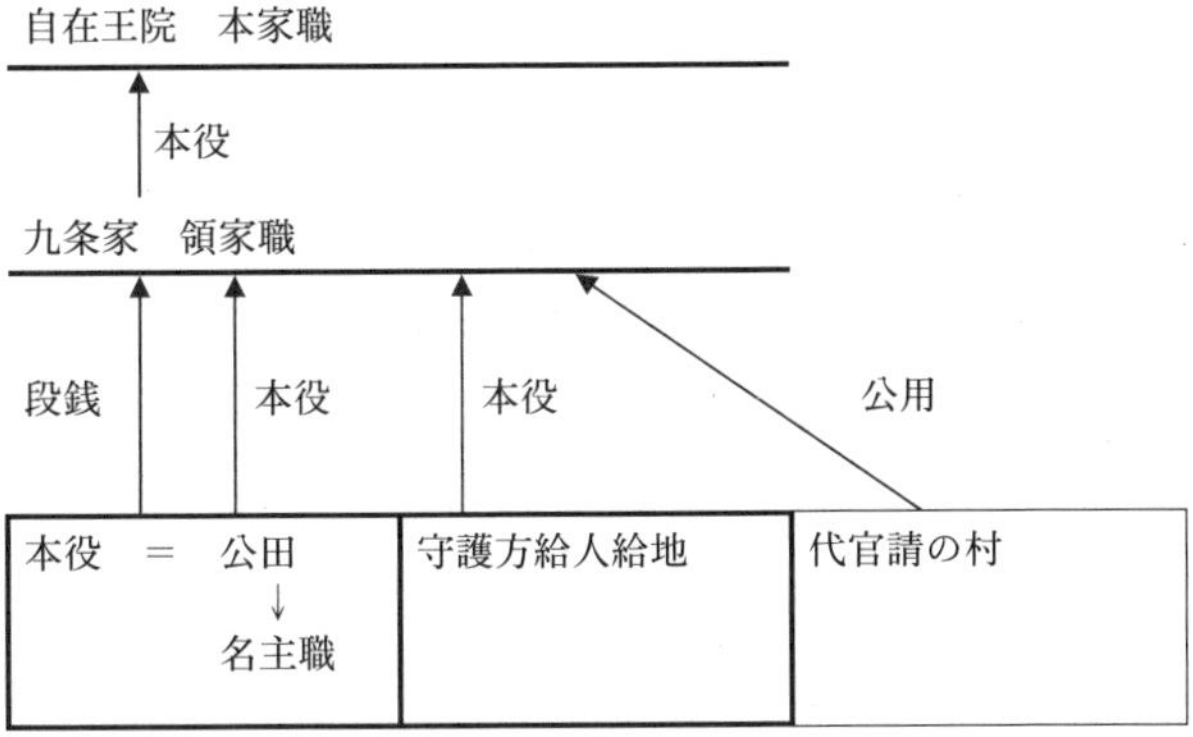

図２　蔭山荘領家職

　蔭山荘の公田は、幕府段銭においても守護段銭においても本所分として機能していた。それは本来守護不入の地ではあったが、実際の段銭徴収にあっては、守護を頼らなければ惣荘からの段銭徴収はできず、しかし守護の公田部分への介入があったとしても、それは公田であるがゆえに「従先々各別」の地として段銭は九条家に入るのである。また、守護段銭の賦課徴収にあたっては、公田耕作農民は名主職＝本所分と号することによって以前とは逆に守護の介入を避けている。

　このようにみてくると、ここにいう名主職とは九条家による蔭山荘支配の中で、職としての機能を在地農民の意識によって支えられていた部分が多分にあったものと思われる。この名主職は、当初は九条家または本家である自在王院によって設定されていたものであったのかもしれないが、代官請による公用年貢納入方式が荘支配の主軸となり、一村に対する支配の重層的関係が形成されていくのと表裏して、耕地片から生じる生産物を奪い合う上級領主層の対抗関係の中で、在地における支配の中核的部分である公田を耕作する農民は、主体的に本所分名主職を号していったものと思われる。

これらのことから蔭山荘においても、前節田原荘と同様に、公田を軸とした図2のような支配図式を想定できよう。

四　九条家による年貢徴収方式と公田支配

守護段銭の成立によって、九条家が当知行諸所へ賦課することが可能となった本所段銭による臨時賦課の徴収にあたって、両荘において公田を指標として、村落内で身分を主張する名主層の存在についてみてきた。その中で九条家は、従来の公用年貢方式による支配の村々のほかに、本所段銭によって公田部分からは年貢と段銭を、それ以外の守護被官の給人給地となった部分からは本役を得ていたことがわかった。また、この本役を納める給人は、本役納入を自らの身分呼称として名主職を称する存在でもあった。大田文記載公田部分の段銭をも徴収しえていること、また在地にあっては本所分＝公田耕作農民は、名主職と称して守護段銭を拒否していたことなどについてふれた。

本節では、九条家が先にみたように惣荘からは公用と本役を、公田部分からは段銭を徴収するという体制が何によって作り出され、また支えられていたのかについて考察するため、九条家における年貢の徴収および運用の方法について検討する。

名主職を媒介とした荘園村落支配の体制は、荘園制的収取体系である本役徴収のほかに、荘園公領を媒介として公田支配を軸とした段銭を、武家領主・公家領主の双方に成立させ、公田を共有することにより、在地における荘園制的年貢徴収体制を再構築することで室町前期〜戦国期にいたる生活基盤としての村落を取り込んだ徴収体系を構築することができた。

表4　田原荘年貢散用状

年代	散用額	進上分	借銭返弁	負	出典
文明4年（1472）	40貫文（除15貫文）	11貫579文	16貫400文	4貫818文	『九条家文書』456
文明5年（1473）	40貫文（除15貫文）	12貫185文	32貫510文	20貫325文	『九条家文書』457
文明6年（1474）	30貫文（≒29貫280文）本所分散用状	12貫800文	28貫192文	15貫392文	『九条家文書』459
文明8年（1476）	30貫文（但当時分）御料所方	17貫600文		2貫700文	『九条家文書』464
文明9年（1477）	30貫文（但当時分国納所定）	20貫77文	（御借物内ニ且々返弁）		『九条家文書』466

文明年間にみられる田原荘年貢散用状によると、田原荘年貢の多くは借銭の返弁に宛てられていた（表4参照）。文明四年（一四七二）の年貢散用状の例[109]をあげると、計四〇貫文の年貢銭のうち、一五貫文が戦乱により在地で直に立用されて除かれ、残り二五貫文のうち、「諸立用」を除いた一一貫五七九文が京進年貢額となる。「諸立用」とは、国下用のことで、田原荘代官への給分や礼物等が含まれていた。

この年九条家は当年分年貢が納入されるに先だって「大内記当年坂本焼失」とあるように、戦乱を逃れて非難した先の近江坂本で火事に遭い、御服以下の料足を田原荘年貢を質として一六貫四〇〇文を借用している。結局田原荘年貢が納入された段階で四貫八六〇文の借銭となっている。

借入先は文明八年と一〇年の散用状に「籾井方借物内赤松下野方へ且立用」とか、「此代籾井方御借物内に且々返弁」とあることから公方御倉を代々管掌する籾井方から、借銭・融資を受けていたことがわかる[110]。のちに納銭方へ組織されていく京都の土倉は、多く南北朝期から山門（比叡山）の影響下に置かれていたが、これらの酒屋・土倉などの役銭の管理にあたっていたのが、公方御倉とも称された籾井であった。古くは平安時代以来、公家・武家が安全のために私財をその倉に預け置いたところから関係が始まるともいわれているが、金融業を事として室町幕府経済の中核に位置づけられる存在となった籾井が、公家である九条家の借入先として、毎年年貢の返弁を受けている点に注目される。

また先に挙げた散用状のうち特に文明八年（一四七六）のものでは本所分を「御料所方」と記している点が注目される。一般にこの時期の「御料所」は室町幕府の御料所あるいは「公方御料所」と呼ばれる室町幕府の直轄領を指すと考えられていた。[111] しかしその存在形態は料所＝直轄領という図式では解ききれない成立事情をもっているとして、桑山浩然氏はその成立を（一）足利氏本領、（二）闕所地、（三）半済地、（四）その他の特別の由来をもつものに分けた。このうち（四）の特別の由来については、特に応仁・文明の内乱期にあって「料所」とすることが在地における抗争の一方に権威として利用されたり、在地勢力の成長により、荘支配が困難になった荘園領主が代官職を「料所」とし、幕府に依存することによって、年貢を取り立てた例などから、所領の不法押領者、競争者を排除し知行を全うするきわめて有力な根拠として、「料所」が利用されることがあったと指摘されている。[112] また料所は将軍と直轄軍とを結ぶ媒介としての機能をも果たすものであり、かつ段銭京済の特権の与えられているところでもあった。以上のことを考察するなら、段銭が免除・京済となっている田原荘本所分が御料所と称されていたとしてもさほどの不思議はない。文明年間の播磨国をめぐる情勢を反映して、田原荘代官職は赤松下野守政秀が請け負い、地下代官としてその被官三嶋右京亮を下してその任にあたらせていた。直接には守護権により侵略の対象とならない料所を下野守政秀が請け負うことによって知行されていた。

九条家領田原荘のように荘園の来納年貢を質に入れて金銭を借り受けるという方式は、万里小路家等にもみられ、代官請負の一形態であるといわれているが、[113] ここでは当荘が御料所といわれていることと、借入先が籾井氏であったことに何らかの有機的な関係を想定できるのではないかと思う。

年貢として納入される代官請所領分の公方年貢に対して、段銭は臨時のものではあるが、播磨国における守護段銭の成立とその恒常化にともなって、次第に恒常的に賦課されるようになる。この段銭を守護と荘園領主のどちらに納めるかで荘園内部で「段銭方」と「名子方」とに別れ、それぞれ別の散用状が作成される。

九条家の当知行所領にあって、段銭と年貢の徴収をめぐっては催促・徴収の方式が大きく異なるわけではなかった。そのため荘園現地にあっては根拠の明白でない催促に対する反発から、現地における徴収体制が大きく動揺した様子が伝えられている。

段銭といい、年貢といっても現地に対する催促・徴収は同時に行われたものと思われ、九条家家司の白川富秀が明応年間頃、播磨の現地から九条家へ宛てた書状には、段銭の賦課と年貢の徴収をめぐって田原荘の混乱した状況が示されている。

（前略）就田原庄之儀、住進《（注）》可申心中処ニ掃部備中より罷上とて、一昨日八日ニ来候間、幸の事とて住進《（注）》不及申候、仍拾伍貫文免并段銭等之儀、更以百性《（ママ）》等請こい申候ハす候処ニ、堅被仰付候事、無覚悟候間、おの〳〵てうさん仕候、富秀申分者何とて九月末より下向候て、高枕《（赤松村秀）》〔軒〕へ罷出、以名子被申付候処ニ、涯分有様之儀、何も両条之儀沙汰可申由候、請こい候て、いまとなり候て、加様ニ申事ハ一段之子細にて、肝要、名主・百性等悉在所を罷出候へ、然者我ら一身罷出候て、在所を請取候て、余仁ニ下地等申付候て、可罷上之由、名子と公文と両人に申捨、已ニ罷出候処ニ、彼両人も同心にて候、（後略）[114]

一五貫文免とは、文明期の戦乱のため免除されていた年貢のことであり、段銭は明応年間頃から恒常化されてきた守護段銭のことであろう。田原荘の百姓等はこれらを今以て免除分として主張していたため、厳重に申しつけたところ、逃散に及んだ。

これらの課役は収穫前の九月末に富秀が播磨に下向して高枕軒（赤松村秀）と交渉した後に村秀の被官が、百姓等に申し付けたものであった。しかし先のような現地百姓の逃散という事態となったため、致し方なく逃散跡は富秀自身が出向いて在所年貢を請け負った後に、余人に申し付けてから上京する旨を、公文と名子とに伝えて荘を出た。しかし赤松村秀被官の名子が再度村秀と交渉した方がよいと白川富秀に勧めたため、留まっていたところへ百姓等の申し分が伝えられてきた。これによると、

（前略）段銭之儀をハ五十文ツヽ可出候、免之儀をハ、一かうに沙汰申間敷之由申なり（後略）(115)

というもので、領主側の要求する段銭額六〇文に対して五〇文への減額を要求し、免分の一五貫文は支払わないというものであった。このような農民側の態度を前にして、富秀は「免事ハ高枕軒より以書状被申事にて候間、我らハ一かう不可存知候」とあって、段銭については、「我ら左京亮心得候て、六十文の分ニ申納所候」として九条家の在地代官である三島左京亮に委任している。

以上のように、現地における年貢と本所分段銭の催促について九条家はほとんどの部分を守護の側に頼っており、独自の徴収機構をもって催促にあたったわけではない。また散用状の上で、名子方と段銭方に分けて記載されるのだが、この時の逃散はいずれの方をも問わずに行われ、現地の名子方の沙汰人である名子と、段銭方の沙汰人である公文の両者ともに出奔していることなどから考えて、本所分の段銭方と給人給地の名子方と、各々利害関係を異にしていながらも、現地の農民にとっては、九条家と守護の提携による今回の賦課は、単に従来の年貢額と、段銭額が加増されたという事態でしかない。また沙汰人の役割を果たしていた名子方は、先の史料の中で「御公用等之事も沙汰不申とて、名子も迷惑之由申」していることからも公用と段銭は全荘に対して賦課されていたものであったことがわかる。

これらのことから九条家への年貢の納入は、守護段銭の徴収とともに守護の被官である現地代官をあてることによってなされていたといえる。これによって徴収された公用と段銭とは、いわば上得分として守護と荘園領主との間で分配される。二節と三節に示した図式をもとに考察すると、九条家は全荘からの公用と大田文記載公田部分の段銭とを収得し、守護は段銭を徴収する。

このような公用＝本役以外は段銭という新たな名目によって守護と荘園領主との間で分配されることとなる。永正九年（一五一二）の田原荘本所分段銭田数の三四町五反四三代から徴収しうる段銭は、一七貫二九三文となり、これに何十貫文かの請切の公用を加えた額が九条家への本役として納入されていた。

以上、年貢と段銭の納入方式をみてきたが、両者とも現地での徴収は守護の力に頼っていたことがわかる。田原荘、蔭山荘でみる限り荘内が給人給地化されているとはいえ、それが直接荘園を崩壊に導いていたとは考えられない。公田部分に関しては逆に強固な支配をなしえているわけで、それが守護の力を媒介にすることによって実現されている点が重要なのである。

公田は現実の一片ごとの耕地として荘内に存在しており、一項でみたごとく、そこに課されていた。この人別賦課方式は、永正九年の田原荘本所分田数注文(116)でも変わらず、大門・生目・西村・八反田・中嶋・西光寺等の地名を添え書きとしてもつ農民一五名がこれを請け負っている。蔭山荘では九条家に本役＝公用を納めている者は名主職であると号する階層が存在していた。おそらくこれらの階層を軸として年貢・段銭の徴収が行われたものと思う。先の明応年間の白川富秀の書状は、田原荘百姓逃散の状況を尚々書で次のように伝える。「わき百姓共ハいまたに罷出候ハす候、為名主わきため候て、可進由申候へ共、これもいまたに無沙汰にて」とあり、田原荘内の名主・百姓等の逃散は、名主の還住により一件落着するが「わき百姓」等は未だに戻っておらず、その分の年貢段銭は「為名主わきため候て」

（弁《わき》たむ＝償う『日本国語大辞典』）進上するよう申し付けた、というものである。年貢・段銭徴収の軸として田原荘にも名主階層が存在していたことの一端を示すものであろう。ここにいう名主が本所分田数注文に記載された農民を指すものと思う。また、村請の成立前夜にみられる名主による年貢の請負であろう。

以上をまとめると、九条家は年貢の来納分を質として室町幕府権力につながる有力土倉から借銭をして経済をまかなっていた。また年貢・段銭の徴収には在地守護被官の力を頼っていた。その支配の下部にある農民は「名主」層を中心として年貢・段銭を納入する方式であった。しかし在地農民は、領主や守護からの賦課に対して、蔭山荘のように、名主職を号して守護段銭を拒否したり、田原荘の如く年貢・段銭の増加に対して一荘の百姓が逃散するなどの荘家の一揆を起こしていた。しかし、蔭山荘では名主職を号していた多田村四名分の秋段銭が、一二月には散用され、田原荘では「わき百姓」分を名主が弁済することで結果的に年貢・段銭等は九条家に納入する体制がとられていた。守護はこのような「名主」を支配の基盤としてとらえることによって一荘からの年貢・段銭の徴収を行うことができたのである。

九条家領播磨国の諸荘園のうち田原荘・蔭山荘を中心として公用を軸とした荘園支配の様子についてみてきた。両荘ともに守護被官を介して荘園年貢と公田段銭の徴収を行っており、その意味で九条家による荘園支配は守護との妥協の産物ともいうことができる。しかし公田部分の守護段銭免除は、室町幕府によって承認された守護不入権を公田部分に限って守護が継承したものであるが、守護使不入権そのものは立荘の由来、つまり三代起請符地や月卿雲客知行地であったことにまでさかのぼりうる。このように原則論的にその起源をさかのぼりうる荘園がどれほどの数存在するかはわからないが、要は室町幕府がその原則を承認して守護使不入権を与えたことに意味がある。つまり室町幕府によって再生させられた公田体制の中で公田部分の段銭の荘園領主による徴収が初発から認められていたのである。また、公田は帳簿の上だけのものではなく、実際に荘内の特定の土地が公田として認められており、荘園領主はそれを耕作する農民を把握することにより、年貢・段銭の納入を実現していた。これらの公田耕作農民は「名主職」を称する階層のものであり、こうした荘園における名主層の存在が、中世後期の村社会における領主の動向の中で、自律的なものとして確立しつつあったことに注目したい。あえてこの時期に名主と称することの意義が荘園制支配構造の中で浮上してくるのである。

田原荘・蔭山荘における名主身分が、在地に根付いていたものであったことを予想させる。両荘における名主身分も年貢・段銭の徴収体系の上に位置づけられたものであり、その意味で一般百姓とは異なっている。田原荘において、一荘の百姓の逃散に際して「わき百姓」が荘内に戻らないにもかかわらず、名主がその分の年貢・段銭を請け負っているのは、村請の成立の前段として、名主自身が村の本役を請け負うという体制ができつつあることを示していよう。これを支えた名主自身が大名領国の展開の中でも守護として介入することのできない、荘園内部の公田部分に設定され、領主への本役＝公用納入を実現する核となっていた。九条家はその公田を支配の軸としていた点に、室町期の守護と荘園領主との力関係が示されているように思う。

守護は守護段銭を賦課する段階にいたっても、室町幕府による公田体制を打ち崩すことができなかったのと表裏して九条家による荘園支配をも倒せず、逆にそれを補完するものとして存在したのである。

注

（1）　黒川直則「守護領国と荘園体制」『日本史研究』五八号、一九六七年

(2)　榎原雅治「地域社会における『村』の位置」『歴史評論』五二五号、一九九八年、歴史科学協議会第31大会報告

(3)　仲村研「中世後期の村落」『日本史研究』九〇、一九六七年

(4)　峰岸純夫「村落と土豪」『講座日本史3』東京大学出版会、一九七〇年

(5)　榎原雅治「荘園文書と惣村文書の接点―日記と呼ばれた文書―」『日本中世地域社会の構造』校倉書房、二〇〇〇年（初出一九九六年）

(6)　藤木久志「戦国時代の土地制度」体系日本史叢書6『土地制度』Ⅰ、山川出版社、一九七三年。大山喬平「室町末・戦国初期の権力と農民」『日本史研究』七九、一九六五年

(7)　永原慶二「荘園制解体過程における南北朝内乱の位置」「南北朝・室町期評価のための二・三の論点」いずれも『日本中世社会構造の研究』岩波書店、一九七三年

(8)　公田論としては、入間田宣夫「公田と領主制」『歴史』第三八輯、一九六九年、同「郡地頭職と公田支配―東国における領主制研究のための一視点―」『日本文化研究所研究報告』第六集、一九六八年。中世後期の公田体制に関しては、田沼睦「公田段銭と守護領国」『書陵部紀要』一七号、一九六五年、同「中世的公田体制の成立と展開」同前、二一号、一九六九年

(9)　田沼睦「室町幕府と守護領国」『講座日本史』東京大学出版会、一九七〇年

(10)　藤木久志「大名領国の経済構造」『日本経済史大系2　中世』東京大学出版会、一九六五年など

(11)　特に東国史において井原今朝男は、この時期の荘園制の安定期を「再版荘園制」として評価する。井原今朝男「室町期東国本所領荘園の成立過程―室町期再版荘園制論の提起―」『国立歴史民俗博物館研究報告』一〇四集、二〇〇三年、同「東国荘園年貢の京上システムと国家保障体制―室町期再版荘園制論(2)―」同上、一〇八集、二〇〇三年

(12)　蔭山荘に関する先行研究は、田沼睦「室町期荘園研究の一・二の視点」『和歌森太郎先生還暦記念　古代・中世の社会と民俗文化』弘文堂、一九七六年、のち『中世後期社会と公田体制』岩田書院、二〇〇七年

(13)　職との関連では、網野善彦「職の特質をめぐって」『史學雜誌』七六編―二号、一九七〇年、のち『日本中世土地制度史の研究』塙書房、一九九一年

(14)　田沼睦前掲注（9）書、同「中世的公田体制の成立と展開」『書陵部紀要』二一号、一九六九年、同「室町幕府・守護・国人」『岩波講座日本歴史』中世三、「室町幕府と守護領国」『講座日本史3　封建社会の展開』東京大学出版会、一九七〇年、のちに『中世後期社会と公田体制』岩田書院、二〇〇七年。岸田裕之「守護支配の展開と知行制の変質」、「室町幕府体制の構造―主として当該時代の賦課―負担関係を通してみた―」、「室町戦国期における諸権力の図田支配と村落農民」いずれも『大名領国の構成的展開』吉川弘文館、一九八三年

(15)　段銭制度に関する研究は、百瀬今朝雄「段銭考」『日本社会経済史研究』中世編、吉川弘文館、一九六七年。市原陽子「室町幕府の段銭について―主として幕府段銭を中心に―」(1)(2)『歴史学研究』四〇四／四〇五号、一九七四年

(16)　橋本義彦「藤氏長者と渡領」『平安貴族社会の研究』一九七六年、水戸部正男「殿下渡領の性格」『法制史研究』四号、一九五四年

(17)　義江彰夫「摂関家領相続研究の序説」『史學雜誌』七六編六号、一九七〇年および竹内理三「講座日本荘園史研究第一講～第三七講」『日本歴史』に掲載、『竹内理三著作集』第七集、角川書店、一九九八年所収

(18)　皇嘉門院領譲状、天理図書館所蔵『平安遺文』三九一三号

(19)　元久元年四月二三日、九条兼実譲状抄、宮内庁書陵部刊図書寮叢刊『九条家文書』No.一(1)。以下『九条家文書』については『九条家文書』No.○と表記する。

(20)　建長二年一一月日、九条道家初度惣処分状『九条家文書』No.五(1)

(21)　正応六年三月一七日、九条家文庫文書目録『九条家文書』No.一八(3)

(22)　建武三年八月三日、左大将九条道教家政所注進当知行地目録案『九条家文書』No.二三

(23)　応永三年一二月二五日、九条経教遺戒『九条家文書』No.二八

(24)　年未詳（戦国期か）九条家領目録『九条家文書』No.三四

(25)　保延七年六月二三日、鳥羽院庁下文案『九条家文書』No.四三六(2)

(26)　『福崎町史』第一巻古代・中世編、一九九〇年、中野栄夫執筆分。中野栄夫「九条家領播磨国田原荘・蔭山荘の成立」『荘

園の歴史地理的世界』同成社、二〇〇六年
(27) 播州平野は日本でも有数の渇水地帯であるが、特に市川を境として東播磨が溜池灌漑地帯、西播磨が河川灌漑地帯に分かれる(太田順三「文禄四年揖保川用水古図」『月刊歴史』一一)。
(28) 長寛元年一一月四日、八条院庁下文『九条家文書』No.四三三
(29) 九条家重書目録『九条家文書』No.一四九九、建長八年八月二五日には「一結、銘云八条女院の香花門院への御文とも一三」とあり、「一通御領三ヶ処御譲文建久七年正月はりまのたわらの庄するかのハとりの庄あきのあまの庄」とある。
(30) 正応四年七月日、覚照重申状『九条家文書』No.五四五(1)
(31) 後深草院院宣案『九条家文書』No.五四五(2)、第一度から第二六度までのうち初度は正応二年六月一三日
(32) 覚照の生嶋荘と田原荘内西光寺院主職をめぐる訴訟は、正応四年以後も続けられているが、田原荘現地では覚照代官の入部を拒否しているものの実質的な荘務権は九条家に移ったものと思われる。
(33) 正応四年八月日、田原荘実検注進状『九条家文書』No.四三四。覚照は、本領生嶋荘の替わりとして田原荘内西光寺院主職を給わるよう訴えていたが、本所九条家が応じなかったため、院に訴えたところ九条家に対して実検注進状の作成が命じられた(『鎌倉遺文』一七九九四号、正応五年八月日、覚照申状『兼仲卿記』永仁二年三月巻裏文書)。覚照代官の入部を現地で拒んだ公文代定源は、実検注進状の末尾に「公文僧定源(裏花押)、御使沙弥願信(裏花押)、預所(花押)」とあるうちの一人で、御使、預所が本所から下されたものと考えられることから、係争の対象となっている西光寺の寺僧を九条家が公文として取り込んでいったものと思われる。
(34) 永仁五年八月日、御所大番役定書案『九条家文書』No.一五〇四
(35) 前掲注(22)
(36) 前掲注(23)
(37) 建久三年三月日、後白河院庁下文案『鎌倉遺文』五八三号(大徳寺文書)
(38) 応永三二年九月日、蔭山荘惣田数注文案『九条家文書』No.三七六

(39) 前掲注(23)
(40) 年未詳、蔭山荘本所分公田田数注文『九条家文書』No.三七七
(41) 蔭山荘は建武元年(一三三四)に下地中分、至徳年間には半済が行われていた。
(42) 『吾妻鏡』文治二年六月八日条
(43) 建久三年二月日、後白河院庁下文『九条家文書』No.五一五
(44) 前掲注(37)
(45) 承久三年七月二四日、関東下知状『鎌倉遺文』二七八二(播磨国後藤文書)
(46) 建武元年二月二三日、後醍醐天皇綸旨案『九条家文書』No.一五〇一(5)
(47) 前掲注(23)
(48) 応永二五年一一月四日、沙弥道慶渡状『九条家文書』No.五一九
(49) 応永三〇年四月五日、宝憧寺住持周光等連署避状『九条家文書』No.五二〇
(50) 康暦三年一一月日、野間郷領家方年貢散用状『九条家文書』No.五一七
(51) 応永八年二月一三日、野間郷年貢米等注進状『九条家文書』No.五一八
(52) 永享三年一一月二五日、安田庄四ヶ郷年貢銭等注進状案『九条家文書』No.五二七
(53) 田沼睦前掲注(12)論文
(54) 嘉吉二年九月一〇日、斉藤氏成請文『九条家文書』No.三八一
(55) 永原慶二「荘園制解体過程における南北朝内乱の位置」前掲注(7)書
(56) 石井進「鎌倉幕府と律令国家—国衙との関係を中心として—」石母田正・佐藤進一編『中世の法と国家』東京大学出版会、一九六〇年。百瀬今朝雄「段銭考」『日本社会経済史研究』中世編、宝月圭吾先生還暦記念会編、吉川弘文館、一九六七年
(57) 石井進『日本中世国家史の研究』岩波書店、一九七〇年
(58) 田村睦前掲注(14)書

(59) 前掲注(8)、入間田、田沼論文等
(60) 小林宏「室町時代の守護使不入権について」『北大史学』一一号、一九六九年
(61) 暦応元年九月二六日、室町幕府使者申詞案『九条家文書』No.四三六(3)
(62) 暦応元年一一月一一日、光厳院院宣『九条家文書』No.四三五
(63) 暦応元年一一月日、田原荘雑掌有賢申状案『九条家文書』No.四三六(1)
(64) 保延七年六月二三日、鳥羽院庁下文案『九条家文書』No.四三六(2)
(65) 前掲注(59)
(66) (応安四年)一一月二七日、後光厳院院宣『九条家文書』No.四三八
(67) 応安四年九月一七日、足利義満御教書『九条家文書』No.四三七
(68) 暦応元年一一月一一日、光厳院院宣『九条家文書』No.四三五
(69) 嘉慶元年一〇月日、田原荘雑掌申状『九条家文書』No.四三九
(70) 百瀬氏前掲注(56)論文
(71) 永享元年九月一四日、足利義教御判御教書『九条家文書』No.三七八(1)
(72) 永享三年八月一八日、足利義教御教書『九条家文書』No.三八七(4)
(73) 永享三年一一月一五日、田原荘段銭田数注文『九条家文書』No.四五〇
(74) 明応九年一二月二九日、田原荘本所分秋段銭散用状『九条家文書』No.四七二
(75) 前掲注(73)
(76) 田沼睦「荘園領主段銭ノート―賦課仕組みに触れて―」『中世後期社会と公田体制』岩田書院、二〇〇七年(初出一九九二年)
(77) 前掲注(74)、公田について次のようにある。
田原庄御本所分秋段銭御算用状之事

合　明応九年分者公田三十三町弐段廿三代、内妙徳寺分加之
三町弐段公文分、但前公文入部ニ付キ在所及違乱ニ条不沙汰候、又八反遍照寺分恒屋被官人尾上兵糧米ニ浦上遣由申沙汰仕候ハス候、又一色方三段卅代名子方御扶持之由申、壱段十五代神カイ方尾上沙汰仕候ハス候、以上四町四段四十五代引之、定残公田弐拾八町八段四拾参代

(78) 明応九年一二月二九日、田原荘名子方公用散用状『九条家文書』No.四七三
(79) 永正四年三月六日、田原荘段銭支配状『九条家文書』No.四七七
(80) 永正四年四月二一日、室町幕府奉行人連署奉書『九条家文書』No.四八〇
(81) 永正四年四月二日、田原荘段銭手配状『九条家文書』No.四七八、ここでは「公方御要脚段銭」とし、田数は「合百弐拾壱町弐段廿代者」とある。
(82) 前掲注(80)
(83) 永正一二年一〇月一〇日、唐橋在清請文『九条家文書』No.四八五
(84) 永正九年一〇月日、田原荘本所分段銭田数注文『九条家文書』No.四八二
(85) 田沼睦前掲注（76）論文
(86) 建武三年八月三日、左大将九条道教家政所注進当知行地目録案『九条家文書』No.二三
(87) 「九条満家公引付」宮内庁書陵部刊図書寮叢刊『九条家歴世記録』。田沼睦「荘園領主段銭ノート」前掲注（76）書
(88) 建武元年三月一〇日、後醍醐天皇綸旨『九条家文書』No.三七三
(89) 至徳元年八月一七日、足利義満御教書案『九条家文書』No.三七四
(90) 応永三年一二月二五日、九条経教遺誡『九条家文書』No.二八
(91) 応永六年八月九日、赤松家年寄衆連署奉書案『九条家文書』No.三七五(3)、および応永六年八月九日、蔭山荘無足田本所分年貢支配注文案『九条家文書』三七五(2)
(92) 永享三年八月一八日、足利義教家御教書案『九条家文書』No.三七八(4)。田沼睦前掲注（76）論文

(93)（永享三年）九月八日、九条家奉行人奉書案『九条家文書』No.三七八(5)
(94)応永三二年九月日、蔭山荘惣田数注文『九条家文書』No.三七六
(95)年未詳、蔭山荘本所分田数注文『九条家文書』No.三七七、後欠文書で全荘にわたって現作田と公田との比率を出すことはできない。
(96)永享三年一〇月四日、赤松家奉行人連署書下『九条家文書』No.三七八(2)
(97)（永享三年か）一一月二六日、赤松家奉行人連署書下『九条家文書』No.四二八
(98)嘉吉二年九月一〇日、斎藤氏請文『九条家文書』No.三八一
(99)明応四年一一月四日、浦上則宗書状案『九条家文書』No.三八九
(100)文安四年八月一三日、十輪院朗厳譲状『九条家文書』No.三八二(2)
(101)文安四年九月二九日、唐橋在豊書状案『九条家文書』No.三八二(3)
(102)（明応元年）一二月二九日、成身院公遍書状『九条家文書』No.三八七
(103)寛正二年一二月三日、田結庄豊房請文案『九条家文書』No.三八二(6)
(104)明応四年一二月一日、蔭山荘段銭催徴文書案『九条家文書』No.三九三(1)(2)
(105)明応四年一二月六日、蔭山荘多田・山田村名主等申状案『九条家文書』No.三九〇
(106)（明応四年）一二月一三日、小寺則職書状案『九条家文書』No.四二九、『九条家文書』編者は明応六年としているが明応四年のほうが本文でふれるように整合的に理解できる。
(107)（明応五か）二月一日、上原祐貞書状案『九条家文書』No.四一九
(108)明応六年一一月七日、小寺則職書状案『九条家文書』No.四〇〇
(109)文明四年一二月二三日、田原荘年貢散用状『九条家文書』No.四五七
(110)文明八年一二月日、田原荘御料方年貢散用状『九条家文書』No.四六四、文明一〇年一〇月日、田原荘年貢散用状『九条家文書』No.四六六

(111) 佐藤進一「室町幕府論」『岩波講座日本歴史』中世三、一九六三年
(112) 桑山浩然「室町幕府の経済構造―四、納銭方・公方御倉の機能と成立」『室町幕府の経済と社会』吉川弘文館、二〇〇六年
(113) 新田英治「室町幕府の公家領における代官請負に関する一考察」『日本社会経済史研究』
(114) 一二月一一日、白川富秀書状『九条家文書』No.五〇八
(115) 同前
(116) 永正九年一〇月日、田原庄本所分田数注文『九条家文書』No.四八二

第九章　戦国期売券に現れる本年貢保障体制

中世後期の荘園の様相は、九条家領の荘園支配方式にみるように、領国における守護の権力を前提としながら大きく変質を遂げていた。その在地支配構造のなかには、名主職を有する（または名主職と称する）存在が位置づけられており、彼らが荘園領主と守護との領主連合の前に、公田をとりこみながら、地域における身分指標を掲げて活動を展開していた。このような徴収ルートの核となる荘園内部の身分層が、改めて荘園年貢の徴収体系上の名主を号して、地域内における立場を周囲に示している点を確認したい。

播磨国の所領に対して領主である九条家は、荘園内部に本年貢徴収機構の核を設けることにより、室町幕府による公田支配体制の発展、またはその延長線上にあって荘内の公田（大田文記載公田）を確定し、これへの耕作権を名主職としてとらえた。これはとりもなおさず守護による領国支配の中での被官人の組織化と不可分の関係として展開するものでもあった。改めて荘園内部の名主職を把握することが、荘園領主への本役や段銭などの、荘園領主経済を支える賦課を実現する手段となっていく一方、地域経済の中に滞留する本役・段銭以外の諸得分を、地域社会の内部でどのように配分するかが在地における課題ともなる。名主職が極力地域の荘園世界の中にとどめられ、外部への流出を防ぐ努力がなされたのと同様に、井料や在地寺社の祭礼にかかわる講田、免田などの勧農・祭祀にかかわる再生産維持機構の地域外流出にも防衛の努力がなされた。

荘園領主への年貢納入というだけでなく、地域社会の再生産システムが、荘園領主経済とは別個の地域課題として認知されていく中で、地域の社会構造は在地主導による独自の再編過程を、意図的にたどることになる。

ここまでは九条家や東寺などの荘園領主による、一円領荘園の支配形態とその方法について、年貢徴収システム構築をめぐる領主対荘園現地という図式で考えてきた。しかし、荘園領主と荘園所領、中央と地方という一対一の対応関係における支配方式の部分から見出されるのは、荘園領主経済を支えるための在地の体制であった。その中では、荘園領主の徴収する本年貢額の固定化という現象と表裏して、増加する在地剰余を把握する方法として、守護段銭が利用されているという予測が立てられてきた。生産力の発展とうらはらに南北朝期以降荘家の一揆などによる年貢固定化の動きにより、多くの生産物に対する得分権は、年貢・段銭の徴収者とは別の者に売却されるという事態が発生している点が中世後期社会の一つの特徴でもある。しかし、荘園領主権が戦国期まで継続した一円領荘園の中で、固定化された本年貢納入が、少額でありながら維持されるという状況を抽出することで荘園領主の支配原則のみを云々しても一面的な議論となってしまうおそれがある。

固定されている本年貢と同時に、固定化された大田文記載公田からの段銭が、新たな賦課として現れる一方で、在地社会では剰余分の売買が行われていくようになるのもこの時期の特質でもある。売買契約の中では、私得分をめぐる契約の改変がなされていく中で、得分を生じる耕地をめぐる権利関係の中に、在地における剰余の分配構造の骨組みが継承されている様子をたどることができる。特に、旧来からの荘園領主などの中央権門への本役納入ルートが、継続的に確保されて行く一方で、地域における生活基盤を守るための勧農権にもとづいた剰余の分配も、地域住民の監視の中で残されようとする事例に注目したい。

そこで、本章では戦国期の地方寺院に集まる田畠一筆ごとの売券を検討することにより、中世後期の荘園所領およびそれを耕作する農民層の存在形態について考察してみたい。ここに現れる売券には、領域性をもった一円領荘園でみられる荘園領主権ははるか後景に退いて、本年貢の搬入先としての「名本」や勧農機能を維持するための負担方式が現れる。対象とするのは播磨国賀茂郡にある真言宗系寺院の清水寺である。

清水寺文書売券に現れる土地売買においても、荘園制的収取は色濃く反映されており、戦国期にいたっても一片ごとの耕地は荘園制的支配から抜け出していたとはいいがたい。ここでは先の清水寺に売却された個々の耕地に付属する本年貢や段銭が、在地で集約されていく体制について考察する。これにより在地の最末端にあって荘園制的収取を支え、中世後期の地域秩序を形成させていく過程について検討したい。

また本章ではこれと表裏の関係として、清水寺文書売券と同時期の、荘園村落における階層構成を検討し、荘園制的支配における身分の問題として位置づけることにより、この時期の村落のもつ諸矛盾について考察する。素材として法隆寺領鵤荘を扱う。

一　播磨国清水寺文書中の売券について

播磨国賀茂郡にある清水寺は、山号を御嶽山といい、寺伝によれば奈良時代に行基が建てたともいわれている。播磨・丹波・摂津三国の国境の接点近くに位置している。南北朝期の永徳三年（一三八三）、赤松則村の四男氏則は、延文四年（一三五九）に足利義詮に反した赤松宮（護良親王遺児、兵部卿親王）に従って摂津中島に挙兵し、当寺に立て籠もって北朝方軍勢と戦ったがかなわず、遂に九月その子氏春とともに討ち死にした。そのため赤松義則は清水寺に氏則父子の追善料田として、摂津国有馬郡中荘の田地二町を寄進している。(1)

応永七年（一四〇〇）には、足利義満の御判御教書により将軍家祈願所となる。[2] その他の当寺の寺領としては、丹波国市原村、[3] 但馬国下鶴井荘公文職等[4]があげられている。

現在活字化された当寺所蔵の文書は、中世・近世を合わせて七〇〇点余りあり、そのうち中世文書は半数近くを占める。中世の売券は四〇点足らずであるが、そのほとんどは一六世紀初頭から中期にかけて、まさに戦国乱世の時期のものである。この時期の播磨国では、再興後の赤松政則の第一の被官であった浦上家の内部で、則宗と村国との間に対立が生じ、政則を継いだ養子義村は大永元年（一五二一）に室津において則宗のあとを継いだ村宗に幽閉されて殺され、浦上村国らは義則の子政村（後に晴政と改名）を擁して淡路に逃れているという情勢であった。

ここに応仁元年（一四六七）以来播磨守護職に復帰していた赤松家は、その被官浦上のために、領国播磨からの脱退を余儀なくされた。守護赤松氏による播磨支配は実質的に終わりを告げるのである。

この時期に集中して残されている清水寺の売券は、その形態から二つに分類することができる。一つは寄進の形態をとるもので、「奉寄進田地之事」または「奉寄進下地之事」で始まり、寄進先を清水寺御燈油田、または御本尊としている寄進状形式のものである。もう一つが「永代売渡申下地之事」という形式の売券である。ただし前者は、寄進の形式を取ってはいるが「在所坪付等、弐通売券在之」[5]とか、「坪付本役所務年貢等者本券在之」[6]というように、寄進状とは別に売券または本券があることが示されているものが含まれており、実際には寄進形式をとった売却であったといえる。ここでは両者をあわせて売券として扱う。

表1と表2では、両者の売券を、表1は寄進先・田数・代価・本年貢負担の有無と所役負担義務があった場合はその条件、およびその他の田地に対する規定の別に記したものである。表2は、田数・代価・売り主・買い主・本役負担の有無、その他の田地に対する条件の別についてまとめたものである。

この時期の売買の形式をみるためにさしあたり、大川瀬さこの二郎田地売券を例としてあげる。

〔史料一〕（表2、『清水寺文書』No.二六六）

（端裏書）
「寄進田地御油也」

永代売渡申田地之事

合壱段者、有坪　西門かいち内　東きしおかきり、南もきしかきり、北河おかきり、西河かきり

右此田地ハ、さこの二郎先祖相伝之下地たりといへ共、やうやう仍有、代米弐石七斗三升に売渡申候也、毎年本やく一斗一升此外諸公事一斗さた可為候、残加地子五斗九升作人かたよりめさるへく候、若此下地ニおいていらん申物候者、上として御せいはい可有候、仍状如件

永正五年庚辰二月四日　　大かわせ　さこの二郎

そけい坊へ　まいる(7)

右の大川瀬さこの二郎の売券から、（一）清水寺で買得したのは五斗九升の加地子であり、それは作人かたから清水寺に直に入る物であったこと、（二）この田地には加地子以外に毎年一斗一升の本役と、一斗の諸公事の負担義務があり、これは清水寺から沙汰すべきものとなる。つまりここにはこの土地を耕作しつつ加地子と本役、諸公事をあわせて八斗を負担する作人と、加地子徴収権をもつ清水寺と、本役・諸公事を徴収するさらに上級の領主の三者が存在することとなる。このうち清水寺は、先の田地からの加地子得分権者であるばかりでなく、荘園領主に対する本役（本年貢）と諸公事の負担者であった。このような負担関係は、さこの二郎田地に限らず表1・2のうち、荘園制下

表1　清水寺寄進状

西暦	寄進先	田数	本役	斗代	諸役・段銭	備考	史料
一三三四						木津村福原田地	清四八七
一三四四						任須賀金吾清秀御寄進之旨	清四八八
一三八四	灯油料	二反三〇代	九升	二石	公方年貢九升	加地子一石九斗一升	清二六四
一四六一	御油田	一反二五代	五斗三升	本年貢米持井料共ニ五斗三升		地利分毎年七斗	清二一五
一四六六	金堂灯油料	二反				在所坪付ニ通売券在之	清二一八
一五〇四	御油田	一反二五代		当所河南	本所地頭領家本年貢	同段銭公事一向除申候	清二二一
一五一三	御本尊	一反		六斗代		売得田地	清二七一
一五二三	燈明料	一反	五升宛			相伝地	清二二七
一五三四	御本尊燈明	四〇代		五斗	可加此方名分	諸公事免除	清三二一
一五三六	根本堂夜灯	二反	二石ツッ			諸公事免除	清二三一
一五四〇	清水寺観音	一反				坪付本役所務年貢等者本券在之	清三二八
一五四四	御本尊	一反	二斗	一石一斗代		公方本役定二斗	清三三二
一五四八	本堂	一反	毎月一八日ことに三升つつ	六斗代		毎月一八日に三升ずつ御荘へ	清三三五
一五五〇	御本尊	三〇代		分米三斗		買得地	清二三六
一五五一		一反			本役段銭分水守売券旨	買得地	清三三九
一五五一	根本堂・講堂	二反		五斗五升代	諸役等是有間敷候	号親類一族	清三三八
一五五一	御本尊	一反		加地子五斗代		家類	清二四〇
一五五九	御観音	一反		斗代者石代也	段銭一一文宛春秋	井料等者地類次第	清三八〇
一五五九	御本尊	一〇代		一斗六升代			清二四一
一五五九	御本尊	一反		六斗代			清二四二
一五六一		一反					清三九一
一五六二	御本尊	一反	三升	五斗代	本役外一切諸役等不可有為本役与三升在之		清二四四
一五六三	観音	一反		一石三斗代			清二四五
一五六四	御本尊	一反		一石三斗代			清二四六
一五六七	清水寺	一反		七斗代		親類同名	清三九七
一五七〇	清水寺	二反				一色に末代まで寄進	

表2　清水寺売券

西暦	田数	表示	価	売主	買主	本役	備考	史料
一五〇八	一反	相伝地	二石七斗三升	さこの二郎	そけい坊	一斗一升	諸公事一斗、加地子五斗九升	清二六六
一五一一	一反	相伝地	一石一斗	何福二郎	八子又あ殿	一斗宛	公田一〇代（政所へ）、地類	清二六八
一五一一	一反三〇代	相伝地	一石六斗	神山三郎太夫	八子五郎殿	一斗宛	但二五代(政所へ)地類九斗六升代	清二六九
一五二三	一反	買得地	二石九斗	大野孫太郎（名代）	清水寺灯明	五升宛（大野殿へ）	段銭は河北へ引懸 九斗六升代	清三〇三
一五二五	一反	相伝私領	二石七斗	幸蔵坊	玉泉寺灯明		九斗六升代	清三一一
一五二五	三〇代	相伝私領	二石一斗	片島近江守	清水寺灯明	三升	段銭井料者可為地類引懸者也 九斗六升代	清三一二
一五一六	一反	相伝私領	二石七斗	土取太夫	清水藤之坊	一斗六升	地類九斗六升代	清二七三
一五二四	二反三〇代	相伝地	二石六斗	大西太夫	勝海坊	二斗宛	御公田三五代本役二斗宛	清三一〇

＊表1・2とも、出典欄の「清」は『清水寺文書』を示す。

の負担関係を有し、本役負担義務の記されているものすべてに対していいうるものである。

では本役負担義務の記されていない田地はどうか。上月備前守満直、同四郎兵衛尉忠直連署下地寄進状をみよう。

〔史料二〕（表1、『清水寺文書』No.三一二）

奉寄進下地之事

合四十代者　在坪木梨之内 中之村北ハノキノ本、納ノ升五斗ノ定

右件下地者、雖為満直先祖相伝之私領、為頓証菩提、奉寄進永代清水寺御尊へ者也、是者毎月十七日・八日・九日昼夜三日之為御灯明料、然則於此下地段銭等者、可加此方名分へ候、其外者不可有諸公事之者也、万一背此旨、

為後代之者与有違乱煩申者、為上可有御成敗者也、仍永代之寄進状如件
天文参年甲午八月八日　　上月備前守
　　　　　　　　　　　　　　満直（花押）
　　　　　　　　　　　　同四郎兵衛尉
　　　　　　　　　　　　　　忠直（花押）
奉寄進
　清水寺御本尊へまいる(8)

史料一で検討したのと同じ方法で考えるならば、この四〇代の田地には「納ノ升五斗ノ定」を負担する作人がおり、清水寺は基本的にはこの負担分に対して徴収権をもつ。また清水寺には本役の負担義務はなく、加えて段銭等に関しては「可加此方名分へ候」、つまりこの田地が本来属していた名田に賦課されるいわば名抜け地であった。荘園領主または守護の側からみるとこの耕地分の段銭に関しては、本来属していた名をおさえていればその分を徴収しうることを意味し、年貢・段銭徴収体系上の名の位置はより重要なものとして浮かび上がってくる。またそのためにこの田地を買得した清水寺はその上に本役を徴収する上級領主をこの地に関してはもたず、おそらく「納ノ升五斗ノ定」分が清水寺の得分として入ってくるものと思う。

逆に史料一のように本役の負担義務をもつ場合は、史料二でみた段銭のようにその耕地が本来属していた名の下に集められて納入されるか、その耕地が属していた荘園の沙汰人を通じて納入されるという関係にあった。

つまり、本役は政所（荘園領主のもと）への納入が約束され、そのほかにこの地には守護役としての「うり持ち」「炭持ち」「はうし銭」がかけられており、これは政所ではなく在所の方＝守護の陣所への納入が定められている。例

えば、次のような事例である。

〔史料二〕

A、但公田拾代本役へ壱斗宛ニ毎年無懈怠、時之政所へ沙汰者也、うり持炭持夫銭はうし銭在所の方用ニ、めされ可被（表2、『清水寺文書』No.二六八）[9]

B、但廿五代本役壱斗宛ニ毎年無懈怠時之政所沙汰可有者也、うり持炭持はうし銭在所へまいる旨、先々まかせられ候へく候（表2、『清水寺文書』No.二六九）[10]

C、然者本役五升宛毎年大野殿へ可有納所候（表2、『清水寺文書』No.三〇三）[11]

Cの売券は女性が作成したもので「我ら女之事候間、東条五郎殿、大野孫太郎殿為名代、判形作遣申候」とあり、売券中に本役の納入先として現れる大野殿は、女性たちの名代として東条五郎殿とともに署判を据えている大野孫太郎のことであろう。在地沙汰人クラスの有力者と考えられる。

かつて大山喬平氏は、遠江国浜名神戸大福寺の所領注文と美濃国龍徳寺の売券の分析を通じて、戦国大名領下の荘園においてその本役は買得等所有者の移動にもかかわらず名本と呼ばれる旧来の名主と相似た性格の者を通じて納入されていたことにより、荘園領主が旧来の名体制をながく維持することができたと指摘されている。[12]先のA〜Cに現れる「時之政所」や大野殿は、まさにこの名本に比すべきものと考えられ、本役は耕地の売買等による権利関係の移動にもかかわらず、荘園制的年貢徴収ルートに沿って納入されていたといえる。

以上、みてきたように清水寺文書中の売券には、売買契約の中に領主に対する年貢負担の有無が示されており、それによると本役・段銭等の徴収には、旧来の荘園体制下における名や、荘官等が機能していたことが確かめられた。清水寺に寄進の形をとって入ってきた耕地であっても、買得により入ってきた耕地であっても、荘園制的な諸負担に関する規定をその売券の面にもっており、清水寺に入ってきているのは、それらの負担を割り引いた残りの加地子に対する徴収権であったといえる。そのため清水寺が諸耕地片に対してもつ権限は、本来的な年貢公事・段銭の徴収権に比べると派生的でありまた寄生的な権限であったといえる。にもかかわらず清水寺がこれらの耕地からの加地子を徴収しえたのはなぜなのかが問題となるが、以下については次節でふれたい。

二　売券中に現れる公田と地類

清水寺文書中に残る売券には、本役・段銭等の清水寺以外の領主へ納められる負担が記されている点について、前節で述べた。さらに清水寺文書の売券の中には、本役と段銭などの領主への負担のほかにも、荘園村落内部で再生産維持のために取り結びあう関係についても規定されている。これが荘園制的な賦課を色濃く反映しながら公田および在地における勧農機能にかかわる文言である。

荘園領主は荘園現地から年貢を徴収するとともに再生産機能維持のための勧農をも合わせて行う。それは村落における有力名主層に委ねられる形となって行くが、本来的には荘園領主により荘内に免田が設定され、井料等の諸経費がそこから割引かれることによって荘園の機能が維持されているという点では、荘園領主による間接的な勧農行為であるといえる。しかし井料負担義務をもった耕地や、売買されることによって耕地に関する権利関係が移動した場合、在地における荘園村落内部ではこれをどのようにしてとらえていくのであろうか。

また同様に第二章で検討したように、荘園領主の支配が最も貫徹されうる場としての公田が売買によって移動した場合、在地の側ではそれをどのようにとらえるのか。以下、この点について検討してみたい。

まず公田について前節で検討した史料三のA、Bと表2中の史料を加えて考えることにする。表2の売券を検討対象とする理由は、表1の寄進状には「在所坪付二通売券在之」（『清水寺文書』No.一八三）、「坪付本役所務年貢等者本券在之」（『清水寺文書』No.三二八）、「本役段銭分水者守売券旨」（『清水寺文書』No.三三九）などのほかに本券の役割を果たす文書があり、表1にのせた寄進状は売買契約を寄進という形式として整えるために作成されたものであった。また表1の寄進状に書かれた諸条件は受寄者たる清水寺が新たにその土地に対して負うべき義務に関しては書かれているが、土地そのものの負うすべての負担が書かれているわけではない。これに対して表2の売券では、直接清水寺に関わりのないその土地の用水関係（例えば「用水者薦池之水懸候」（『清水寺文書』No.三〇三））までが記されており、また表1のNo.三三九のように「本役段銭分水者、守売券旨」とあるように売券には買得者が清水寺以外であってもその土地に対する権利関係がわかるようにしてあること。これらのことから売買契約が成立するとき最も基本的な証文として機能するように書かれたものが表2の売券であった。

以上のことを考えて売券の面に公田記載のあるものを拾うと、前節で引用した史料三のA、B（表2の『清水寺文書』No.二六八・No.二六九）とNo.三一〇の三点である。少し長くなるが三点をあげる。

〔史料四〕（表2、『清水寺文書』No.二六八）

（端裏書）
「己未歳永代売券之状、市原一色村何福（河端）二郎方」

限永代売渡申下地之事　（異筆）「下総勝海（花押）」

合壱段者　在坪わけまち也

右、件田地者、市原一色村河端二郎方先祖相伝所持分地、依有要用、代米壱石壱斗之方ニ、八子又五郎殿方へ雖

売渡申候処支証明鏡也、但公田拾代本役へ壱斗宛ニ毎年無懈怠、時之政所へ沙汰者也、うり持炭持夫銭はうし銭在所の方用ニめされ可候、此外諸御公事そへ候間、先々まかせられ候へく候、如之此之上者、雖地類親類、不可有違乱妨者也、仍為後日沙汰、永代売券之状如件

時之証人
河端二郎方（略押）
たふや道　貞（略押）
後太夫（略押）
大西兵衛（略押）
野入大夫（略押）

永正八年乙（辛）未二月廿日

〔史料五〕（表2、No.二一六九）

（端裏書）「己未歳永代支証、市原一色神山とうほ三郎大夫」

限永代売渡申下地之事　（異筆）「下総勝海（花押）」

合壱段卅代者　在坪卅代也ひら畠後壱反　但篠原」

右件田地者、市原一色村神山とうほ三郎大夫先祖相伝所持分地、依有要用、代米壱石六斗之方ニ、八子又五郎殿雖永代売渡申候処、支証明鏡也、但廿五代本役壱斗宛ニ毎年無懈怠、時之政所沙汰可有者也、うり持炭持はうし夫銭在所へまいる、先々まかせられ候へく候、如之此之上者、雖地類親類、不可有違乱妨者也、仍為後日沙汰、永代売支証如件、

神山三郎大夫（略押）
時証人
たふや道貞（略押）

永正八年己（辛）未三月十日

大西兵衛（略押）
後大夫（略押）
今西大夫（略押）
神山左衛門（略押）

〔史料六〕（表2、No.三一〇）

（端裏書）「甲申（ママ）歳永代売券　市原一色村大西大夫」

下総勝海（花押）

限永代売度（渡）申下地之事

合弐段卅代者　在坪わけ町一反、ヒロハタケ一反
但野原卅代也

右件田地者、市原一色村大西大夫雖先祖相伝所持分地也、依有要用、代米弐石六斗之方仁勝海坊へ限永代売渡申候処、支証明鏡也、但御公田卅五代本役弐斗宛ニ毎年無懈怠可有沙汰也、諸御公事等、本支定旨ニまかせ可候、如此候上者、雖為地類親類、不可有違乱妨也、但本支証相そへ度（渡）申候、仍為後日沙汰、永代売券状、如件

主大西大夫（黒印）
時証人
子野入新三郎（略押）

寺升ニて所納定所也

大永四年甲申（ママ）十二月十日

勝海坊へ　まいる

これら三通の売券は、丹波国小野原荘市原村内田地に関するものである。小野原荘は丹波国多紀郡の荘園で、このうち市原村は丹波・播磨・摂津三国の国境に最も近い位置にある。

清水寺は、建武二年（一三三五）、同寺の回禄によりその修理のため、市原村を造営料所としていたが[13]、同四年にいたって荘園領主の正脈庵より市原村百姓と清水寺とが語らって、悪行を致す旨訴えられており、おそらく小野原荘領主と市原村百姓等との対立関係を利用して造営料としての年貢を押領していたものと思われる[14]。

三通の売券の坪付記載をみると、史料六の「在坪　わけ町一反　ヒロハタケ一反、但野原卅代也」が史料四と五の坪付「在坪　わけまち也」と「在坪　ひら畠後壱段、篠原卅代也」を加えたものである。これらの土地が神山三郎大夫、河端二郎から八子又五郎殿に売却された後、何らかの理由で大西大夫のもとに入り、大西大夫が両者を合わせて改めて清水寺勝海坊に売却したものである。

三点ともに公田記載があり、一〇代と二五代の公田を含む田地が八子又五郎を経て大西大夫のもとに集まり、再度売却されたときには両者を加えて三五代の公田を含む田地として売却されることになる。これらの転売の経緯の中で、公田面積には全く変化がないことから、これが在地において固定化された大田文記載公田を示すものであると考える。なぜならば、荘園領主に対する本役負担義務だけしかもたないならば、先に述べたように荘官沙汰人等の納入先かまたは名抜け地の場合は代わってどこがその分の本役を負担するかを記せばよい。しかしこのような契約に際して敢えてその土地のもつ性格まで記さねばならないのは、その土地（公田）が荘園領主の年貢賦課基準であるとともに、国家的（または守護・戦国大名による領国的）賦課の基準としての性格をも有しているためである。

また多くの売券が本役以外の諸公事に関しては「本役外一切諸役等不可有」とか「諸役等是有間敷候」として諸役免除あるいは諸役はほかの土地へ転嫁された後に売却されているのに対して、公田を含む田地は「うり持炭持夫銭はうし銭在所の方用ニめされ可候」として、荘園内の耕地を基準として賦課される守護役に相当する諸役負担義務を引きずったままの売買となっている。

おそらくこの時期、公田を基準として公事負担のほとんどは、「うり」「炭」などの持ち夫であることから、公田を含んだ田地が守護方の役負担となっており、売買された土地は守護方の給人給地となっていたものと思われる。

加えてこれらの公田を含む田地の売買価格は他の田地と比して明らかに低い。史料四では一反に対し一石一斗、史料五では一反三〇代に対し一石六斗、史料六では二反三〇代に対して二石六斗である。しかし例えば、表2のNo.三一二の本役三升の負担義務をもちながらも「段銭井料等者、可為地類引懸者也」とされている田地に関しては、三〇代に対して二石一斗となっている。本役のみを負担している田地に比べて、諸公事・段銭の負担義務をもつ田地が対価が安くなるのは当然かもしれないが、重要なのは公田には他よりも多い負担義務が課される根拠がある点である。

これらの負担義務が記載された公田は、在地の負担関係の移動が、荘園領主や守護にとって、または現地荘民にとって重大な意味をもつがためになおさら売券の上でその点について明らかにする必要があった。

公田を含む田地に対する先の三通の売券には、同様の理由で「時証人」が署判を加えている。売券における連署者、保証者は平安時代から保障刀禰等による在地の承認体制として存在していることは古くから指摘されている。また戦国期の売券に関しても古くは中村直勝氏が奈良県吉野郡天川村に残る売券に示される「キキミミ」について、売買当事者が記載内容を理解できるよう第三者を置いて売券を読み上げ、第三者がそれを聞くことによって承認するという形で行われる売買のあったことを指摘されている。(15)

ところで今、戦国期の清水寺売券において問題となるのは、先の三通の売券に現れる「時証人」が、売買当事者にとってはどのような存在であったかという点である。

先の売券をみると「雖地類親類不可有違乱妨者也」という文言が目に付く。これは売買契約が成立した際、最初に異議を申し立てる可能性のある者として「地類親類」が想定されているものといえる。では「地類親類」とは何であろうか。表1の寄進状も合わせてその用例について検討してみたい。

清水寺文書売券の中で、「地類」の用例は大きく分けて二つになる。第一は先の史料四～六のように、将来これらによる売却地に対する違乱が行われない旨を売券・寄進状の上で誓うもので、先の三点のほかに、

a　地類何違乱妨有間敷候（表1、二三三号）[16]

b　此上ハ、地るいしんるいたりといふ共いらん有間敷物也（表1、No.三九一）[17]

の二点がある。aは清水寺の寺僧且正坊頼憲が摂津国藍荘内の下地一反を地下より買得し、清水寺に寄進したもの、bは小野原荘内市原村の野入太郎大夫進退の田地一反を同人が清水寺に寄進したものである。[18]

第二の地類の用例としては、売却された土地が負担すべき諸課役を代わって負担するものとして現れる。

c　段銭十壱文宛春冬、同井領（料）者地類次第可有沙汰候（表1、No.三八〇）[19]

d　於段銭井料者、可為地類引懸者也（表2、No.三一二）[20]

井料とは、本来荘園制下において荘園領主の勧農の一環として荘内の特定耕地の本年貢を免除して在地において使用することが認められていたものである。

従来、売券中に現れる「地類」とは、多くの場合、売買対象となっている土地そのものを指し、「地所」の意味として使用されるか、四至として現れる「類地」と同義として、地続きの一連の土地ととらえられてきた。小学館『日

本国語大辞典』の説明でも、東寺文書・高野山文書の売券にみえる「地類」の用例としては、「当該地」以上の意味はみられない。しかし、ここに現れる地類はこれらとは異なり、売却地の権利関係に対して、違乱・妨を及ぼす可能性のある主体として現れている。「地類」と対比されて売券の面に現れる「親類」が血縁的同族的集団であるとすれば、「地類」とはこれと対置されるべき、地縁的縁故関係をもちあう者たちと考えることができるのではないだろうか。

そこから発展して井料が特定の田地からの年貢米に限らず、これらの名主層の共通の負担として、特定の身分の者が負担すべき課役となっていった状況というものも充分考えられよう。dの史料で田地一反を寄進した片嶋近江守家久は、前節史料三のCでふれた女性による田地売券の中で、彼女たちに代わって署判を加えている大野孫太郎、東条五郎盛忠、片嶋近江守家久、萩原四郎忠純の四人のうちの一人である。

これら段銭井料が地類に転嫁されている状況は、名抜け地において段銭が名分負担となった状況と同様に、地類によって補完される段銭の納入体制、井料の負担体制があったことを示していよう。

土地の売却に際して、地類等が違乱妨なき旨を売券の面に記載しなければならなかったのは、売り主自身がこれら段銭井料等の共同負担者である地類の一員でありながら、自己の土地の負担を地類という地縁的結合に転嫁して売却するためで、この売買契約自体、地類によって承認されない限り成立し得ないものであったためであろう。

これに対して親類とは、売却者と血縁や姻戚関係にある一族のことを示すものと考えられ、用例としては次のようなものである。

e　万一号親類一族違乱輩出来者、為上、堅可有御成敗者也（表1、No.三三八）[21]

f　於我等家類、後日違乱申義、是不可有候（表1、No.三四〇）[22]

g　於親類同名、違乱煩有間敷者也（表1、No.三九七）[23]

等があり、親類一族または家類などと称する血縁的結合のほかにも、同名という同族的結合が存在したことを示すものもある。

これらのことから地類とは、対象となる売買地について、他者よりも強い介入の権限を有している上、在地の再生産機構を維持するための井料などの勧農機能の一部を共同保証しあう関係にあった、ということができる。加えて、「地類」という言葉で示されるように、血縁関係とは異なる近隣の地縁関係者であり、なおかつ井料負担の共通性の可能性も考えられる存在ともいえる。c、dの用例では、言葉の意味が地目を指す可能性も否定できないが、a、bについては、人的集団を想定せざるを得ず、まして、e、f、gで違乱・煩の主体が、親類・家類・同名である以上、地類もこれと同様、人的集団であろう。地類とは先の片嶋近江守家久に示されるように、在地有力土豪層の地縁的結合であったと考えられる。

以上のことから考えて、先に史料四～六に現れた「時証人」とはこれらの「親類地類」にあたるものと思われる。また地類とは段銭井料等、本来荘園領主および守護等、清水寺とは別の得分徴収者に対して対応するものであり、荘園領主への本年貢納入を保証する者として機能しているものと考えられる。これらが先の公田を含む土地の売買に際して証人として署判を据えているということは、特に公田の売買が在地村落の負っている諸負担関係に対して大きな影響を及ぼすものであったために、このような厳密な売買契約がなされたものと思われる。つまり、公田は戦国期村落にあっても依然として荘園領主に対する年貢＝本役を負い、荘園領主および守護（当該期にあってはその権限を継承した浦上等の戦国期的国人領主）の在地掌握のための基準としての役割を果たしていたといえる。

またこの公田と同様に、荘園年貢および諸課役の賦課対象として機能していたのは名であり、公田売買や井料の負担関係に示されるように、名がかりの耕地が売却される際、本役段銭等を名分に転嫁する名抜けが行われたとしても荘園領主および守護は、名本を押さえていることによってその分の本役段銭を徴収できる体制であった。

このように公田を含む田畠および名内耕地の売買に際して、その本年貢段銭部分の荘園領主および守護への納入に対して共同責任を負っていたのが、地類といわれる地縁的な共同体であった。いいかえれば地類とは、本年貢徴収を保障しあう組織としての機能を負っていたといえる。また井料等の共同負担の体制も兼ねることから、地類の構成員は村落内部の勧農機能を分有している村落領主クラスの連合体であったものと思われる。

以上、清水寺文書の中の売券の分析を通して各耕地片の中に残る荘園制的収取の形態について考えてきた。第八章の公田と名主職の項で考えたように、ここでも公田が荘園における支配の軸となっていた点は、確認できたと思う。公田売却の際の諸負担関係の再配分手続きなど、周辺への周知の必要性はそれ以外の耕地と比較すると手厚く、手続きの厳密さが、荘園領主および周辺農民に及ぼす影響の大きかったことを示していよう。また各耕地片が本来属していた年貢徴収体系の中においては、公田を軸として名本・地類といった人的組織が、売却された田地をも含みこんだ徴収体系を補完するものとして機能していた点は注目すべきである。

しかしながらこれまで検討対象としたのはあくまでも各耕地片に対する本役年貢納入の本質の部分であって、清水寺に入る加地子部分は表2を一見しただけでわかるように、それに数倍するものである。これら量的な分析およびこの時期に清水寺に加地子得分権が集積されていく事実に関しては、戦国期のもつ政治的、社会的状況等を考慮して、もっと掘り下げねばならない課題である。例えば、売券の面に本役負担額とは別に記載されている、その耕地の斗代についてどう理解したらよいのであろうか。例として表2のNo.二七三をみると、本役一斗六升に対して斗代が九斗六升代と記され、この九斗六升という額が同じく表2のNo.三〇三・No.三一一・No.三二一にも共通する斗代となっている。これを当該耕地の作人の負担額とみれば、清水寺に売却される以前のこの耕地の加地子得分権は、実に本役の五倍が私得分となっていたこととなるが、逆に作人は加地子と本年貢とを合わせた総額としての九斗六升を負担しており、これが作人から加地子得分権者に納入される時点では本年貢と加地子との区別が全くないこととなる。(24) また、九斗六升代という斗代の定まっている田地と表1№二七一・№三三五の六斗代、№三二一の五斗代、№三三二の一石一斗代および№三八〇の「斗代者石代也」のように、それぞれ斗代の記載の異なる田地の斗代額は何によって決定されたものであろうか。加地子とは生産力の発展に伴って無限定に増加したり、加地子得分権者と直接耕作者とのあいだで恣意的に徴収されたりするものと考えることはできず、荘園制的規制をその得分の中に色濃く引きずっていると考える。

三　播磨国鵤荘における名主身分

清水寺売券にみられるように、戦国期の売買契約関係の中で、取引契約への立会や名抜けした土地の負担を肩代りするなど、荘園制的収取の補完を果たすための地縁集団として現れる「地類」という関係について検討した。特に公田を含む売買や、井料等の勧農機能を付帯した土地の売買では、こうした地類により、本来的な諸負担の納入体制が維持、保障された上で契約が成立するという慣例が、在地の中に育っているということができる。

荘園制的収取体系を支える地縁結合の展開を前提として、段銭・井料等の納入、分配関係が構築されるという、中世後期の荘園村落における分配の図式を示すものである。その中核にあった地縁結合は、荘園村落の中では、地域住民からどのように認識されている存在だったのだろうか。乱世の戦国時代を迎えながら、地域社会の住民生活の中に、領主との連携の糸を手繰る重要な構成要素として、名主職と名主身分が再浮上するかたちで、村落の中に位置づけなおされる経緯をみてきた。

地域社会の中に位置づけられて初めて、その意義が示される名主職は、戦国期にあっても、荘園制を補完する職として機能を果たしていたが、それは領主側の求めに応じて地域に展開したものではなく、在地における身分標識のひとつとして求められていくものでもある。こうして地域社会のイニシアティブを掌握していく名主層の身分的再浮上の状況を播磨国鵤荘引付の中から検討したい。

室町～戦国時代の在地の身分構造について、播磨国鵤荘を素材として分析した大山喬平・太田順三両氏は、（一）大名権力、（二）荘園領主勢力、（三）荘園内勢力の三段階を主たる階層構成とし、特に（三）は基本的に寺庵・名主・長百姓・平百姓の四階層によって構成されていた、とされている。

大山氏はこのうち寺庵・名主層について、荘園領主に対する抗争をはじめとする政治的結集の中核を占め、村落政治の主導権を握る階層であると規定し、そのうち特に名主については、荘園領主に対する年貢減免、一揆、逃散の組織者であり、荘園村落における用水管理以下の生産過程の統括者として現れる共同成員としての名主の集団的・社会的存在を意味するとされる[25]。

戦国期の村落において加地子をめぐる争奪関係は一般百姓層と土豪層との間に展開するとする見解は、もはや定着しつつあるといえるが[26]、これら土豪層が荘園制的収取形態の上において、本年貢徴収を保障するものとして機能しているとすれば[27]、戦国期の鵤荘のように緊迫した情勢の中であえて「名主中」と称することの意義が注目される。戦国期の荘園村落において、本年貢の納入を支えることの意義が、在地にどのように反映され、また、戦国期村落における小領主層に規定的な役割を果したのであろうか。荘園における名主層の役割について違った角度から検討を加えることができるのではなかろうか。

彼らは、荘園領主のもとに年貢を納めることを目的とするだけでなく、在地社会において荘園領主から得ることのできた身分指標としての「名主中」をかざすことで、乱世の村落に生きることができたのである。

鵤荘において「名主中」を含む諸階層関係が最も明瞭に示されるのは、大永五年（一五二五）六月一日の大寺太子堂檜皮葺替供養の能猿楽への参集の形態においてであろう。

　　能之時懸物之注文

　（中略）

次名主中ヨリ太刀二腰、次公方内山方太刀二腰、次大寺供僧衆ヨリ、花一瓶代五百文、次東西之長百姓ヨリ太刀一腰代五百文、次野(赤松村秀)州ヨリ太刀一腰、同母儀之御局ヨリ縫物一被懸之、此外庄家之諸給人方ヨリ太刀一腰代五百文ツヽ

　各々懸之

　（後略）(28)

とあり、鵤荘内の者としては寺庵衆・名主中・東西の長百姓の三者に明確に分かれる。そしてここにいう名主中とは、永正一一年（一五一四）に隣荘の小宅荘との用水相論において、次のように現れる。

　（前略）

同（八月）十九日ニ地下寺庵名主百姓以下令□置鹽畢、

　人数事

政所学乗坊、本住寺、大通庵、浦上備中守方、山下左京亮方、内山新三□(郎方カ)、中小三郎方、実報寺与三方、山□実報寺帯刀方、沢太郎さ衛門方、玉田七郎さ衛門□(方)

　百姓ニハ奥村次郎左衛門ヲ召具

以上、上下悉皆卅五人、十九日ヨリ廿八日迄十个日置塩ニ逗留ス（後略）(29)

とあるように、名主中とは政所と寺庵（本住寺、大通庵）を除き、「浦上備中守方」から「玉田七郎さ衛門（方）」にいたる武士身分の者への寄人か、某方を称す守護方被官人と考えられ、村落内では侍衆として認識されていた者を指していた。

荘園内部において名主中として隣荘との用水相論の主体となりながら、戦国大名との関係では、武士の被官として位置づけられている土豪層は、反面荘園内部においては、西荘公文としてみえる内山氏や図師職をもつ実報寺氏のように荘園制的な職の秩序の中に身を置いていることについて、稲葉氏も指摘する。[30]在地武士団と被官関係を結びつつ、村落上層として存在するこれらの身分層が、あえて荘園制的収取関係に位置づけられる職を保持し続けている点に、改めて注目したい。

法隆寺による鵤荘支配は、領主直営田—一色田・散田・佃等とそれを含む名田に対する支配の二本立てで行われていた。荘園領主は年貢の未進等があった場合、名田・散田をとわず点定し、差し押さえ行為によって農民統制を行っていた。しかしながら名田と領主直営田に含まれる散田とでは当然のことながら点定の仕方に違いがあった。

まず、散田部分についてみると、応永二二年（一四一五）三月、吉平名が年貢未進によって召放たれた。

一、吉平名依全未進ニ被召放畢、而彼名見性庵寺門ニ申請、一斯(期)間預申畢（中略）、依寺門之請文在之、去年午年貢悉見性庵ヨリ成懸畢、而吉永一色ニヲイテハ、一反モ不渡之、艮(即)散田シテ百姓ヲ入畢、此下地ノ未進分不足間、為公并(平)成懸サタサスル上者、無未進懈怠之儀、(者、脱カ)不可召放者也、万一如元吉平名仁可付雖有所望、更々不可渡之（後略）[31]

これによると、吉平名については見性庵が法隆寺に申し請い、去午年分の名分年貢を、一期の間請け負った。しかしその他の同名一色分は未進により不足しているため、見性庵には渡さず法隆寺が直接百姓を入れ散田している。名分と一色分に対する扱いでは、未進年貢の徴収方法をめぐって、領主側の対応が大きく異なる。

また、名分が点定される場合は点定札が現地に建てられる。

一、同十四年丁丑、十月七日、高岡蔵仙寺分控吉次名、近年本役段銭以下無沙汰之間、名職点定訖、則地検之引付別紙ニ認之、政所之櫃ニ在之、則点定之地検ニ出時者、筆取学乗房、役人三人、国元、真次、中間以下召具、東南村エ入テ百姓ヲ召出之、下地等悉算田シテ、同点定之札ヲ彼村ニ打之、其文言曰、

点定　蔵仙寺分抱吉次名職田畠事

合　公田余田者

右、年々歳々、本役段銭以下依令無沙汰、任寺門下知之旨、速点定所如件

永正十四年丁丑十月七日　　政所　在判

任、旧例之旨、如此沙汰之者也、

于時在庄宝光院　実厳

同筆師金光院暁秀[32]

とあり、「名職」を点定する際には「地検」をするためにその場で「算田」して「地検之引付」を作成し、保管する手筈となっている。また、先の点定の理由は、本役段銭の無沙汰であり、対象となっているのは、吉次名の「公田余田」、つまり名分と一色分を合わせた吉次名の総体であった。

この点定札には、名田の規模の記載はなく、また同様に本役・段銭の未進により、名職の点定を受けた名田一色と鵤荘西方図師職を点定された内山中与三兵衛に対して下された点定札にも「合、公田余田者」として田数の記載はない[34]。これは、時代はややさかのぼるが、応永二一年（一四一四）の「鵤荘引付」にみえる「点定名々仁先百□(姓)未進

之田を当百姓成懸分注文事」(34)において、各名内の未進により点定された百姓の耕地が「十五条中井村田二段六斗五升代」というように、位置・田数・斗代まで詳しく書き上げられているのと対照的である。

室町から戦国へと展開する間に、荘園内部における公田の概念が、領主が直接把握する現作田として、散田等の権限も有していた状況と比べ、荘園領主の側からみると、直接把握の権限が及びにくくなる反面、名職としてこの部分を請け負う在地側にとっては本役と公事の負担により、保障される在地権限としての面を強めている。

以上のことから、鵤荘において名分（名職）を知行しているものとは、一色田をも含む名田の名主であった。しかし、一方では一色田作人に対する散田は直接荘園領主によって行われるものであった。鵤荘においては、名分は名主によって請け負われ、一色田部分は領主による散田を受けて百姓層が耕作するという原則から、身分的に名主層と散田作人層を区分することが可能となる。反対に、名分は名主職をもつ在地の侍分や寺庵などの有力層に把握されて領主の散田権は、名主層によって示される本役・公事負担地にまで及んでいない。鵤荘の本役と公事の負担については、名職を基礎とした名主身分把握を軸に固定されていく状況にあったといえよう。

荘園領主が、本役と公事を軸としながら再編成することに固執した村落内身分としての名職（名主職）は、荘園制社会の中では各時代を通して概念を変化させながら、在地社会の核として実態の究明がなされてきた。まずこの時期に寺家のとらえている名主身分について検討してみよう。

播磨では、文明一六年（一四八四）頃から、数年の間赤松政則と山名政豊の角逐が繰り返されたが、長享二年（一四八八）政則は山名政豊を播磨の坂本（姫路市書写坂本）に破り、山名を但馬に追って、播磨・美作・備前の三国を回復した。この間、山名氏の守護所である坂本に近い当荘は、混乱に乗じた山名氏被官人の押領にさらされていた。延徳元年（一四八九）秋の評定によると、

一、自鵤庄名主中名損之事侘言在之、雖然寺家無承引之義、播州両陣執合之間事者、諸勢依庄家在陣ニ、名田等之内、過分ニ田畠荒、不作ト云乱亡苅ト云、以別儀陣中之間之事者、名方之損以下了（後略）(35)

とあり、前年までの「名損」＝名田部分の損亡に対する申し立てを「名主中」が主体となって行っていた。寺家はこれを承引しなかったため、これとは別に名田の返還工作が、在所政所を中心とした名主中によって行われた。この時の名損とは、翌年の評定によると、

一、田舎諸給人名田職押領付、御屋形へ歎申処、被返付由奉書度々雖成下、尚以給人等難渋仕候間、重而上使之儀申処、両使庄家へ被使成敗厳重在之、上使殿原中間以下以上四十余人毎日祗候、政所ニテ被沙汰云々、上使之名字川原二郎左衛門、今一人ハ小西弥四郎両人也、

一、同給人依屋形御成敗名田共返付了、小寺方内山分名田返付了、従而去年ヨリハラミ置年貢少々寺納了、実報寺長門守同押領名田渡了、同数多年貢等寺納、将又住宅以下捨置他所出ト云々、誠目出度々々(36)

とあり、実報寺、小寺等の赤松氏の給人が保有していた鵤荘内の名田を、新たに入部してきた山名氏被官人が横領している状況であった。これを前年「名主中」が寺家に対して訴えたわけであり、押領されている間の年貢の納入を、寺家に対して詫言によって免除申請をしていたにもかかわらず、これを寺家は承引しないままで翌年まで持ち越された。当寺在荘の年会五師実海が「御屋形」＝赤松政則に訴えたところ、上使殿原中間以下四〇余名が政所にやってきて、敵方の給人に対して名田を返付するよう交渉をした。給人は御屋形（守護）の成敗に従って名田を返付し、小寺・実報寺等の赤松方として従来の名田を知行している侍分は、名が押領されている間に隠しもつ（保持していた）年貢を支払い、さらに押領人は住宅を捨てて他所に出たのであった。

注意すべきは内山・実報寺ともに最初にあげた永正一一年（一五一四）の小宅荘との用水相論において、鵤荘名主

として置塩まで出かけた名主身分の者達であった。すなわちこれにより戦国期の鵤荘における名職保有は、戦国期の敵方給人による押領の対象となったために、荘園現地からの本年貢・公事の納入システムがストップされており、押領という事態が混乱に乗じた実力行使という形で展開していた事実について指摘できよう。

先にもふれたように、鵤荘名主として名主職をもつものは、一方では守護の被官として戦闘に加わったり、または鵤荘よりの段銭・礼物を受け取ったりもする者であった。(37)こうした荘園の重要な構成要素としての名田の奪い合いは、戦国乱世に乗じた当知行権限の奪い合いという形だけでなく、また理非によるものだけでなく、ときとしては合法的に行われることもある。

永正九年（一五一二）荘内名主の周世次郎五郎は、自己の所持する名主職を山下（浦上）又五郎を養子として譲与した。そのときの在荘政所から浦上又五郎に対して出された補任状によると、

宛行　鵤御庄平方条内名田職事
　合　真守名、福然万寿大工名
　　　有時国世方名
毎年、本役段銭依有無沙汰、任先祖旨、令点定者也、雖然今浦上又五郎ニ宛行所実也
右、件名田職者、周世次郎五郎代々相抱、処聊無相違者也、□□今依無実子、為養子、山下又五郎ニ譲与云々、
然者、毎年有限本役段銭等、東政所任公帳公田面可致其沙汰、若於無沙汰之時者、任庄例之旨、可有点定者也、
仍宛状行（衍カ）処状如件、
永正九年壬申十二月十三日　　于時在庄預所
　　　　　　　　　　　　　　　　東政所
　　　　　　　　　　　　　　　　快親在判(38)

とあり、これに対して名職を譲られた側の浦上又五郎から寺に対して請文が出されている。先の史料によると周世次郎五郎名田の知行の事実と、浦上又五郎への継承の経緯について、大幅な書き換えが成されている。まず、知行事実については、周世次郎五郎が代々に渡って知行していた旨が書かれていた部分は、本役段銭の無沙汰による点定として相伝知行を否定し、また浦上又五郎の養子相続を否定して新たな宛行として扱っていることなどから、養子による相続を、未進による点定名への新補任という形で処理したことがわかる。

これはおそらく守護の有力な奉行人の浦上氏の庶流と思われる浦上（山下）氏が周世次郎五郎に働きかけ、又五郎を養子とすることで先の三名を浦上氏に譲与させたというのが実際のところであろう。鵤荘内名田の給人給地化、守護方給人による名主層の被官化という事態が播磨をめぐる山名・赤松の角逐の中で展開していたのである。

名主層は、内部にはさまざまな矛盾を含みながらも、鵤荘における名主としての年貢収取システムの上での役割を果たしていた。まず、先の浦上又五郎に対する補任状のように、政所の所持する「公帳公田面」に任せて本役と段銭を納入する義務があった。本役はいうまでもなく荘園領主法隆寺に対する本年貢であり、段銭は本章第二節でみたように守護段銭のうち、免除された公田部分の段銭が法隆寺に入ってくるのであろう。

守護段銭の催促は、鵤荘に対しても行われていたが、例年は一献料として九〇貫文を守護および守護奉行人に支払うことによって全荘に対する段銭賦課は免除されていた。長禄四年（一四六〇）の記事によると、

一、　鵤庄段銭一献分九十貫文事、去長禄二年之秋之比、可有御免除之由粗歎申之間、即段銭以下諸公事、向後皆免之旨、御判御教書等厳密成下畢、仍為寺門庄家本複如此及大訴無為申成之上者、彼一献分九十貫文事、弥為寺門興隆庄家祈禱、毎年必寺庫ニ可有納所者也(39)

とあり、長禄二年（一四五八）には一献料九〇貫文についても免除されるよう、守護に対してではなく幕府に対して

訴え、御判御教書によって認められたことで、これ以後は先の九〇貫文も法隆寺の寺庫に納められることになる。

しかし法隆寺領鵤荘も第八章でみた九条家領田原・蔭山荘同様に、荘内からは本役と段銭の二重の徴収を行っていた。これを名分について請け負い納入するのが、先の名本であった。文明八年（一四七六）の評定によると、

就鵤庄国方段銭、例年者一献分九十貫文宛沙汰処、為近年躰毎年及二百七十貫文、雑用以下四百貫文仁被相懸候間、地下借銭為過分条珍事由、名主大通庵并内山入道間罷上、色々寺家衛歎申者也、土代彼借銭事者、名主百姓悉以雖為可致返弁段勿論、代々在庄有加判上者、寺家珍事不可如之者歟、然上者雖非本意、於今度借銭者、以別段撫民之儀、為寺家可廻返弁之計略旨、満寺評定事実也、仍於足付者自庄家寺家仁運納之諸納所、公私共仁悉令勘落、彼要脚仁宛置処也、其謂者於為庄家不知行者、公私名田畠不可有正躰間、如此之儀以連署令記録、調衆議条、群儀事切畢、（後略）[40]

とあり、一献分として納入される九〇貫文および雑用等の料足について「地下借銭為過分条珍事由」を名主である大通庵、内山入道が法隆寺に訴えており、また法隆寺側も「名主百姓悉以雖為可致返弁段勿論」として、原則としては守護方からの諸種の料足は地下負担のものであるとしている。つまり、在地において名主層は荘園領主への本役・段銭を負担するほかに、守護方に対しては段銭免除のための一献料や雑用等の臨時の課役を負担する。段銭免除のための一献料が文明八年の頃の鵤荘現地で九〇貫文から雑用も含めると四〇〇貫文にまで膨れ上がり、これを在地側は地下の借銭とすることに異議を唱え、法隆寺に訴えたことで、「以別段撫民之儀」によって寺家の側からの返弁が決定されている。寺家による段銭の肩代りという手段をとったとしても、この名主層による在地からの収取システムを保持することが優先されている状況がみえる。荘園制的収取体系に則って賦課形態の一翼を担っている、彼ら名主層のような存在があったからこそ、守護や荘園領主自身が荘園村落そのものを充分把握していない状態でも課役の徴収を

行うことができたのだといえる。

このように名主職をもつ守護被官（給人）という両属的立場にある名主層を軸としながらも荘園制的収取をなしえた理由は、「名主中」の存在形態にある。「名主中」は在地に対しては用水管理以下の生産過程の統括者であり、また年貢減免、一揆、逃散等の組織指導者でもあった。その反面守護（または戦国）大名との関係では、あくまで赤松氏という守護者の被官人であり、途中播磨国守護職を奪う山名氏は、長享元年（一四八七）に領家法隆寺からの訴えをうけて、守護代垣屋遠勝の遵行状により、次の旨を伝えている。「鵤庄一色田事、相替名田無流累相続之儀条、庄例由処、混先百姓之跡ニ、或号欠所或号由緒、諸給人違乱更無謂候、仍一色之儀不混乱名田間、如先規為寺家可有御成敗通、去冬自屋形以書札被申候処、重而各々違乱云々、太以不可然候、所詮任屋形判形旨、給人取継を被停止候上者、当年貢之事、自前（ママ）百姓方寺家ェ可有御直納候、（後略）(41)」とあり、山名方被官人による一色田の把握は在地の混乱をもたらした。また赤松義村を討って新給人を付した浦上村宗の被官人による「名主」はこれら「名主中」成員の中に入り込むことはできなかった(42)。

またこのような体制の前提となる名主職が上部に規定されている体制が、在地の一般百姓の側から望まれていた点も注意すべきであろう。すなわち永正一五年（一五一八）荘園領主が平方吉平名を平井助九郎という者に借銭返弁のため沽却したところ、

（永正）同十五年戊寅八月日、去年冬、平方吉平・吉永名之事、寺家借銭為返弁、平井助九郎方へ被沽却処ニ、彼下百姓迷惑之由申シテ、惣庄名主百姓等ヲ引催、六ヶ村分名主百姓悉以柴ヲ引逃散畢、前後卅余日政所ェ出入無之、雖然役人三人者柴ヲハ不引也、如此アツテ、種々侘言申間、則又自寺家如元買返之、百姓等ニ被宛行畢(43)

とあり、吉平名分の下に包摂されている「下百姓」は「迷惑之由」を申し立て六ヶ村の名主百姓を催して逃散したた

め、寺家としても致し方なくこの名を買い戻すことにした、というものである。平井助九郎は、法隆寺が借銭をしているということから高利貸的な性格をもつと考えられ、鵤荘の在地における年貢保障システムとは直接関係をもたないところに、名主職が売却されてしまうことを恐れ、荘内の名主・百姓が柴を引いて逃散に及び、名主職が平井助九郎に渡ることを阻止したのである。

戦国期荘園にあっても名主職は、荘園村落に住む下百姓を先頭として、「名主中」として荘園村落の再生産構造に深いかかわりをもたなければ運営できない当知行の意を示す職であり、利害を対立させていた階層にとっても、知行者は荘園領主の意によって補任された、荘内の者であることが必要だったのである。

中世後期において、荘園制的収取を維持しようとする体制は、地域社会からの要請をとり入れて形成されていた。この頃は、本年貢納入を保障する体制は、旧来からの荘園体制を維持するための本役や段銭などの、荘園領主経済を支える役割を果たす反面、地域経済圏の中に滞留する、本役・段銭以外の諸得分を、地域社会内部でどのように配分するかが在地における課題として再浮上してきた時期でもあった。在地において本年貢納入を実現していたのは、清水寺文書売券中にあっては「地類」という地縁的連合組織として現れる小領主であり、また鵤荘においては「名主中」という荘園制的外皮をまとって立ち現れる守護被官人集団であった。

両者ともに村落内においては、用水等の勧農機能を掌握し、領域的紛争に際しては村の武力としての機能も発揮する、武力を有した小領主的存在の連合体であったであろうことが予想される。こうした中世後期の荘園制的年貢徴収体系は、武力を有する小領主連合によって形成されながらも、一方では荘園領主にとっては名主層を軸とする収取体系の末端を構成する中間層連合によって保障されていた。

名主層連合とはいいながら、その内実として単一の荘園内部での完結が、連合の最終的なあるべき姿だったのではなく、地域を前提としながら多様な所領の名主層をも含み込んで成立していたはずであるが、身分を保障する名主と領主の関係が縦軸として存在することが前提となって、横の連合だけでなく、縦軸による身分関係との相乗作用としての地域社会が構成されていたことが重要である。荘園が領域性をもった所領として、中世社会に立ち現れた段階から、領域内部の勧農機能を補完する身分の掌握は、領域の領主としての荘園領主に付随することが、約束されていた。中世後期の剰余が、加地子として荘園の外部に流出する可能性が生じた段階でも、名主職を再編成する形で加地子名主職として荘内に買い戻そうとする動きが、荘園を単位として行われていたことは久留島典子氏の論文が示すとおりである(44)。

また荘園領主は、中世後期の荘園現地に生じる剰余を、幕府段銭・守護段銭等、室町幕府が把握した公田を基準として賦課される臨時賦課税として、荘園領主権に随伴する免除特権として利用することにより、新たな徴収の名目を、守護とともに創出したが、この新たな賦課も名主職を称する階層によって実現されるものであった。

これら名主層=中間層は、在地にあっては「地類」等と称する地縁的結合体を構成し、身分横断的な連合を形成することによって、本年貢・段銭の納入を実現していた。

注

（1）永徳三年九月四日、赤松義則寺領寄進状『清水寺文書』No.一一五。本稿では史料として『兵庫県史』史料編中世二、県内所在史料のなかの「清水寺文書」を使用する。No.は同書の整理番号である。

（2）応永七年一二月二四日、足利義満御判御教書『清水寺文書』No.一五二

（3）建武四年一一月一三日、引付頭人高師直奉書案『清水寺文書』No.四〇
（4）貞和四年一二月二三日、今川頼貞寺領寄進状『清水寺文書』No.六二
（5）寛正七年正月一六日、松林庵宗趣灯油料田寄進状『清水寺文書』No.一八三
（6）天文九年五月二六日、正雲庵普慶下地寄進状『清水寺文書』No.三二八
（7）永正五年二月四日、大川瀬さこの二郎田地売券『清水寺文書』No.二六六
（8）天文三年八月八日、上月備前守満直・同四郎兵衛尉忠直連署下地寄進状『清水寺文書』No.三二一
（9）永正八年二月二〇日、河端二郎方田地売券『清水寺文書』No.二六八
（10）永正八年三月一〇日、神山三郎大夫田地売券『清水寺文書』No.二六九
（11）大永三年六月三日、萩原忠純等連署田地売券『清水寺文書』No.三〇三

詳しくは、

永代売渡申東条河北友宗名内田地事

合壱段者　在坪　萩カ本町数九ッ、用水者薦池之水懸候、分米九斗六升也

右彼下地者、自大野殿永正拾壱年ニ母にて候者被買、我等知行仕候、肆段内壱段依有用要（ママ）、代之米弐石九斗仁永代清水寺灯明田売渡申処明鏡也、然者本役五升宛、毎年大野殿へ可有納所候、段銭者惣庄懸事候者、河北引懸可有納所候、此外万雑公事不可有候、我ら女之事候間、東条五郎・大野孫太郎殿為名代、判形作遣申候、此上者於子々孫々、違乱煩不可有者也、仍永代売券状、如件

大永三年六月三日　　大野 孫太郎（花押）

清水寺参

東条五郎
盛忠（花押）
片嶋近江守
家久（花押）
萩原四郎
忠純（花押）

というもので女性が売却した田地はもとは大野殿から買った、河北友宗名内の田地―名抜け地であったこと、また文脈から考えて河北友宗名の名主は大野殿であったであろうこと、などが考えられる。

(12) 大山喬平「戦国大名領下の荘園所領―遠江国浜名神戸大福寺―」『小葉田淳教授退官記念国史論集』小葉田淳教授退官記念事業会、一九七〇年、同「中世末期の地主的土地所有―美濃国龍福寺の売券―」『赤松俊秀教授退官記念国史論集』赤松俊秀教授退官記念事業会、一九七二年

(13) 建武四年一一月一三日、高師直奉書案『清水寺文書』No.四〇、建武四年一一月二一日、平盛重書状『清水寺文書』No.四一

(14) （建武四年か）九月二一日、沙弥道寿書状『清水寺文書』No.五一

(15) 中村直勝「キキミミのある売券について」『中村直勝著作集』第三巻、淡交社、一九七八年

(16) 天文一三年六月二六日、且正坊頼憲下地寄進状『清水寺文書』No.三三二

(17) 永禄四年五月一九日、野入太郎大夫田地寄進状『清水寺文書』No.三九一

(18) 旧借用日記『清水寺文書』No.三三一によると、天文一一年正月二六日に且正坊は定米三〇石を清水寺より借用しており、また天正一六年の正月本堂御仏供米預り坊中日記『清水寺文書』No.四五三にも仏供米三升五合ずつを配分される五三家の中にその名がみえている。清水寺の坊中の一つと思われる。

(19) 永禄二年九月日、垂井次郎左衛門尉延盛田地寄進状『清水寺文書』No.三八〇

(20) 大永五年五月二四日、片嶋近江守家久行延名内下地売券『清水寺文書』No.三一二

(21) 天文二〇年三月一八日、山城官兵衛、住吉佐々倉名内田地寄進状『清水寺文書』No.三三八

(22) 天文二〇年一〇月一〇日、青海野若狭守忠重田地寄進状『清水寺文書』No.三四〇
(23) 永禄一〇年六月一九日、大塚与次郎賀東郡福田古瀬村小池内田地寄進状『清水寺文書』No.三九七
(24) 勝俣鎮夫「六角氏式目の所領立法」『戦国法成立史論』東京大学出版会、一九七九年は「名主職所有者と直接耕作者との間には、ほぼ余剰生産物と年貢として一元的に収取する定量的関係が生じている」とする。
(25) 大山喬平「室町末戦国初期の権力と農民」『日本史研究』七九号、一九六五年、太田順三「中世後期荘園制下村落の動向—播磨国鵤庄の『惣庄』の崩壊を通して—」『民衆史研究』五号、一九六七年、同「中世後期における点定と散田作人層—荘園領主権の一例—」『民衆史研究』六号、一九六八年、同「鎌倉期の荘園と勧農—『寺家一円所務型』と地頭設置型荘園の場合—」『歴史学研究』三七六・三七七号、一九八七年
(26) 薗部寿樹「中世惣村の変貌」『日本歴史』四二一号、宮島敬一「荘園体制と『地域的一揆体制』」『歴史学研究』一九七五年大会報告特集号
(27) 大山喬平前掲注（12）（25）論文等
(28) 「鵤荘引付」大永五年六月一日条。『兵庫県史』史料編中世三に所収の斑鳩寺文書No.三〇「鵤荘引付」を使用した。以下、特にことわらない限り、「鵤荘引付」〇〇年条として引用する。
(29) 「鵤荘引付」永正一一年条
(30) 稲葉継陽「村の侍身分と兵農分離」『戦国時代の荘園制と村落』校倉書房、一九九八年
(31) 「鵤荘引付」応永二三年三月二二日条
(32) 「鵤荘引付」永正一四年一〇月七日条
(33) 「鵤荘引付」永正一四年閏一〇月日条
(34) 「鵤荘引付」応永二二年一二月一九日条
(35) 阿部猛・太田順三編『播磨国鵤荘資料』八木書店、一九七〇年、「法隆寺伍師年会衙記録、抄」延徳元年秋
(36) 同前、「法隆寺伍師年会衙記録、抄」延徳二年条

(37)　大山喬平前掲注(25)論文
(38)　「鵤荘引付」永正九年一二月一四日条
(39)　『播磨国鵤荘資料』「法隆寺伍師年会衙記録、抄」長禄四年八月二八日条
(40)　『播磨国鵤荘資料』同前、文明八年三月一六日条
(41)　『播磨国鵤荘資料』「法隆寺文書」、長享元年八月二七日、垣屋遠勝遵行状では、山名氏給人による年貢の取次を廃し、百姓から直納するよう命じられている。
(42)　『播磨国鵤荘資料』「官符宣記」、年会伍師頼憲書状案、大永元年三月日条によれば、永正一七年一〇月に赤松義村との合戦のなかで浦上村宗の軍勢が播磨に入部すると「其時節鵤庄之儀、種々廻籌策雖令防禦之、悪逆無道之凶徒等数千騎庄内仁乱入、追放寺庵名主庄官、奪財宝、剰民屋過半令放火、結句寺家成之名田以下仁悉以新給人附置之、違乱之間、種々雖申執舛不致承引、年貢所当一円令押領間、寺納之米銭一向令無足畢、依之在庄之用脚等難計間、預所職上洛、不相調条(後略)」とあり、法隆寺が把握する「寺家成之名田」に、新給人を付し年貢所当の押領に及んでいる。
(43)　「鵤荘引付」永正一五年八月日条
(44)　久留島典子「山城国上久世荘名主職」『史学雑誌』九三編八号、一九八四年

第三部　散用状作成の意義

第一〇章　矢野荘散用状にみられる大唐米について

これまで中世荘園の在地における収取構造を分析することを目的として、開発の経過や、開発域の在地での意義などについて検討する試みを行ってきた。しかし、第六章でもふれたように、後年跡づけることのできる開発の多くは、荘園制の中では水田域として把握され、その延長に位置づけられる年貢は穀物年貢を賦課基準・換算基準としている。(1)本章で扱おうとする中世の後期の東寺領矢野荘も、そうした穀物年貢を基盤とした収取の行われた荘園であった。(2)

東寺百合文書の矢野荘の散用状には、毎年の年貢の納入状況を示す記載がある。南北朝期から室町期にかけて、矢野荘の年貢は、ほとんどが代銭によって納入されている。市場で銭に換金された米・麦・大豆などの年貢は、為替などの方法で東寺に届けられるが、一年分の年貢が一括されて納入されるのではなく、年貢が収納され、市場で換金されるごとに領主のもとに届けられていた。

矢野荘の散用状にみられる米年貢のなかでは毎年必ず大唐米が作付けされ、収納されていることがわかる。領主である東寺はなぜ、あえて収納された米の品種を、散用状の上に注記する必要があったのか、通常に収納される米の品種と大唐米とはどのように領主の側の扱いが異なっていたのかについて検討してみたい。

一　年貢と散用状

領主に対する一年間の年貢納入実績を集計する散用状には、領主—領民間の年貢・公事に対する請負契約の全般が示されることから、おもに荘園の領主権の盛衰を知る尺度として、分析対象とされてきた(3)。東寺に残された年貢の収支を示す散用状は、同時に室町期の守護の領国支配の進展の中で、領国の基盤として位置づけられる在地からの荘園制的収取の意義が明らかにされてきてもいる。

しかしそもそも散用状には、荘園現地に構成される生活空間のどの部分までを網羅して示しているのか、改めて位置づけがなされた上に分析をする必要があるのではなかろうか。荘園に「公」として臨む領主への納入物を書き上げた散用状は、領民生活の全般を網羅し、荘民生活に直結した実態を示していると考えられてきた感がある。しかし、荘園領主にとって荘園から収取される年貢に付随する情報として、どれほどのものが必要とされていたかといえば、散用状に関しては収支帳簿以上の情報など必要とされていなかったのであり、その点で領主は在地情報については極端に欠乏している状態であった(4)。

少なくとも散用状は、在地の年貢収納情報のすべてを載せるものでありながら、あくまでも在地側からの必要に応じて書きつけられたものではなく、領主側が必要とする情報についてのみ書き記したものであるといえる。散用状は領主の側が必要とする帳簿であり領主経済の中に位置づけられるものであった。

東国荘園の中で、水田開発域から収納される米年貢の収穫時期に対応した春の勧農と、秋の収納に対してそれぞれ代官が派遣されている事例を第二章で検証した。西国の矢野荘を例として考えた場合、一つの荘園に対する、領主の行為としての勧農と収納とを比べれば、荘園領主の経済構造にあっては収納が重視されながら、納入されてくる年貢に対して逐一年貢支配状を作成して年貢の使途が確定されていく。一方で、荘園からの収取の全行程の完了を示す散用状の多くは、春の勧農の時期を目安に作成されている点が注目される。収納作業の集大成として作成される散用状であるが、荘園の現地で行われる作業としての収穫は、作付品種の多様さや在地を取り囲む政治情勢、天候等にも左右され、八月終わりか九月の初旬から開始されて一一月まで及ぶことがある。この収穫と並行して、代銭納が認められている荘園では地方市場での米の換金が行われ、逐次領主のもとに為替で届けられていた。現地での収穫段階では、領主からの徴符にもとづいて収納された年貢に対して百姓側からは返抄が出され、返抄は代官の手元に収納作業の終了段階まで蓄積され、散用状作成の段階にはこれらの返抄をもとに収納帳簿としての散用状の作成が行われることになる(5)。

しかし、春の土用を目安に散用状が作成されるまでには、年貢の収穫開始から約半年の月日を要すが、その間には領主側からの未進催促や、在地側からの年貢の減免に始まる申状闘争など、年貢額の増減に関係する諸手続きを終了せずには、散用状の作成にいたることはできない(6)。

これまで在地における年貢収取体制が、在地荘民の側の主導で行われた可能性を指摘してきたが、年貢となる米の損免の額の確定に検注使の派遣が行われた場合にも、現地荘民主導の免分が報告されるように、収穫作業にかかわる現地の影響力は大きい(7)。勝山清次氏によれば中世前期以来、荘園の内検注作業では、一定比率の損田として例損を認める荘園もあったが、こうした年貢の免除分に関する慣行は、作付田の田数比率のみに限らない。

中世後期にいたって代銭納荘園の増加がみられる中、穀物年貢の荘園では地元の市場和市での換金が前提となるが、明らかに換金比率の低い粗悪米の存在が矢野荘散用状の中にみられる。総年貢高のうち二一〜三割を占める粗悪米が、矢野荘においては大唐米であった可能性については二節以降でふれるが、これは中世年貢成立期に勝山氏が注目した摂津国輪田荘にみられた「麄悪米」に起源を有する品目であった可能性を指摘したい。輪田荘の国衙領当時の官物所当反別三斗の中で「麄悪米二斗代」を吉米一斗一升として弁済する、という斗代確定作業の中に、備荒作物としての大唐米の中世社会における意義を見出すとともに、この作付状況は在地の力量如何に左右されるという点にも注目したい。領主である東寺の側は粗悪米である大唐米の作付を二〜三割の比率で許しているが、これがそのまま田数比率をともなわない免分に移行する可能性もあったのである。

荘園領主としての東寺をみると、領主と荘民の間には、毎年詳細な散用状が作成される反面、荘民生活の全般を拘束したり、荘民の精神生活を一円的に把握し、領主のもとに向けるほどの拘束力を有していたとは考えられない。散用状の各所に、領主による把握の埒外にある荘民側の生産活動の随意性が散見される。米の作付品種から始まって、在地市場での換金過程掌握の領主側の不徹底など、在地側の主導力が発揮される可能性を帳簿の上でも承知し、収取の基盤となる土地台帳の作成過程にも、在地慣行が反映されている可能性が考えられる。(8) 旧名の解体にともなう収取体制の再編成の経緯で、在地に承認される勧農にかかわる免田や、祭祀にかかわる講田が、荘内の身分標識と一体化することはあっても、領主の側からこれらの運用に積極的に介入するまでの経営方針を打ち出している様子はうかがえない。

収支決算を示す帳簿としての散用状が、最終的に取りまとめられることで、前年分の未進額の確定と、新たな耕作年度における収納額が決定され、新たな契約年次が始まるという手続きを領主側は重視した。在地の側にとっては、散用状の中に守護役の負担比率が明確化される点では重要であった。領主の側が散用状作成手続きを重視する理由を、在地側との勧農契約の更改手続きとして考えた上で、このような散用状を重視する東寺の荘園領主としての特質を抽出する方策を考えてみたが、残念ながらこの部分の結論は導き出せていない。中世社会の経済構造の中で具体的にすべき課題であると考えているが、領国経営と直結する地方市場と、国家財政を左右する中央市場との双方を射程に置きながら、東寺のように経営帳簿管理を厳格に行う荘園領主が、中世後期社会の中で生き残っていく経過を抽出する必要を感じている。おそらく、九条家のように所領荘園の維持を図ることができた領主は、唐橋や石井などの経営学に秀でた家司を重用して、東寺が散用状を重視したように、勧農から収納までの生産サイクルと、収穫から散用までの経営サイクルを一体で管理する役割を担っていたのであろう。ここに、地域経済圏の発達により、領主の側が黙認していた在地の随意性が、地域的な経済活動として自走してゆく経過の中に、在地の収取構造としての荘園制の解体が跡づけられるのではないかと考える。

中世後期の東寺のように穀物年貢主体の荘園を領有する領主のもとでは、一年サイクルの散用状の作成は、領主の年間事業と対応する支配状による裏づけをともない、在地に対する徴符と返抄のやり取りの上で行われる。一年サイクルの生産行為は毎年繰り返され、米は多くの荘園の年貢換算の基準として位置づけられてもいた。米生産に代替される経済活動は、一年を周期に季節性と災害危険性をともないながら再生産される。現在を基準に考えてみれば、前後どこまで拡幅できるのか保障のない経済行為は、常に危うさとの背中合わせである。

散用状に記される領主と荘民との最大限の契約関係を示す情報を、政治構造の中ではなく経済構造に位置づけて改めてあぶり出してみることで、中世という現代とははるかに隔たった世界の危険と安寧を知ることになるのではなかろうか。

二　大唐米を栽培すること

矢野荘で栽培されていた大唐米については、渡辺浩史氏がふれている[9]。渡辺氏は、水旱に耐えやすい大唐米が、矢野川・小河川などの氾濫原のように、水害による被害を受けやすい場所に作付けされた可能性を指摘し、矢野荘の大唐米は、一四世紀末には年貢としての納入額が減少することから、この頃を境として矢野荘内で大幅に耕地の改良が進められた可能性を推測される。

従来大唐米については、平安期以降の大規模開発の進展にともない、水利の整っていない開発地でいち早く作付けされ、効率的な収穫をもたらす品種として注目されてきた[10]。脱粒性が高く食味が劣るという欠点はあるが、水害・旱魃・虫害に強く、炊き増えがするという利点から、近畿・中国・四国・九州の一帯で早くから栽培されるようになったという。大陸から最初に日本列島にわたった米の起源を大唐米に見出す説もあり、縦長粒で赤みを帯びた大唐米は、赤米ともいわれ、祝い事のときに炊く赤飯の起源を大唐米に求める見解もある。

一般に「大唐米」といわれる品種にも多様な品種が含まれていたものと考えられるが、矢野荘散用状にみえる大唐米の記事は、品種そのものについての具体的な記載がなく、一般的にいわれる大唐米の特質をあてはめて考察するしかない。

中世における大唐米は開発の進展とともに需要が増えるが、開発が一定度の安定にさしかかると必要性がなくなり、作付けが減少し、中世文書の中からは姿を消す。しかし「大唐米」という呼称ではないが、これに近い特質をもつ品種の米は、中世以降も存続するようである。

江戸時代に入り、藩の財政に危機的な兆候が現れ始めると、各地で根本的な解決策を求め、財政建て直しのための施策が行われるようになる。こうした中で、藩財政を支える近世農村の中では、農業経営そのものに対する新たな取組が行われるようになり、その一環として米についても、品種に対する見直しが行われるようになる。こうした近世社会における新たな取組の中で、「大唐米」に近い特質をもった米が、史料上に現れるようになる。

近世の松本藩の例では、年貢として納入される米には、真籾と溢（こぼれ）籾の区別が設けられている[11]。真籾と溢籾の用語の解釈については、近世の研究者の間でも種々の論議があるが、総じて真籾は江戸・甲州廻米および御用屋敷への納入など、上質の米を必要とする納入先に回される米で、在来の品種。溢籾は多収性の優良品種で天変地異に強く、真籾の不熟な場所にも作付けできるが、名前の通りこぼれやすく、「溢籾の義は悪米にて御座候[12]」、「赤米にて無類の悪米[13]」とあるように食用にはあまり歓迎されない品種であった。

通常の米を作付けすることのできない水利条件の悪い場所でも栽培でき、脱粒性が高く、炊き増えがし、赤みを帯びているという特徴をもつ中世の大唐米と、近世に現れる溢籾とが同じ品種であるかどうかは確定できないが、似かよった性格をもつ品種であったと考えられる。

近世の溢籾は、在来品種と考えられている真籾に比べ、松本藩領の村々では貞享年間（一六八四—八八）頃から盛んに作られるようになったという[14]。溢籾は籾の先につく「のぎ」が長い。松本藩では保存が利くよう、年貢の納入時には籾の状態で納めさせるのが通例であったが、この「のぎ」のため俵に納める際には多少の隙間ができてしまう。このため貞享年間の頃、松本藩の村々では、連年の飢饉に見舞われており、藩の税収も減少の一途をたどっていた。このため松本藩主の水野氏は、年貢納入時に籾につく「のぎ」を取り、従来一俵につき二斗五升であった納入額を、三斗として納入するよう指示を出した。農民にとっては「のぎ」取りは新規の課役である上、直接的な増税につながることから、松本藩領内村々のうち中萱村（現安曇野市三郷）の多田加助が中心となって一揆を起こし、総勢一万人ともいわれる人数が松本城下に押しかけた。一揆の終息まで六日間を要したこの騒動は、首謀者である加助がとらえられて断罪となることで落着した。近世の代表越訴型一揆として有名な、松本藩の貞享騒動の発端の一つは、このような当時の稲の作付品種をめぐる、領主側との対立も要因の一つであったと考えられている。

溢籾をめぐる近世の状況をもう少しみよう。松本藩は年貢収納にあたってはまず差紙により指定量の籾を支配下の各組々に割り当て、各組の大庄屋はそれを村々に割り当てる。各組の中には溢籾の割当比率の高い「溢どころ村々」や真籾の割当比率の高い「真籾どころ村々」があった。溢籾は本来地味の悪い、真籾の作付けが困難な村々で作られていたものであるが、文政年間を境に松本藩の納法に変化がみられ、悪米の溢籾による収納をやめ、他の優良品種による納入を指示している。

近世における溢米は、売り払い価格が安く、天保一四年（一八四三）の高遠藩の例をみれば、真籾・溢籾の間には金一両につき五升の開きがあるという。慶応元年の米一石の値段は、洗馬（塩尻市）の真米が〇・四五両、溢米が〇・三七両とこれも溢籾の価格は安い。しかし、従来からの溢籾どころの村々では、真籾への転換がうまくいかず、従来通りの納入方法を希望するところも多かった。

文政年間（一八一八—三〇）からの松本藩による納法の変化は、溢籾は収穫量は多いが御膳米・台所米として歓迎されなかったことが要因であり、また、稲の品種改良が進んだことから、新規の開発耕地にも作付けが可能な品種が現れるようになったことも影響していよう。

いずれにせよ松本藩における年貢としての納入米は、領主側の指示により、耕地の条件を考慮して真籾・溢籾など、作付け品種が指示されていたと考えられる。また、納入にあたっては輸送に便利で保存の利く籾による納入が基本であり、納入された米は、松本藩により江戸や甲州への廻米・松本藩御蔵米などとして売り払われる。溢籾は粗悪な品種であり、販売価格も低廉であることがわかっていながら、松本藩は農民側に作付けを命じていたということになる。[15]

さらにいえば、先の貞享騒動の中心となった中萱村の多田加助を顕彰して建てられた安曇野市三郷の貞享義民記念館には現在、近世の「のぎの長い米」が展示されている。これは近世から続いた旧家を解体した折に、天井の梁に下げられていた福俵から現れた、五穀豊穣祈願の「万物作（よろずものつくり）」の札のなかに包み込まれていたものである。穂を包んでいた「万物作」の札の銘からみて、天保二年（一八三一）に収穫された米であることが判明している。[16]さらに「のぎの長い米」は、典型的な近世の赤米であるという。[17]松本藩領村々で一般的にいうところの溢籾が、いわゆる赤米であること、貞享騒動の時期からは一五〇年近くを経過しているが、五穀豊穣を祈願して入れた稲の穂が、最低限度の保障をもたらす赤米であることを考えると、中世以降、赤米の特質をもつ米は、米を年貢とする村々にとって欠くことのできない品種として存続していたと考えられる。[18]

さて、以上のような近世の年貢納入の状況をふまえて、中世の矢野荘散用状にみえる「大唐米」の記載について検討してみたい。

中世の荘園文書のうち散用状などにみられる米の品種は、特に何の注記もない場合は、その地域における在来品種と考えられるが、それ以外に現れる品種として代表的なものが大唐米と、「早米」の名でみえる早稲米の品種であろう。早米は、特に太良荘などから納入されていることが早くから指摘されている。

早米は米が荷薄な時期の市場での換金に有利で、東寺は太良荘からは特に「早米」の注記をもつ米を収納している。早ければ七月頃には納入されることもある、太良荘早米による代銭は、東寺にとって歓迎されたと考えられる。矢野荘でも明徳二年（一三九一）、早米の注記をもつ米が、散用状にみられる記録の中では最も早く七月二一五日に納入され、このときの和市は一貫二〇〇文と異例の高値であった[19]。応永元年（一三九四）、同じく早米の注記をもつ米が八月一二日に納入され、このときの和市は六五〇文と安くなっているが、この年の通常の米の和市が一〇月、一一月ともに六〇〇文であったことを考えれば、割高で取り引きされたといえよう[20]。南北朝から室町期の矢野荘ではこれ以外に早米が納入されている記事はみられない。

　ところが、早米の名称で納入される太良荘でも、早米の名で納入されるのは八月中旬頃までに進納されるものをさし、それ以降も早稲米の収穫は行われるが、九月を目途にそれより遅いものについては後納として集計を区分しているという[21]。早米の納入が最も遅れた正安四年（一三〇二）には、八月二〇日から始まった早米の納入が、一二月七日まで継続されている。

　鎌倉期の太良荘における早米の納入額は、年貢総額の三分の一と、太良荘年貢のうちでかなりの比重を占めている。これだけ重要な比重を占める太良荘における早米も、矢野荘における大唐米のように、在来品種の米とは区別される性格をもつ品種の米だった。

　一方大唐米は、耕作条件を選ばず、水利条件の悪い場所にも作付けできるという特性から、矢野荘内でも用いられたと考えられる。東寺にとって矢野荘における大唐米栽培は、新開田の興業に大きな役割を果たし、損亡にも最低限度の年貢をもたらす品種として重要であったと考えられる。ところが、次節で詳しくふれるように、決して市場での換金には有利ではない。場合によっては、東寺にとっては減収をもたらしかねない大唐米の導入を認め、散用状の上にも大唐米の代銭であることを示すという矢野荘の年貢納入形態は、東寺の所領荘園の中で、一般的なあり方だったのだろうか。東寺はなぜ、通常の在来品種のみによる納入ではなく、大唐米まで含めて納入させることを容認したのであろうか。主に東寺学衆方が残した散用状を中心として考察する。

三　南北朝期の大唐米納入状況

矢野荘から納入されていた大唐米について検討してみたい。

矢野荘の場合、東寺は本来年貢の納入には現物によることを原則としていた。しかし、貞和の正検注以後、荘園側からの代銭による納入の要求が高まり、東寺の側も現物による納入ができない場合に限って、代銭による納入を認めることとなった。(22)以後次第に代銭納が定着し、東寺の側では検注によって得られた反別の収量を基準に、在地市場で換金された代銭による年貢の納入を受けていたのである。このため、在地市場での年貢米の換金には、そのつど百姓・沙汰人と代官の立会が原則とされ、代官がその職務に就くときには代官職請文の中で必ず在地和市を公平に監視し、東寺に報告することをうたっている。(23)

このように代官と百姓・沙汰人の管理のもとに在地市場で換金される年貢米は、一年分の代銭が一括して納入されるのではなく、米年貢が収穫されるたびに換金がなされ、何度かにわたってこれが東寺に向けて送られることとなる。一年分の年貢の収支会計報告ともいえる散用状には、こうした米年貢の納入状況が、逐一記されていく。例えば、応安六年（一三七三）分の年貢納入を記した、応安七年三月日付学衆方散用状によれば、この年の年貢は最初に一〇月一八日、三二石一斗六升分の代銭二四貫文（和市石別七四六文）が京進され、一一月二三日大唐米一七石五斗分の代銭一〇貫文（和市石別五七一文）が京進され、一二月七日六斗三合分の代銭四五〇文（和市石別七五〇文）と同日二石六斗八升分の代銭二貫文（和市石別七四六文）、翌年の三月一八日になって一石二斗五升分の一貫文（和市石別八〇〇文）が納入されている。(24)

納入時期にはばらつきがあるが、南北朝期には多くは一〇月の中旬から下旬にかけて納入が始まり、年末にはその年の主たる収穫の納入を終える。このような年内完納の原則は東寺の側からの要請でもあり[25]、年内納入を経て二月には収支決算の散用状によって前年の収納状況が報告されるのが原則であった[26]。ところが、荘園内から損亡の要求が出たり、減免の攻防が長引いたりした場合、納入は翌年に持ち越されることもある。文和二年（一三五三）、文和三年、延文元年（一三五六）、貞治二年（一三六三）、応安四年（一三七一）、応安六年、永和元年（一三七五）、永和三年、永和四年、永徳三年（一三八三）、至徳二年（一三八五）、明徳元年（一三九〇）、明徳二年など南北朝期だけでも最終的な納入期日が翌年春まで持ち越された年は多い。

東寺は、年貢の納入に際して、在地での米の換算比率である和市に特に注意しており、代官により現地で監督することを義務づけているが、在地の和市は換金の時期により大きく変動する。

一般に在地の和市は、米の収穫が始まる八月、九月の頃は高く、収穫の最盛期となる一〇月、一一月には最も安くなる。また、減免交渉の長期化などにより収穫が遅れ、換金が翌年になった場合など、市場への米の搬入が遅れる場合もあり、市場での換金は二月、三月まで行われることもある。市場への米の搬入が荷薄となるこうした時期の和市も再び高くなる。

ところが東寺の評定引付をみると、矢野荘年貢の換金は、納入が翌年に持ち越す場合でも、一〇月、一一月の安い時期の和市を使って換金しており、東寺はこうした状況を「公平失墜の基」として厳しく糾弾している[27]。

南北朝期の矢野荘側の年貢負担額は、貞和元年（一三四五）の全荘にわたる正検注と、翌年の斗代定めによって各田畠ごとに確定されている[28]。例えば、貞次名では、定田二反五歩に対して分米六斗一升三合、定畠一町三反一〇歩に対して分麦三石八升八合七勺というように、田の名寄せ、畠の名寄せが行われて収納予定額が決まる。

年貢の収納に際しては、確定された斗代にもとづいて各名ごとに配符が入れられ、この配符の納入額に応じて米年貢が徴収される。これを近隣の那波・佐方の市に運び、名主、沙汰人、代官の立会のもとで換金し、使いが代銭を東寺に運ぶ。このときの和市により同じ年貢の納入量であっても、代銭の比率が増減するのである。

さて、矢野荘散用状に現れる大唐米は、貞和二年一二月一三日付の学衆方年貢散用状[29]に、当進用途五貫三〇〇文のうち、大唐米一石二斗としてみえる。貞治三年分の学衆方年貢散用状を例に大唐米を含んだ年貢米の納入状況をみると、一〇月七日に納入された年貢二石四斗二升分の代銭二貫文の和市石別八三三文と比べ、一二月一七日に納入された大唐米一九石七斗四升分の代銭一四貫文の和市石別七一〇文は、換算比率で一五%近くも割安である。矢野荘の年貢散用状から判明する、南北朝期の大唐米納入状況と、和市の様子について検討してみよう。矢野荘の年貢散用状全体に占める大唐米の割合は、以下のように変動する。

南北朝期の矢野荘学衆方分の年貢は、公田分五五石二斗一升二合と重藤一六名分六〇石五斗六升八合二勺などをあわせて、おおよそ一二二石前後であった。南北朝の中期から末期にかけての大唐米の納入状況は、総納入年貢の約三〇%前後、多いときで三七%にも及ぶが、至徳二年頃を境として二〇%代に下降する。総年貢の中に占める大唐米の比率は、いったん下降した後、応永年間には大きな変動もなく二〇%前後を保持するが、この比率はそのまま矢野荘における大唐米の作付状況を現しているのであろうか。総年貢の中で二〇%を大唐米が占めるということが、矢野荘内の米作付地のうち、二〇%が大唐米の作付地であることを示すのかどうかについて検討してみたい。

矢野荘の中で明らかに大唐米を作付けしていることがわかるのは、応永年間（一三九四—一四二八）以降に現れる公文名散用状である[30]。馬田綾子氏によれば、公文名散用状は応安七年に公文名が守護赤松氏から東寺に返付されて以後、応永年間から公文名・公文雑免について作成されている。この頃通常の学衆方散用状は、貞和二年以後、当時の代官祐尊によって作成された応安二年（一三六九）の員数目録で確定された年貢額を基準に、その年度の免除額、前年までの未進額をふまえて、収納予定額を設定し、収納を終えた段階で現実の収納額との差を当年未進として計算するという形態をとっていた。これに対して、公文名散用状は、長く闕所となっていたために寺家による収納が本来予定されていなかった給田畠であるため、収納に関して寺家と農民との間に合意が形成されていず、年ごとに年貢額が確定され、集計される形態をとっていた。このため、田地の所在や面積・年貢額・名請人を記し、収納にあたって作柄をみる検見をふまえて、現実の収納額が集計されるという。こうして矢野荘では、応永年間以降の公文名について は、作毛の状況まで記載された散用状が作成されるという。こうした条件の中で作成される公文名散用状であるため、大唐米のその年における作毛の状況を具体的に検出することができる。

応永十一年（一四〇四）分の公文名散用状をみると、大唐米の作付けされていることがわかるのは、「チハラ」一反四〇代で、五斗三升分の大唐米が収納されており、その他「シミツノマエ」「クヒツ」などから大唐米が収納されている。[31]また公文雑免のなかでは、「タカマツ」六反の地、二石四斗九升のうちに大唐米九斗が含まれている。そのほか、これ以降の公文名散用状から知ることのできる作付地には、「ヌマ」「カタフケ」などがあり、地名を見る限りでは、水田としては湿田を示すような地名を冠した地点に作られているといえるかもしれない。公文名散用状に現れる大唐米作付地は、限定された地点であった。ところが、大唐米の作付けが行われた場所でも、連年の作付けが行われる地点もあるが、年によっては大唐米の注記がなく、それ以外の品種が作られたと考えられる場所もあり、耕地条件・水利条件は年によって一定ではなかったようである。

開発の先兵として採用されたのであれば、新たに起された田で水利条件の悪い地点が作付け対象となり、各種の条件整備を経て、一定度の安定を迎えた段階で作付地は移動するものと考えられるが、公文名散用状を見る限りでは、作付地に大きな変動はないようである。

公文名と公文雑免からの大唐米の納入は、応永一二年の公文名一一石二斗三升八合のうち大唐米一石七斗三升、雑免で一〇石一斗九升二合のうち大唐米二石一斗三升[32]、同一三年は、公文名九石七斗五勺のうち一石二斗三升、雑免八石二斗五升九合五勺のうち一石[33]、同一四年、公文名九石七斗八升七合のうち七斗九升、雑免八石六斗五合八勺のうち一石五升など[34]、総斗代のうちやはり一五％強を占めている。

散用状に示される総年貢額の中に大唐米が占める比率と、公文名から収穫される大唐米の比率とでは、総年貢額の中に占める大唐米の比率が高く、公文名での大唐米の作付比率は、南北朝中期から後期にかけての矢野荘全域には、敷衍することはできない。本来公文名は、鎌倉期には開発領主の後裔といわれる寺田氏の拠点となっていた所領であり、「公文雑免」「公文給分」については寺田氏の直営地であった点を考慮すれば、根本の開発所領であり、一般の百姓名とはかなり異なった耕地条件におかれていたものと考えられる。単純に大唐米の納入比率のみを、南北朝期の矢野荘全体と比較すれば、一般百姓名を含む矢野荘内の耕地には、公文名の立毛にみられる大唐米をはるかに上回る量で作付けされていた可能性が考えられる。

ところがこのように大唐米の作付けを示す記事は、貞和二年・応安二年の斗代定めや貞和元年の検注帳、および水損などによる損亡後の内検帳の類にはみえず、さらに年貢未進徴符の中でも米の種類についてはふれていない。つまり東寺は、作付品種については収穫される段階になるまで、荘園の側の勧農権の委譲範囲の中に委ねており、立毛となって以後にはじめてその成果と対面するのである。これにより大唐米の記載は、学衆方年貢散用状・供僧方年貢散用状と公文名散用状など、立毛を得た結果作成される散用状類に限定される。米を年貢とする矢野荘の中でも、品種についてはは作付けの段階では問題とされていず、換金と納入の段階でのみ確認される事項であったことを示しているといえる。散用状に大唐米をあえてことわるということは、大唐米が通常の在来品種の和市に比べて換算率が低い、という当時の社会における通念が前提となっているが故に、在地の側から東寺に対して報告がなされたものであり、それについては東寺自身も把握している一般常識であったと考えることができる。

東寺は、納入年貢の集計の段階で、大唐米を換算した代銭を受け取り、散用状に集計結果として記載するのであるが、換金比率の低い大唐米の代銭については、記載をほかの米と区別し、和市の把握に努めているが、あえてこれをほかの品種に換えさせようという積極的な態度はみられない。大唐米の納入については、矢野荘の年貢徴収体系の中では既定の事実として対応している。

以上のように考えてくると、矢野荘側から東寺に対して納入した代銭の、換金された作物の内容をあえて報告する必要性について検討しなければならない。

矢野荘では米だけでなく、麦・大豆・粟・栗など、年貢物のすべてが市場で換金された後に納入される。米以外の作物の和市についても散用状で逐一報告が集計され、代銭の納入状況は期日を示して明示される。矢野荘ではすべての作物について、代銭による納入の方法がとられており、矢野荘はすでに都鄙の市場の発達を前提とした、領主の財源としての所領に転換していることを示す。東寺にとっての所領は、市場における投機的な経済行為を具現する場となっていたといいかえることもできる。ところが、地方市場の発展と播磨という立地条件により、東寺は矢野荘の米年貢の換金をすべて在地の側に委ね、直務支配とはいいながら間接的に、その中心的な収穫物を代銭によって把握する道を選んだのである。こうして矢野荘内部で作付けられる作物は、在地の側の意向を大きく反映するものとなっていたと考えられる。領主である東寺の側が、生産物の内容にまで深く関与する必要性はすでに失われていると考えてよいのではないだろうか。

このように考えてくると、総年貢額のうち一五％ほどの納入量を常に保持し続けている大唐米が、荘園内部への作付品種として選ばれた理由の一つに、品種そのものがもつ天候への強靱性のほかに、大唐米であるが故にもつもう一つの理由を考慮する必要があろう。それは、大唐米の販売価格の安さ、という点である。

四　矢野荘年貢の換金と代官

具体的に大唐米が換金されて納入される際の、和市の変動の状況について検討してみたい。

南北朝から室町期にかけての大唐米和市の変動をみると、南北朝中期から次第に和市が下がり、応安から永和にかけて四〇〇文代と、最も低くなる。その後いったん上昇するが明徳年間の時期を境として、南北朝期にはばらつきはありながらも徐々に下降する傾向にある。総じて市場での米の和市と同様の変動を示し、大唐米が単独の和市を示すことはない。米総体の和市は、室町期にはこの高下はもっと激しくなり、年によっては前年と六〇〇文近い差が生じることもある(35)。

また大唐米が納入される時期をみると、矢野荘では南北朝の中期までは一〇月の納入もみられるが、応安二年（一三六九）以降は、永和四年（一三七八）の散用状までおおむね一一月の納入で一定している。さらに応永年間にも、一〇月後半から一二月までの時期には納入を終えることが多い。ただでさえ和市の安い時期に、換金比率の低い大唐米が決まって換金されるのである。ところが大唐米は本来早稲米に属する品種で、収穫時期そのものは早く、初穂として納入する目的で作付けされていたことも指摘されている(36)。これを前提とすれば、太良荘でみられる「早米」が、矢野荘でみられるところの大唐米と似かよった品質の米であった可能性も考えられるが、具体的な注記がみられないため確定することはできない。

本来早稲米の部類に属する大唐米を、一一月にいたるまで所持しながら、最も和市の安い時期を選んで換金するという矢野荘の在地側の納入方法について、どのように考えたらよいのであろうか。

在地における和市については、基本的に代官からの連絡によって把握していた東寺は、康暦二年（一三八〇）、守護方への和市と寺家に納入する年貢分との和市との間に、三二〇文もの開きが生じているという事態を知り、代官・沙汰人を糾弾した。守護方への支出については米一石一貫文で換算されながら、寺家への納入分については六八〇文で換算されているというのである(37)。こうした和市の違い目をめぐる紛争は、東寺にとって在地への不審を一層深めるものになった。このときの評定によれば、

> 或代官・沙汰人存私曲、或名主・百姓等為致代成、号庄家和□(市)、背国中法、立自由和市之条、太不可然、於向後者、停止代成之儀、任国法、可致憲法沙汰、就中、依運送之時分、可有和市不同之間、令注進毎度和市、可遂結解之由、去貞治年中、雖被成書下、于今、不致其沙汰、毎年以秋初之和市、令立用歳末年貢□□(之条)、無其謂(38)

とあり、和市の違い目により利分を生じさせているのは代官・沙汰人、名主・百姓のすべてにわたる行為であったと認識している。

さらに東寺は、かつては代銭による納入ではなく、現物を京都まで搬送させるよう矢野荘に指示していたが、かえって高価につくことからこれを断念した経緯がある。ところが応永一二年（一四〇五）には、一一月にいたっても矢野荘の年貢は無沙汰のままという状況に、一一月一七日、東寺は上使の下向を協議するが、このとき「其上当年和市以外可為高値間、以米、可令運送之由、内々可加下知、若其儀不可叶者、和市事、厳密可有其沙汰之由、」とあり、このときの京都の和市が例年になく高値である上、本来主たる収納が行われるこの時期にまで無沙汰を続ける矢野荘側

に業を煮やし、改めて米による輸送の可能性の有無について検討している様子が見受けられる[39]。このときは代銭で年貢は進納されるが、その後応永一九年九月には、この年の年貢を米で運送させることを決め、運送にあたる代官について評議している[40]。

いずれにせよ東寺が、和市による利分を得たいがための目論見ではあるが、それだけ米の換金については矢野荘現地の対応に不審を抱いていた証拠ともいえよう。

先のような和市の変動状況や、通常の米と比べて安価であるという大唐米の特質を考えると、この時期の散用状に示される大唐米の換金・納入の様子について、少なからず作為的な動きがあった可能性を疑いたくなる。

何度もふれているように、荘園からの年貢が市場で換金されるとき、立ち会うのは代官・名主・沙汰人であり、和市を監視し、東寺に報告するのは代官の役目であった。また、明徳元年（一三九〇）に百姓から訴えられた明済の言葉によれば、名主ごとの年貢納入について、現物で行うか代銭で行うかはおのおのの名主の判断によるところがあった。

荘園現地では農民自らが換金に携わり、和市の差額を手に入れる可能性が開かれていたのであり、本来換算率の高い米を作ることは東寺の側にそれだけ利潤をもたらす可能性を開くものであった。ところが、換金される米の中には換金率の低い大唐米をも含み込んでおり、実際の市場での換金には、大唐米は東寺の側に不利益をもたらすことが自明の品種である。しかし、現地の耕作条件の中では、換金率の高い白米を作付けすることのできない場所も多分にある状態であったため、現地で大唐米を作付けすることについて、東寺は在地の側の選択に一任せざるを得ない状況であった。

ここで中世の矢野荘散用状に大唐米が現れることの意義について、再度考えてみたい。

まず、矢野荘内には散用状で見る限り在来品種と考えられる白米のほかに、ある程度の大唐米が作付けられていたと考えられる。しかし、大唐米の作付けについては、公文名散用状以外には現れず、これが矢野荘内のすべてに敷衍できるものかどうかは不明である。

大唐米は、年貢を代銭で納入する際には換金率が低く、納入金額は通常の米の取引よりは低い価格となる。これは、東寺も認識している社会通念であったと考えられる。市場での和市についての報告は、年貢米の換金に携わる代官・沙汰人層によりなされるが、彼らが在地市場の情報に乏しい東寺に対して充分な報告を行ったとは考えられない。収納の業務の一切を任された代官のもとには、枡の違い目や和市の操作によって生じる利分が入りやすい状況であった。

荘園領主の管理する散用状は、年貢の納入にかかわるこのような手続きを踏まえた上で、収納の成果について最終的に取りまとめられるものであるため、在地の生活状況のすべてを反映しているものではない。いわば、東寺と在地の間で行われた収納をめぐるやり取りの、結果をまとめた妥協の産物ともいえるものであり、収納をめぐる共通理解が形成されたものについての事後報告でもある。こうした状況の中、在地側にとってみれば、東寺が捕捉していない栽培品種の中で、大唐米を作付けすることにより和市の操作を行えば手元に残るものが多くなるのである。

さらに、応永年間以降の散用状にみられる大唐米の定量化という現象は、この頃から顕在化する代官・沙汰人層の恒常的未進の累積という事態とともに考える必要があろう(41)。矢野荘内の年貢収納に携わる代官・沙汰人にとって、大唐米を盾とすることによって、未進以外にも利分を手元にもたらす方法があったのである。

大唐米は、領主である東寺にとっては本来、不作・損亡のときにも最低限度の年貢をもたらす保障的側面を有した作物であった(42)。大唐米和市が通常の米と比べて安い分については、一種の免分として把握されていたものと考えられる。これは、荘園側にとっても同様であったが、矢野荘では、東寺との間に形成されている共通意識を前提としながら、さらに免分の意味を拡大解釈して、大唐米を定量化することにより、恒常的な利分を獲得していたものと考えられる。

矢野荘散用状に現れる大唐米を軸に、中世における米の栽培状況を検討することが目的であったが、充分な考察をすることはできなかった。それは、東寺による矢野荘経営の中で散用状は、収納をめぐる駆引きを経たのちに作成される報告書類であり、特に年貢としての納入品目に関しては、双方の共通理解を得られたものが記載されると考えられるため、ここに現れる大唐米の収納の様子を、そのまま生産状況としてとらえることはできないのではないか、という前提による。唯一公文名散用状のみが、立毛の検見を踏まえた散用状として、作付状況を示しているが、公文名として編入される耕地が矢野荘内の百姓名一般と、同等の条件の中で経営されているか検討する必要があろう。

ただし、中世の散用状の中に断片的にみえる大唐米ではあるが、従来のように水利が整うまでの臨時的な生産物としてでなく、もっと広範に作付けがなされていた可能性を考える必要がなかろうか。大唐米は、中世の荘園領主による散用状を使った収納の形態の中で、いったんはその名前は消滅していくが、近世の新たな収納の形態の中では、再度各庄屋、組手代の文書の中に、違った名称で姿を現す。特に、そうした史料の中では「大唐米」「溢粈」ともに、販売価格の安い、悪米の代表のように取り扱われ、生産する側も領主の側もそれが共通認識であったことこそが、中世の散用状の中に大唐米が記される最大の理由だったのではないかと考える(43)。

大唐米の広範な作付けの可能性については、例えば、古代以来の大和国小東荘の白米納帳、白米返抄などでは、あえて白米であることを断って納帳・返抄を作成していることにみられるように、収納にかかわる文書の中では、米の「色」を収納の前提として認識することが、日常的に行われていたと考えられることによっても知ることができよう。

いずれにせよ、「強靱な悪米」という特性をもつ大唐米は、領主にとっては強靱であるが故に最低限の年貢の保障をもたらし、生産者の側にとっては悪米であるが故に販売価格が安いことを領主の側に認識されているという点で、双方にとって利をなす作物であったといえよう。

注

（1）網野善彦「荘園・公領の内部構造」『日本中世土地制度史の研究』塙書房、一九九一年
（2）網野善彦『中世東寺と東寺領荘園』東京大学出版会、一九七八年。『相生市史』相生市教育委員会、一九八六年
（3）榎原雅治「一五世紀東寺領矢野荘の荘官層と村」『日本中世地域社会の構造』校倉書房、二〇〇〇年。伊藤俊一「中世後期における『荘家』と地域権力」『日本史研究』三六八号、一九九三年
（4）榎原雅治「損免要求と豊凶情報」『歴史学研究』六二五、一九九一年、のちに注（3）著書所収。および前掲注（3）論文
（5）拙稿「勧農沙汰としての散用状」本書第一一章
（6）黒川直則「中世一揆研究前進のために—史料と方法」『講座一揆』5　一揆と国家、東京大学出版会、一九八一年
（7）勝山清次「荘園年貢の成立と年貢の特質」『中世年貢制成立史の研究』塙書房、一九九五年
（8）本書第六章
（9）渡辺浩史「矢野荘の赤米について」『月刊歴史手帳』二二—一一、一九九四年
（10）矢野荘の大唐米については『相生市史』第二巻、二章三節「矢野荘の産業と交通」でふれている。ほかに黒田日出男『日本中世開発史の研究』校倉書房、一九八四年、の論考がある。
（11）田中薫「悪米の溢籾と上質米の真籾」『松本市史研究』第六号、一九九五年
（12）年未詳、松本市上條久彦家文書、松本市文書館所蔵写真より

(13)　明治六年、松本市池田六兵衛家文書、松本市文書館所蔵写真より
(14)　『信州安曇郡長尾組与手代　御用留日記（上巻）』
(15)　田中薫前掲注（11）論文
(16)　旧三郷村教育委員会（現安曇野市）の新形尚子氏（一九九七年当時）のご教示による。
(17)　宮下健司氏（前長野県立歴史館専門主事）によれば、貞享義民記念館に展示されている米は、白米の品種に比べて背が高く、溢れやすく、形状的には赤米の特質を典型的に現す米であるという。
(18)　長野県内では、弥生時代以来、焼失家屋などから検出される炭化米をみても、日本で生産されてきた米はジャポニカ米であるという。これは、赤米においても同様で、日本で生産された赤米は、ジャポニカ米の赤米である。従来文献史学の側では大唐米または赤米は、イコール縦長粒のインディカ米または占城米という発想で考えてきたように見受けられるが、日本の稲作のルーツが中国の揚子江下流域にあるとすれば、こうした考えは訂正される必要があろう。
※論文刊行後、二〇〇七年三月刊の早稲田大学水稲文化研究所による『講座水稲文化研究Ⅲジャポニカの起源と伝播　伊予国弓削島荘の調査』報告書を読む機会を得た。ここで「ヒトと稲作技術と米消費文化が来た道」において岡内三眞氏は、日本出土稲の種類について、熱帯ジャポニカと温帯ジャポニカの二種をあげており、インディカ系の伝播は指摘されていない。
(19)　明徳三年四月七日、学衆方年貢散用状『相生市史』第八巻上、四八九号（以下、東寺文書は『相生市史』の整理番号で示す）
(20)　応永二年二月二八日、学衆方年貢散用状『相生市史』第八巻上、五七〇号
(21)　勝山清次「荘園における年貢の収納」前掲注（7）書
(22)　渡辺浩史前掲注（9）論文
(23)　康安元年一二月五日、代官信広・同祐尊等連署起請文『相生市史』第八巻上、二五五号
(24)　応安七年三月日、学衆方年貢散用状『相生市史』第八巻上、三四一号
(25)　永和元年五月日、祐尊学衆方代官職請文『相生市史』第八巻上、三八八号

(26) 拙稿「勧農沙汰としての散用状」『歴史における史料の発見　平田耿二教授還暦記念論文集』平田研究室、一九九七年、本書第一一章
(27) 学衆方評定引付、康安元年一〇月一六日条『相生市史』第七巻、二二一号
(28) 貞和二年四月一〇日、例名西方実検并斗代定名寄帳『相生市史』第八巻上、一四二号・貞和二年四月十日、西方畠実検名寄帳、同、一四三号
(29) 貞和二年一二月一三日、学衆方年貢散用状『相生市史』第八巻上、一五一号
(30) 馬田綾子「荘園の歴史と収納方法—矢野荘公文名散用状をめぐって—」『兵庫県の歴史』三二号、一九九六年
(31) 応永一一年二月一三日、公文名并末高名散用状『相生市史』第八巻上、六二〇号
(32) 応永一二年二月一三日、公文名并末高名年貢等散用状『相生市史』第八巻上、六三二号
(33) 応永一三年三月二一日、公文名并末高名年貢等散用状『相生市史』第八巻上、六四〇号
(34) 応永一四年二月二五日、公文名并末高名年貢等散用状『相生市史』第八巻上、六四五号
(35)『相生市史』第二巻、二七二頁「矢野荘の産業と交通」
(36)『国史大辞典』吉川弘文館「大唐米」の項参照
(37) 康暦二年学衆方評定引付、二月一八日条『相生市史』第七巻、四一号
(38) 学衆方評定引付、六月一三日条、六月一一日付学衆方公文良快奉書『相生市史』第七巻、四一号
(39) 応永一二年学衆方評定引付、一一月一七日条『相生市史』第七巻、六九号
(40) 応永一九年学衆方評定引付、九月一七日条『相生市史』第七巻、七九号
(41) 榎原雅治「荘園制解体期における荘官層」前掲注（3）書
(42) 勝山清次氏は、「荘園年貢の成立と年貢の特質」（前掲注（7）書）の中の注で、「早稲の比率の高さについては、農業技術上の問題のほかに荘園領主側の要請も考慮しなければならない」として、荘園における早稲品種の作付けに領主側の意向がはたらいている可能性を指摘している。こうした荘園の成立期における領主側の意向を前提としているが故に、在地市場

の発達の中でも大唐米が在地に根強く普及していった可能性があると考える。

(43)　こうした大唐米の役割について、従来いわれてきた渡来系品種の占城米の系統とする規定への再検討を「中世における大唐米の役割―農書の時代への序章―」（井原今朝男・牛山佳幸編『論集東国信濃の古代中世史』岩田書院、二〇〇八年）で試みた。中世の荘園領主にとって、荘園に作付けされる米の品種は規制の埒外であったが、地域市場の発達にともなって在地主導の経済圏が構成されることにより、従来、荘園領主が黙認していた在地市場への荘園の名主・沙汰人層の介入が活性化するものと考える。その結果、市場での交換価格が問題となり、在地の側から米の品種への関心が高まっていくものと予想される。

第一一章　勧農沙汰としての散用状

近年各地で行われている自治体史の編纂の動きは、各地の荘園研究を飛躍的に発展させる素地を作った。その素地とは、一つには各地で行われている自治体史の成果として、個別荘園に関する史料が、従来の史料群として紹介されるだけでなく、周辺の関連史料をも取り込む形で、より立体的に地域を描き出しつつ紹介されるようになったことがあげられよう。こうした中で新出史料が次々と紹介され、従来の研究の限界を押し広げつつある。また、中世荘園の史料が、現在の生活につながる自治体史の史料集として刊行されることにより、限られた研究者による荘園研究ではなく、生活者の感覚で、祖先の歩みとして荘園研究がなされていくきっかけを作っていることも重要である。

中世の荘園の周辺では、さまざまな様式をもった文書が作成されている。現段階では便宜的に「荘園文書」と称されているが、荘園と領主との間で取り交わされる文書の中には、従来の古文書学の分類では明確に性格を規定しきれない文書も多い(1)。自治体史の取組により、個別荘園に関する史料集が刊行される中で、こうしたさまざまな様式をもつ文書が総体として紹介されたことで「荘園文書」の中の様式的分類作業は、今後本格的に確立されていく可能性が開かれてきた。

ここではそうした恵まれた状況が、市史の刊行によって一段と増した、兵庫県相生市の一帯を荘域とする、東寺領矢野荘について検討してみたい(2)。矢野荘に関してもさまざまな形態の文書が作成されるが、矢野荘の文書をも含む

「荘園文書」群の中には、納入年貢をめぐって作成される帳簿類がある。さまざまな形態をもつ帳簿類が、どのような目的で作成されたかは、文書を分類する上で決定的に重要である。こうした文書は、荘園から納入される年貢物の収納サイクルの中で、どの段階で作成されたかによって、本来その文書がもつ機能は確定されると考える。

荘園領主が農事サイクルを無視して年貢の徴収を行うことができないのと同様、年貢に関連して作成される文書には、耕作を前提とした季節性があるはずである。農事サイクルを前提とした支配が荘園支配の特質であるならば、領主による支配の進展の中で作成される荘園文書は、従来の武家文書、公家文書とは異なって、農事サイクルとの関連を明確にしながら位置づけられるべき側面を有していよう。

本稿ではそうした荘園文書の中で特に散用状を対象として、散用状が作成される条件を検討することによって、領主による荘運営の前提となる、荘園の農事サイクルの中に、領主による支配の文書である散用状を位置づけ、こうした文書の作成意義を検討したい(3)。

網野善彦氏は、中世の経済社会における領主の役割を、「漠然とした規定」と限定を付けながら、「多角的企業家」という表現を使っている(4)。全国にさまざま形で領主の支配を受ける私領が展開するのと同時に、これらを支配する領主の形態もさまざまであると考えられる。中世ではこうした私領から領主のもとに納められる年貢が、米のみに限られないことは自明のことである。しかし、一部の荘園領主は、米を年貢の中心とすることによって年間の領主経済を成り立たせていたことも、反面の事実である。こうした領主にとって米は散用の対象となり、春の勧農によって秋の収納を約束されるものであった。領主のもとに納められた膨大な量の米は、自家消費のみを目的として徴収されるものではあるまい。まして、中世後期の流通経済の発達の中で、年貢としての米はすでに地方市場で換金されて納入される。米を年貢の中心に据える領主や、米を納める荘民にとって、この段階で米はすでに地方市場や中央市場での投機の対象となっていたのではないだろうか。米年貢の収納は、荘園領主にとって積極的な経済行為であったと考えられる。

こうした領主にとって、一年の収支決算書ともいうべき散用状は、いわば商品としての米年貢の納入状況を管理するための書類でもあった。

矢野荘の散用状をつかった研究は古くから行われているが、播磨の守護赤松氏による領国制の展開との関連で、荘園年貢の中から守護や国人領主のもとにわたっていく「国下用」についての分析が中心であった。荘園年貢の納入額がどのような過程を経て減少していくか、という視点で、荘園を基盤とした国人領主の成長が論じられ、政治史的視座からの論究が中心となった(5)。散用状の本来の作成者である、領主のもとにのぼる本年貢そのものについての分析は、領主支配の上の散用状の位置づけとともに、中心的な分析対象とはならなかったようである。

本稿ではこれからさらに進展していくであろう、散用状の数量分析などの研究の前提として、散用状そのものの史料的性格について検討することで、支配の文書としての散用状の役割を検討してみたい。

一　散用状作成の時期

まず、散用状とは『日本古文書学講座』島田次郎氏の説明によれば、「算用状は散用状とも記し、また結解状ともいう。一年間の年貢・公事について、収納すべき基準量と損免（水損・日損・風損などの損害分）、荒不作分（永荒・年荒などの当初から作付しない分）、および井料（用排水の経費）、現地寺社料田分などの控除分をあげ、総額から右の控除分をさしひき、さらに現納分と未進分を区分して記す、いわば年貢以下収納の決算書である」としている(6)。

散用状が年貢以下の収納物の決算のために作成されるのであれば、当然それまでに年貢物等の領家側への収納は完了しているはずである。権門領主として存在する荘園領主の側では、領主としての年中行事が不断に継続する中で、所領荘園からの収納物はそれらの年中行事用途に次々にあてられていく。そうした継続的に補填されていく経費を、領主の側はどの段階で決裁し、収支の総計としてまとめるのであろうか。

権門領主としての役割は一年間不断に続く年中行事の遂行であるが、その経費を賄う荘園の側は、主たる経費を賄う収穫物について無視することのできない農事サイクルをもつ。こうした両者の関係を、どの段階で決算するのかは領主にとって、所領荘園の支配を権門として意義づけ、成り立たせるための必要不可欠な行為であると考える。

以下は、東寺にとって矢野荘の支配が確立する過程でもある、南北朝期の様相を中心に、東寺による散用状の作成をめぐる領主側と荘園側との対応の様子について検討してみたい。

矢野荘は正和二年（一三一三）の、後宇多上皇の矢野荘例名の寄進に始まり、文保元年（一三一七）の重藤名の寄進によって東寺領となる。供僧・学衆が共同で支配することとなっており、貞和元年（一三四五）には東寺により一荘規模の正検注がなされ、翌年には年貢収取の基準となる斗代定帳が作成されたが、観応二年（一三五一）からは、荘内の下地は供僧・学衆の双方で分割支配することとなる。(7) 現在東寺文書の中には、貞和二年の学衆方年貢散用状をはじめとして南北朝、室町期を通じて毎年の散用状が残されている。

矢野荘の一年を通じた生活の具体的な様相については、『相生市史』第二巻で馬田綾子氏が、「耕作と収納」というテーマで、日常的な耕作の様子と東寺側の年貢収納の状況について詳細にふれられている。(8) ここでは馬田氏の成果に学びながら、散用状にみられる年貢の生産を中心とした矢野荘の動きを検討し、一年間の耕作のサイクルを復元してみたい。矢野荘の年貢散用状にみられる納入品目は、米・夏麦・粟・蕎麦・栗・麻である。このほかに散用状には公事銭も計上されているが、今回は特に米年貢に限って検討することとする。

まず散用状は年貢物の収支をめぐる農事サイクルの中で、どの時期に作成されるものであろうか。永和二年（一三七六）に矢野荘の代官祐尊が東寺に差しだした請文によれば、「一、散用状事、翌年正月中調之、二月十五日以前、必可京進事」とある[9]。祐尊はこれまで長期にわたって学衆方の代官を勤めていたが、この前年の永和元年に公文職にも任ぜられていた。しかしこの頃矢野荘では前年の年貢の未進が相当量に達しており、徴収にあたる代官の解任が論議されたのであった。これに対して請文によって職務の遂行に忠誠を誓った祐尊は、その中で散用状を毎年正月中に整え、二月一五日以前に京進することを誓っている。

では、ここでいう散用状の作成期限となる毎年の二月一五日とは、矢野荘にとってどのような時期にあたるのであろうか。

南北朝期の矢野荘では永和三年に、一荘の百姓が逃散したといわれる惣荘一揆が起こった。このとき東寺の学衆方では、百姓の荘家への帰住をめぐって繰り返し評定がもたれ、この年は評定引付の中でも最も詳細で具体的な記事を残している。このときの引付の記事によれば、荘園にとって正月から二月にかけての時期は、新たな年の耕作に向けての準備の時期である。具体的にはこの年、正月一六日に東寺の評定が開始されると、学衆方は矢野荘で起こった惣荘百姓の逃散という事態を知り、矢野荘側とのやり取りのなかで、正月中に荘民を帰住させること、それが無理な場合は二月中に新たな作人を付けてでも下地を荒さぬようにすることが論議されている[10]。二月をめどに耕作の開始を厳重に指令していることから、新年の耕作の準備がこの時期になされようとしていることが知られる[11]。

戸田芳実氏はこの二月を、荘園現地における荒田打ちと領主側の勧農の時期として注目する。醍醐寺領ではこの時期に、寺領荘園に対して散田符を下し、新たな年の耕作に対する契約関係が締結されるという[12]。矢野荘においても新年の耕作の準備は二月を中心になされていたと考えられよう。散用状の作成が、この翌年の耕作が準備される時期に代官に命じられていることに注目したい。

二　散用状作成の前提

一年間の収支決算ともいえる散用状の作成には、東寺の代官があたっていた。貞和二年（一三四六）から東寺文書の中に残る矢野荘の散用状は、当初田所脇田治部昌範、公文清胤、代官成円の証判をもって作成された(13)。散用状作成の形態は、貞和年間には「学衆方年貢散用状」として米をはじめとして麦・大豆・粟等の雑穀を一括して記載していたが、文和年間に学衆方年貢散用状のほかに公田方、重藤方の散用状が個別に作成されるようになる(14)。しかし、永和二年の祐尊の供僧・学衆両方代官職と公文職の就任により、再び学衆方年貢散用状として雑穀・夏麦等も含めた散用状の形態となる(15)。こうした散用状の形態の変化には、東寺による矢野荘支配の形態の変化が密接に関連している。ここでは年貢を徴収し散用状を作成する、東寺側の代官の役割としての散用状の作成手続きについてのみ検討してみたい。

代官は本来、荘園現地の年貢の納入状況を把握し、それを報告する義務を東寺に対して負う。ではこうした義務が端的に現れる場である散用状の作成にあたって、代官はどのような作業を行うのかについて検討してみたい。

東寺が年貢を徴収する際に、年貢を負担する側はその年貢額をどのような形で承知しているのであろうか。矢野荘の場合、貞和元年（一三四五）に正検注が、翌年には斗代定めが行われている。収納の基準となる年貢額の確定作業は、矢野荘が東寺領となった段階で、荘内に勢力を残す前公文の寺田氏一族の排斥の過程の中で、大規模な内検注を何度も重ねながら準備されてきた。貞和の正検注は、有力名主層の立会のもとで行われ、一荘全体の田畠の定量が行われた。これをもとにして翌年には各名ごとに収納の基準額が確定される。この段階ですでに年貢を負担する荘民側は、基準年貢額を承知していたと考えられる。富沢清人氏は、中世に行われた検注について、その目録作成の段階で「読みあい」と「マロカシ」という作業を通して、荘民側が負担すべき基準年貢額を、領主・荘民相互の共通認識とする作業がもたれたと指摘している。(16)

こうして基準年貢額が相互の間で固定されたものであるならば、年貢額の決定後、収納にあたって各年度の納入額として問題となるのは、毎年の未進年貢額の付加と、年によって行われる損免の認定による年貢の減額であろう。納入年貢の中で毎年その額が変動する未進と損免、この二つの年貢額はどの段階で確定されるのであろうか。

まず、東寺による前年の米年貢の未進額の確定の時期についてみると、二月一五日を作成期限とする散用状が作られるとき、これと同時に未進年貢散用状が作成されていることに注目したい。矢野荘で未進年貢散用状が作成されるようになる画期は、貞治二年（一三六三）である。(17)納入期限を過ぎても納められない米年貢に関しては、散用状に未進分を明記した上で、未進年貢散用状が作成される。ところがこの未進年貢散用状は、毎年の年貢総額として計上されている納入分のうち、荘園現地において「国下用」として守護方に支払われたがために東寺に納入されなかった年貢について具体的に計上され、それ以外の名ごとに抱える本来の未進については総額でしか示していない形式で、国下用の散用を主としたものであった。

さらにこの未進年貢散用状は、永和二年、祐尊の活躍により学衆方年貢等員数目録が作成されると、散用状の形式から個々の名主に対して名ごとの未進を書き上げて交付される、年貢未進徴符へとその形式が変化する。この時期を画期として荘園領主東寺のもとに、未進徴符が残されるようになる。馬田氏は、未進徴符に未進分年貢が書き上げられることにより、名主は未納分を納めるまで名田の耕作権が保護されるとして、「未進をかかえる人々にとっては、耕地を確保しておくためにも、未進徴符に書き上げてもらう必要があった」と注目している(18)。未納分が負債として名主にかけられるという条件は付いても、耕作権の保全のためには名主の側も未進徴符の交付は必要な手続きであるとする。

二月の散用状の作成と同時に未進年貢散用状・未進徴符により未進額が決定される。前年分の収支決算を閉じた後の未進額は、このような形で決定された後に追求される。

貞治四年（一三六五）四月一四日の学衆方評定引付によれば、

一、貞治三年百姓未□□□□（進徴符披）露之処、□（雖）有御沙汰、為給主□□（沙汰）、至麦秋之期、下地加点札、急速可取進云々

とあり、給主の沙汰として未進分年貢の徴収を行うため、夏麦の収穫にあたって下地に点札を加えてでも追求するよう評議がもたれた(19)。ここでいう未進徴符については酒井紀美氏も注目しており、給主代の祐尊から東寺に注進したものと推測している(20)。

代官の祐尊は、この年貞治三年分の公田・重藤十六名学衆方年貢等散用状を翌年一二月日付で作成し、同じく一二月日付で学衆方未進年貢散用状を作成し東寺に注進している(21)。ここで実際に東寺に注進された未進年貢散用状は、永和年間以降の個々の名に対して出される年貢未進徴符と違い、国下用の計上を主とした上申文書としての決算書である。ところが永和年間以前の学衆方評定引付をみても、「年貢未進徴符」が衆議の場での披露の対象である。貞治六年（一三六七）正月二四日の評定によれば、

一、去々年未進引募人夫役散用状、去年散用状、同徴符等事、披露之処、無窮事等是多、能々可有精研沙汰云々

とあり、ここでは未進年貢を計上する方式として、人夫役散用状と未進徴符があったことが知られる。とすれば現在

東寺文書中に残ってはいないが、国下用の計上を中心とした未進年貢散用状のほかに、この段階から荘園の本年貢分の未進を書き上げた年貢未進徴符が存在していたはずである。

本年貢分の未進を、徴符によって追求するようになった永和年間の、永和三年六月一九日の学衆方評定引付によれば、

一、去年々貢未進・公事銭等事、下遣当方未進徴符之処、立無窮未進、結句、乍令収納、不出返抄等之趣、捧申状、披露畢、

とあり、この年に起こった惣荘百姓の逃散の原因の一つに、百姓達が年貢を納入したにもかかわらず、代官祐尊がそれに対する返抄を出さなかったという事実があったことを指摘している(22)。

これらのことから代官は年貢物の収納にあたって、荘園現地に在荘し逐次収納の状況を管理していたことが知られる。具体的には春の散用状の作成後、南北朝期の早い時期から各名に対して未進徴符を作成してこれを配付し、年貢の収納の時期にはこれをもとに個々の名に対して返抄を発行することが荘園現地における代官の主な業務であった。

各年度ごとに行う散用状の作成とこれをもとにした未進徴符の作成、さらに未進徴符にもとづいた年貢の収納と返抄の作成、これらが荘園現地における農事サイクルに対応した領主側の実務であった。代官は、年貢の収納の後に各名に対して発行する返抄をもとに散用状の集計を行う。とすれば返抄の発行が完了するときが、収納が完了するときである。

三　矢野荘における年貢の納入方法

さて、以上のような手続きを経て、年ごとに納入すべき年貢額が確定されたのち、荘園の年貢は、どのようにして領主のもとに運ばれるのであろうか。矢野荘は播磨国にある荘園であるから東寺にとっては遠隔地の荘園ともいえない。しかし、永和二年（一三七六）供僧・学衆両方の年貢雑穀の員数目録が確定した段階での年貢額は、公田分本年貢は、交分も含めて一一〇石四斗二升四合、重藤および重藤一六名分、一三八石八斗二升二合で、あわせて二四九石二斗四升六合を計上する荘園である(23)。供僧・学衆による分割支配のため、このうち学衆方分だけでみれば、一二四石六斗二升三合あり、除分を差し引いても一方分は一一三石五斗四升三合八勺となる。

延文四年（一三五九）三月二〇日の学衆方評定事書によれば、この前年に起こった年貢替銭の紛失をめぐって評議がもたれている。評議では、

此事、専依給主之無沙汰、兼非□(無)名主之科、其故者、年貢運上、随出現、連々可被進之処、大略及歳末尫弱人夫巨多相符、并不応荷、令持之、不相副宰領之条、年貢紛失之起、職而由斯、

とある(24)。延文三年の年貢は、銭にかえて納入されていたのであるが、年貢銭紛失の原因の一つとして尫弱の人夫に不相応な荷を負わせ、宰領もつけずに運上させたことを原因の一つとしてあげながらも、年貢の運上については「随出現、連々可被進之処、大略及歳末」として、収穫された年貢物の納入を延引させていることも年貢銭紛失の原因であるとしている。さらに、

凡年々之未進、毎度遅引之間、如此之錯乱、既及度々了、沙汰之次第、更非公平之儀、尤可為給主沙汰者也、各

来月十日以前、可運上之、若違越日限、不致其沙汰者、於名主者、可被召放名田、於給主者、可及殊沙汰としている。年貢銭の紛失という事態は、年貢の未進により毎度納入が遅れていることをその要因とするが、このような不法は、代官を派遣している給主の責任でもあるとして、紛失分の一部を給主負担とする旨評議で決定している。

矢野荘においては、年貢は本来収穫されると同時に換金され、領主のもとに納入され、さらにその手続きは、年内に完了することが領主にとってもっとも望ましい納入の方法であった。ところが実際には、このような領主側の要求は、荘園側の現実とは相容れないものであった。例えば、貞治三年（一三六四）の年貢納入状況を翌年三月日付の学衆方年貢散用状から[25]、貞治四年の年貢納入状況を、貞治四年一二月日付の年貢散用状から[26]検討してみよう。

この年の散用状から、「所済」としてすでに納入されていることを示す記事の中で、京進されている年貢分についてみると、

一石四斗五升二合	代一貫二百文	貞治三年六月廿五日御仏事用途、和市百文別一斗二升一合
二石四斗二升	代二貫文	同年十月七日京進
二石四斗二升	代二貫文	同年十一月十九日京進
三斗六升三合	代三百文	同夫用途
廿九石四升	代二十四貫文	同年十一月十九日京進
一石八升九合	代九百文	同夫用途
三石六斗三升	代三貫文	同年十一月廿五日京進
三斗六升三合	代□（三）百文	同夫用途
十九石七斗四升但大唐	代十四貫文	同年十二月十七日

七斗八升六合　　代六百文　同夫用途

以上のような形式で、納入年貢高と代銭分、京進日時が書かれている。貞治三年分の年貢は、一〇月七日から年貢の納入が始まり、この時の和市は石別八三三文であった。これ以後順次年貢は換金された上で納入される。一一月一九日には二貫文、和市は石別八三三文。同日二四貫文の納入文については和市石別八二七文。一一月二五日三貫文、和市は石別八三三文。一二月一七日には大唐米分一四貫文が納入され、和市は七一〇文、という納入状況であった。(27)同様の散用状の記載の中から翌年分についてみると、一〇月一〇日、公田・重藤十六名方年貢のうち二貫文が京進される。和市は石別八一三文。一一月一三日大唐米一〇貫文分の京進、和市は石別六九九文。同二五日、一四貫文京進、和市は八一三文という納入状況であった。

おおむね十月の中旬から始まる年貢の納入は、そのときどきの在地市場の和市によって換金され、順次東寺に納められる。納入時期の早い例としては、永徳元年の九月二六日、同二年の九月二三日、至徳元年の九月一〇日、明徳二年には、早米の注記をもつ米が七月二五日に納入されている。

年内に収納を終えている場合は先のような例となるが、なんらかの事情で規定どおりの散用状の作成ができなかったときには、納入期日は後へずれこんでいく。先の年貢銭紛失の事例でもみたように、未進年貢分の弁済は翌年三月に入っても行われる。

ところが、この未進分年貢の支払いを求める評議は、いつまでも継続して行われるのではなく、延文三年分に関しては翌四年の四月日付の散用状が作成された段階で未進分として確定され、その年度に関する集計をやめて翌年の支払い分に繰り越されることとなる。散用状の作成によって、その年の年貢の収納はいったん閉じられ、米年貢そのものの納入は終了するが、年貢の納入には最大半年にも及ぶ時間差が生じているのである。

こうした年貢納入をめぐる時間幅の拡張は、年貢銭紛失のような事故によるものだけではなく、毎年恒常的に繰り返されていることを東寺側が問題としている点から、多分に荘園側の意図的な取組の結果ということができよう。

学衆方評定引付の康安元年（一三六一）一〇月一六日条によれば、

如年貢者、或歳末、或明春、乍令京進、毎度以九・十月和市、令立用条、公平失墜之基

としている。[28] 康安元年は、九・一〇月の和市は判明しないが、一一・一二月の和市が一石あたり七六九文であるのに対して、散用状と同時に送られたと思われる「当進」分（散用状が届けられた二月の時点）は、八〇七文と高値になっている。東寺側は年貢の納入を年内に済ませることを原則としているが、この年の条々事書をみると、近年は本来年内に納めるべき年貢を、年を越えて納入しながら、米の市場への出盛りの時期である秋の和市で立用していることを「公平失墜の基」と非難している。

こうした納入の延期、和市の恣意的な立用は、和市の変動の様子をうかがう百姓側の対応として、きわめて意図的なものであったことが知られる。現物の年貢を手元にもつ荘園側では納入をめぐる領主側との駆引きの有力な手段をもっていたのである。

貞治四年（一三六五）九月二四日の評定事書によれば、この年矢野荘側から損亡を訴える申状がとどく。これに対して東寺では、一〇月八日の評定で、損亡申状は刈取り以前に提出されなければならないことを主張する。[29] この日、

若実令損失者、西収之期□□(以前)事、□処於作稲者、定悉苅取之者歟、此上者、争可有損免之儀哉、漸又雖可被免之員数等、難比定之上者、上使下向後、田所已下内者、令談合、任言上之旨、追可有沙汰云々

として損亡の状況を把握するための上使の下向を決定した。一〇月八日は例年であれば、換金された年貢銭の納入が始まる時期であり、東寺もこの段階ではすでに作稲は苅取られているという不安を抱いている。作稲をどの段階で苅

取り、換金して納入するか。年貢の収納でもっとも大事なこの手続きに関しては、明らかに荘園の側が主導権をもっていたといえる。

この年東寺は、条々事書が作成された一〇月の時点で、矢野荘側に年貢があること。その運送が信頼できない状態であることから、上使の下向を決定する。秋から冬にかけて行われる年貢の運送は東寺にとっても矢野荘側にとっても緊張をはらむ事態であった。収穫された年貢がどの段階の和市で換金され、どの時期に納入されるかは、領主にとってはその年の公平をどの程度確保できるかを決める大きな問題である。

さらに永和三年（一三七七）の惣荘一揆の際には、この年の散用状は二年遅れて康暦元年に作成されるが、このときの最終納入期日は三月二四日である。永和三年の惣荘一揆に際して学衆方でなされた評議では、一〇月二三日にこのときの状況について、「雖然、只今時分、孕持年貢之百姓、不用所務、申訴訟之処」と表現している。矢野荘側は納入すべき年貢を所持したまま、惣荘逃散に及んでいるのである。現物の年貢が荘園側の手元にあるかどうか、さらに現物年貢を荘園領主の側がどのような手段で把握するか。収納の時期にあたる秋から冬にかけての荘園側からの要求は、荘園領主の年貢不掌握という現実を前提として、荘園の側に有利に展開していた。さらに荘園側では、現物の年貢を保有しているという現実をもとに、年貢を換金して納入する際にも、市場和市の変動を利用していた。

荘園側が行った換金行為が、実際に納入の時期である二月であったかどうかは不明であるが、和市が高値になる時点まで年貢の納入を遅らせながら、低値の和市を使って計上する荘園側の態度を非難しているのであるが、換金率をめぐる領主側と荘園側との駆引きをも含んだ対立が、現物の米年貢を軸に展開している点が注目される。

四　散用状の作成と勧農

荘園の秋から冬にかけて行われる年貢の収納をめぐっては、領主東寺と荘園の間で現物の年貢とその換金をめぐってさまざまな駆引きが行われていた。こうした種々の経緯を経て、勧農の時期である春に散用状が作成されることの意義について考えてみたい。

領主側にとって納入された年貢を散用もしくは結解するのは、収納された年貢物を領主として行う各行事や、職務にもとづいた給分として支配（配分）するための基本台帳が必要であったためにほかならない。しかし、納入年貢が領主の散用・結解を経ているか否かは、荘園の側にとっても重要な問題となった。

荘園の秋から冬にかけて行われる収納事務の中で、領主側の代官は徴符にもとづく収納が行われたことを確認するために、現地で名主に対して返抄を発行し、名主の側はこの返抄を得ることにより当年分の収納が完了したことを了解した。二月に作成される散用状は、この返抄の数字をもとに、各時期ごとに納入された年貢額が計算され、領主のもとに報告される。荘園の側にとってみれば返抄が渡された段階で、その年の収納は完了するはずである。

貞治二年（一三六三）正月二八日の学衆方評定引付によると、学衆方代官であった祐尊が、延文五年（一三六〇）以来三か年に及ぶ散用状の提出を遅滞していることについて、前代未聞のこととして非難している[30]。祐尊の代官職罷免まで協議される事態をまねく中で、翌年八月一二日の評定では、矢野荘に滞在していた祐尊からの書状が披露された。欠けていて読めない部分が多いが、これによれば、

給主代祐尊状披露之、如彼書状者、［　　　］□（米）事与百姓問答之間、散用于今遅々、然［　　　］上者、

来廿以前散用等可進之云々、此条姧謀申状□□姓訴訟散用状等、及難儀者、忩可注進之、無異議之条、□
□縦横未進并散用状○為対捍也、所行之企罪科不軽歟、

とあり、祐尊は散用の遅引の理由の一つとして百姓側と散用状の内容について「問答」の場をもったことをあげ、八月二〇日以前に散用状を京進することを約束している。(31) これに対して東寺は、百姓側に散用状の内容を示した祐尊のやり方を非難し、百姓側が散用状の内容に異議を唱え、難儀に及ぶ場合は、散用状を即座に注進すれば問題とはならないにもかかわらず、あえてこれを行わない祐尊を「所行之企罪科不軽歟」としている。

矢野荘側にとってみれば、領主のもとに届けられる散用状については、その年の収納義務の内容を示す点で、散用状に記載されている内容が返抄の数字と一致しているかどうかは重要である。しかし先の評議を見る限り、領主側がこれと同一の基準で散用状を評価しているとは考えられない。東寺にとってみれば、散用状の内容に関して代官が百姓側と問答を加えることは、不要な行為であったのである。在荘する代官の散用状作成業務のうち、百姓側との関わりの中で行われるのは、未進徴符の作成と返抄の発行までで、それ以上の集計作業である散用状の作成に関しては、直接荘園側との関わりを絶って行うことが本来の代官の職務であったと考えられる。とすれば散用状は、ひとえに領主の側の要請によって作成される支配の文書であり、荘園側との直接的な関わりを有さない文書であったのであろうか。

領主にとって散用状の作成は、翌年の収納分を決定する勧農行為としての側面をもっていた。永和三年（一三七七）の惣荘一揆に際して、散用状の作成が思うに任せない状態の中で、六月一九日の学衆方評定では去年分年貢の未進と公事銭の徴収についての評議がもたれた。ここではさきにふれたように、祐尊が年貢を収納しておきながら返抄を発行していないという事態が百姓申状で明らかとなるが、これに続けて百姓申状では「公事銭事、勧農未終之最中、難

償弁云々」としている。矢野荘側では散用状の作成が完了するときを、領主による勧農が終了するときとみており、領主による勧農が終了しなければ未進分年貢も公事銭も納入することはできないとする。

荘園の側にとって年貢の納入は、代官による返抄の発行をもって一応終了するが、領主側が問題とする散用状の面に、返抄をもととした数値が規定どおりに計上されなければ、領主側の収納事務は完了しない。この間の収納事務は本来百姓側の関与することのできない、代官の職務として行われるため、荘園側は結果的に散用状が東寺に提出されているか否かを管理することによって、荘園の側は代官の職務を管理していたということができよう(32)。

荘園の側は、本来手続き的には現地と乖離したところで行われる集計作業を、翌年の勧農の基盤であることを前提として、直接収納の業務に関連づけることによって収納サイクルの中に取り込んでいたといえる。

荘園を基盤に作成される散用状について、米年貢の収納サイクルとの関連というきわめて限られたテーマでしか検討することができなかった。東寺のみでなく中世にはさまざまな荘園領主が存在し、さまざまな形態の年貢を徴収している中で、東寺がなぜ米年貢についてこれほどまでに厳密に散用状を作成し、収納の過程を管理していたのかについて、京都における市場経済との関連で検討することが、本稿から派生する今後の課題である。さらに米年貢に固執する東寺が毎年一定量の大唐米を収納している点も、散用状の検討の中から引き出されてきた疑問として残されている。京都における米市場と東寺との関連、さらには東寺による荘園領主経済と大唐米との関連など、散用状の分析から今後導き出されるであろう課題は多い。これらの課題を分析するためにも、領主による勧農・収納という荘園現地との取引のなかで、散用状そのものがもつ意義を検討することがまず最初の課題であると考え、本稿を準備した。

荘園現地における農事サイクルを前提に収納がなされるものであるならば、その結果を集計した散用状も農事サイクルの中に位置づける必要があろう。領主にとって農事サイクルが、安定した収納を確保するために絶対に無視することのできないものであるならば、それは荘園の側にとってみれば領主との駆引きの中でもっとも重要な盾となるものでもある。代官による散用状の作成という、一点に集約される収納事務をめぐって、両者の手続きがどのように行われたのかを検討することによって、今後に残されている課題への手がかりとしたい。

注

（1）井原今朝男『日本古代史研究辞典』（東京堂出版）「荘園文書」の解説、一九九五年
（2）矢野荘の研究のうち、本稿に直接かかわる研究は、佐藤和彦『南北朝内乱史論』東京大学出版会、一九七九年、第一部第三章「惣荘一揆の展開」、馬田綾子「荘園の歴史と収納方法―矢野荘公文名散用状をめぐって―」『兵庫県の歴史』三二号、一九九六年、伊藤俊一「中世後期における『荘家』と地域権力」『日本史研究』三六八号、一九九三年、榎原雅治「荘園制解体期における荘官層」『日本史研究』二七四号、一九八五年、などがある。
（3）馬田氏は注（2）論文において、公文名散用状の内検帳としての側面を重視されている。内検そのものは、作毛に対する検見、田地丈量のための検注の二つの側面があるが、このときの検注が、作毛を対象としたものではなく、田地の丈量を目的としてなされている点で、馬田氏が内検をともなう散用状と規定した公文名散用状は、まさにこの時期の矢野荘公文名の特殊性を示していよう。なお矢野荘の散用状の概要については、『相生市史』第二巻で馬田氏が「収納のモデル」として解説している。
（4）網野善彦『続・日本の歴史をよみなおす』筑摩書房、一九九五年
（5）伊藤俊一・榎原雅治前掲注（2）論文
（6）島田次郎『日本古文書学講座』中世Ⅱ、雄山閣、一九八一年
（7）貞和元年一二月八日、例名西方田地実検名寄取帳『相生市史』第八巻上、一三七（以下典拠は『相生市史』の文書番号で

示し、文書名は『相生市史』の文書名による）
貞和二年四月一〇日、例名西方実検并斗代定名寄帳『相生市史』第八巻上、一四二
観応二年七月七日、例名西方分帳（供僧方）『相生市史』第八巻上、一八五
観応二年七月七日、例名西方分帳（学衆方）『相生市史』第八巻上、一八六
（8）『相生市史』第二巻、馬田綾子執筆分、前掲注（3）
（9）永和二年五月日、祐尊学衆方給主代請文『相生市史』第八巻上、三八八
（10）永和三年正月二〇日、学衆方評定引付『相生市史』第七巻、三八
（11）永和三年二月九日、学衆方評定引付、同日付、矢野荘書下案『相生市史』第七巻、三八
（12）戸田芳実「十―十三世紀の農業労働と村落」『初期中世社会史の研究』東京大学出版会、一九九一年
（13）貞和二年一二月一三日、西方学衆方年貢散用状『相生市史』第八巻上、一五一
（14）文和二年四月一三日、公田方・学衆方年貢散用状『相生市史』第八巻上、一九五
（15）永和二年二月日、学衆方年貢等散用状并未進年貢等散用状『相生市史』第八巻上、三八三
（16）富沢清人「中世検注の特質」『日本史研究』二三三号、一九八三年
（17）貞治二年、年貢等未進散用状『相生市史』第八巻上、二七七、この文書は前欠であるが、貞治二、三年分の国下用を、荘未進注文の形で書き上げている。
（18）馬田氏は、未進徴符についてこのように述べられている。領主の側から未進として把握されることが、一年間の耕作権を保障するものであるとすれば、未進を確定する散用の作業が行われるか否かは、その年の耕作権の保障ともかかわるものであろう。反面荘園の側では年貢の減額要求などで、領主との間に妥協がみられなかった場合に、「東寺領播磨国矢野庄名主・百姓等、就当年大損亡、上申名々事」とあり、「右、就大損亡、両度雖歎申、不預御承引候、不便之次第也、而当庄内南禅寺方并地頭方者、被下上使、被遂検見畢、同庄傍例如此、於当御方、不被入御検見之間、上申作毛之処也、仍名々上状、如件」として、作毛を上げること、すなわち、「名田を上げる」という事態にいたることもある（貞治六年九月日、名主・

百姓等申状『相生市史』第八巻上、二九九）。徴符による未進の追求と名田上状による耕作放棄（年貢納入義務の放棄）という行為は、領主による散用状の作成、徴符による未進年貢の追求という収納システムの中で、密接な関わりを有していたと考えられる。徴符の対極に存在するであろう名田を上げるという行為の意義について、徴符と同様、散用状を節目とする年貢の収納システムのなかで位置づけ直す必要があろう。

(19) 貞治四年四月一四日、学衆方評定引付『相生市史』第七巻、二六

(20) 酒井紀美「徴符、その後の展開」『中世文書論の視座』東京堂出版、一九九六年

(21) 貞治四年一二月日、公田・重藤方散用状『相生市史』第八巻上、二八四、同年一二月二〇日、学衆方未進年貢散用状『相生市史』第八巻上、二八三

(22) 永和三年六月一九日、学衆方評定引付『相生市史』第七巻、三八

(23) 永和二年五月日、供僧・学衆両方年貢并雑穀以下員数目録『相生市史』第八巻上、三八九

(24) 延文四年三月二〇日、学衆方評定引付『相生市史』第七巻、二〇

(25) 貞治四年三月日、学衆方年貢等散用状『相生市史』第八巻上、二七六

(26) 貞治四年一二月日、公田・重藤十六名方年貢散用状『相生市史』第八巻上、二八四

(27) 両年の散用状にもみえるように、矢野荘では毎年二〇石近くの大唐米が換金され京進されている。和市は通常納入される米の換金率より明らかに低いが、毎年もっとも米の出盛る時期に、ほぼ安定的に収納されているという点が注目される。大唐米については、荘園における不安定離水域の開発の問題との関連で、黒田日出男氏が言及されている（「中世農業技術伝播の特徴」『日本中世開発史の研究』第一部第一章第四説、校倉書房、一九八四年）。水の害を受けやすい不安定離水域に大唐米を作付けするという施策は、状況証拠ではあるが矢野荘でもとられていたと考えられ、荘園における大唐米の栽培という事例を本書第三部第一〇章「矢野荘散用状にみられる大唐米について」で荘園領主経済との関連で検討した。

(28) 康安元年一〇月一六日、学衆方評定引付『相生市史』第七巻、一二

(29) 貞治四年一〇月八日、学衆方評定引付『相生市史』第七巻、二六

(30) 貞治二年正月二八日、学衆方評定引付『相生市史』第七巻、二四

(31) 貞治三年八月一二日、学衆方評定引付『相生市史』第七巻、二五

(32) 一九九四年七月二三日に京都で行われた東寺文書研究会では、散用状を支配の文書とし、散用状に示された数字は帳簿上のつじつまあわせが行われていると考えられることから、領主の要請により政治的に作成された文書であると規定した。しかし、荘園からの納入状況を直接に反映するものであるならば、現地から乖離した政治的文書であると規定すべきではないとの批判を、佐藤和彦氏からいただいた。貴重なご指摘ではあるが、領主と代官のもとのみで行われる散用状の作成過程を見る限り、やはり、領主側の支配の帳簿としての面は否定しがたく、決して荘園内部の生活実態を反映するような文書ではないと考える。

初出一覧

序　章　本書の構成（新稿）

第一部　中世後期荘園の開発と支配

第一章　東国荘園における開発と支配―開発の痕跡と荘園制維持装置の構造―（新稿）

第二章　東国荘園における当知行と職
（原題「東国荘園における当知行と職」（『国立歴史民俗博物館研究報告』第一〇四集、国立歴史民俗博物館、二〇〇三年）、原題「金沢称名寺による信濃国太田荘支配について―範義書状などを中心に―」（『信濃』四八―五号、一九九六年）、原題「金沢称名寺による年貢管理と太田荘」（『信濃』五〇―一一号、一九九八年）、原題「南北朝初期の信濃における禅律方寺院の相論の展開―金沢称名寺領太田荘大倉郷を例として―」（『信濃』四八―九号、一九九六年）等をもとに書き直し）

第三章　信濃国太田荘石村郷の歴史的景観と水利
（原題「信濃国太田荘石村郷水利調査」『信濃国大田荘調査報告書（Ⅰ）』豊野町教育委員会、一九九四年を改稿）

第四章　信濃国太田荘大倉郷の開発と水利
（原題「太田荘の水利について―大倉郷と大倉堰を中心に―」『信濃国大田荘調査報告書（Ⅱ）』豊野町教育委員会、一九九七年を改稿）

第五章　荘園公領制成立期の開発―春近領の成立と支配―
（原題「信濃春近領の開発をめぐる諸問題」峰岸純夫編『日本中世史の再発見』吉川弘文館、二〇〇三年所収を改稿）
第九章　戦国期売券に現れる本年貢保障体制（新稿）
第八章　戦国期の公家領荘園にみる名主職と守護段銭（新稿）
第七章　損免要求と荘家一揆―播磨国矢野荘―
（原題「損免要求と荘家一揆―播磨国矢野庄―」『法政史学』第三四号、一九八二年を改稿）
第六章　荘園制の転換―中世後期荘園の収取形態―（新稿）

第二部　荘園制的収取体系の地域的展開

第三部　散用状作成の意義

第一〇章　矢野荘散用状にみられる大唐米について
（原題「矢野荘散用状に見られる大唐米について」『東寺文書にみる中世社会』東寺文書研究会編、東京堂出版、一九九九年所収に加筆）
第一一章　勧農沙汰としての散用状
（原題「勧農沙汰としての散用状」『歴史における史料の発見―あたらしい〝読み〟へむけて―』平田耿二教授還暦記念論文集、一九九七年所収を改稿）

あとがき

本書は、大学卒業以来、途中のよんどころない道草の時期を含めて、三〇年の間に作成した文章の中で、中世荘園史に関わる論文をまとめたものである。

播磨国をフィールドとして、南北朝から戦国にいたる荘園制の研究に焦点を絞ったのは、まだ学生であった頃の比較的早い段階であった。東寺文書から始まって、九条家文書や播磨国清水寺文書などの、中世史料の文書群に触れるたびに新鮮な驚きを味わった。しかし、自治体史編纂をきっかけとして、東国の中世文書を扱うようになったとき、文書群としての史料分析の方法が、はたして本来的な分析方法であろうかという疑問にも行き当たった。群として中世文書が残るという事実が、いかに希少な事例であるか、東国荘園の研究手法の中で思い知らされた。フィールドワークの有効性を実感する反面、この手法が現地景観の変貌と、近代行政文書の消滅によって、近々使えなくなるであろう現実にも直面することとなった。

その頃、自治体史編纂の仕事に携わり、自治体史編纂から文書館建設へという事業に関わることとなったのをきっかけに、資料保存と文書館運動に身を投じることとなってしまった。公文書館法や文書管理規定など、およそ中世史とはほど遠い語句を追いかけながら、中世荘園の景観復元には明治時代の地籍図が必要だ、という信念をよりどころとしていたかもしれない。是非中世史研究者にも、近代行政文書の保存に興味を持っていただきたいと、今でも痛切に感じる。

もともと勤勉とはほど遠い日常の中で、歴史学から日々遠のいていく感覚を味わった頃、普通の家庭としては多すぎる書籍を疎ましく思う反面、颯爽と研究の最前線を切り開くかつての同期研究者たちの後ろ姿を、晴れがましくも羨ましく眺めていた時期もあった。いずれにせよ史料を読むという楽しみには定年はない、と開き直って書き継いできた文章が本書の多くの部分を占めている。

改めて整合性を取りながらそれぞれを配置してみて、論文を書き始めた頃からの視点は継続されていることを実感している。こうした感覚を呼び覚ましてくださったのは、学生の頃からご迷惑をおかけした木村茂光氏であり、挫けそうになる気持ちを励ましてくれた恩師峰岸純夫氏には心よりの感謝を捧げたい。また、長野県に移住してからの研究生活を、時には逃れたくなるほどの厳しさで叱咤していただいた井原今朝男氏には、今後の研究成果で報いることとなろう。

多くの苦難を同志として戦ってきた息子たちは、既に成人として大事な縁となっている。息子たちの「頑張れ」の言葉に後押しされて、この仕事を成し遂げることができた。

最後に、出版をお引き受けいただいた同成社社長の山脇洋亮氏、編集の労をとってくださった編集部の山田隆氏には、必要以上の面倒をおかけすることになってしまった。心より感謝申し上げたい。

平成二十二年十二月

福嶋紀子

中《ちゅう》世《せい》後《こう》期《き》の在《ざい》地《ち》社《しゃ》会《かい》と荘《しょう》園《えん》制《せい》

■著者略歴■

福嶋紀子（ふくしま　のりこ）

1958年　群馬県に生まれる

1983年　東京都立大学大学院人文科学研究科史学専攻修士課程修了

現　在　松本大学非常勤講師

主要著作論文

『東寺文書にみる中世社会』（共著）東京堂出版、1999年。『データにみる市町村合併と公文書保存』（共著）岩田書院、2003年。『日本中世史の再発見』（共著）吉川弘文館、2003年。『歴史家の散歩道』（共著）上智大学出版会、2008年。『論集　東国信濃の古代中世史』（共著）岩田書院、2008年

2011年2月25日発行

著　者　福嶋紀子

発行者　山脇洋亮

印　刷　㈱熊谷印刷

製　本　協栄製本㈱

発行所　東京都千代田区飯田橋4-4-8
（〒102-0072）東京中央ビル　㈱同成社
TEL 03-3239-1467　振替 00140-0-20618

ISBN 978-4-88621-549-9　C3321